本书为国家社科基金一般项目"传统社会土地交易价格形成过程与机制研究"（14BJL013）的结项成果。

地价是什么

传统中国土地交易价格
形成过程与机制研究

张湖东 /著

天津出版传媒集团

天津人民出版社

图书在版编目（ＣＩＰ）数据

地价是什么：传统中国土地交易价格形成过程与机
制研究 / 张湖东著. -- 天津：天津人民出版社，
2021.6

ISBN 978-7-201-17462-4

Ⅰ.①地… Ⅱ.①张… Ⅲ.①地价—定价—研究—中
国 Ⅳ.①F321.1

中国版本图书馆 CIP 数据核字(2021)第 131243 号

地价是什么：传统中国土地交易价格形成过程与机制研究

DIJIA SHI SHENME：CHUANTONG ZHONGGUO TUDI JIAOYI JIAGE
XINGCHENG GUOCHENG YU JIZHI YANJIU

出　　版	天津人民出版社
出版人	刘　庆
地　　址	天津市和平区西康路35号康岳大厦
邮政编码	300051
邮购电话	（022）23332469
电子信箱	reader@tjrmcbs.com

责任编辑	郑　玥
装帧设计	明轩文化·李晶晶

印　　刷	天津新华印务有限公司
经　　销	新华书店
开　　本	710毫米×1000毫米 1/16
印　　张	20.25
插　　页	2
字　　数	220千字
版次印次	2021年6月第1版　2021年6月第1次印刷
定　　价	78.00元

序

　　湖东 2009 年开始在清华大学读博士，师从我的朋友、土地制度史专家龙登高教授，因而，我们有缘认识了。毕业后，去了浙江财经大学工作，本想跟我一起从事博士后研究，面试也通过了，后来因为不能脱产的缘故，没有进站，但我们的师生情谊和缘分一直愉快地延续着。所以，当他邀请我为他的论著作序时，我欣然答应了。

　　众所周知，土地在经济生活中具有重要地位，土地问题成为有识之士关注的焦点，也是学术热点。历史上的土地问题是中国经济史研究的老话题，成果颇丰，但主要集中在土地制度等方面，关于土地价格的研究相对较少，且大都基于地契资料进行较为笼统的总体性、趋势性分析。有关当前土地问题的探讨，主要从理论和经验两个层面展开，由于当下实践经验的有限性，历史经验研究成为必要且有益的补充。因而，作者对传统社会土地交易价格形成过程与机制的研究，既有理论意义，也有现实意义。

　　本书虽然以地价为主题，事实上是以地价形成过程与机制为主线，对传统社会土地交易进行贯通研究。通读书稿，以下三个方面给我的印象较为深刻：

一是，本书揭示，土地流转的实质是地权交换。而在传统社会，土地权利不存在一个如现今一般的地权结构，也就是说，各土地权利之间是平行的、独立的，不存在谁决定谁的关系。在传统社会，地权内部自由组合，灵活多样。地权交易的时候，可以自由切分，自由交换，合意搭配，不受限制。这使得传统社会里地权市场的交易相当灵活，能够在交易设施不够完善的情况下，满足交易各方的需求。这种"权利束-权利支"的观点，虽然在经济理论中已经有过，但该书观点是基于历史、基于我国传统社会的实践经验，得到的一个模型或者说理论概括。而且，这种地权关系，不仅是一种经济结构，它体现的还是一种实际的习惯意义上的法权关系。由此，至少具有两方面的意义：①理论研究方面，该书没有像市面上多数研究那样，用"所有权-使用权"、"物权"等现代理论观念去"框"过去的实践，而是从历史经验的实际出发，总结我国传统社会地权交易的特色及地权结构的特点。这些概括和总结不可避免会有不足和值得进一步探讨之处，但这种从实际出发，勇于突破和创新的精神是值得肯定的。②实践启示方面，这个研究结论对于当前的农地改革和相应的观念突破或有助益。该书向读者展示了传统社会土地交易自由灵活的场景以及地权结构内部的细微关系，呈现了在没有现代法权体系及观念的情况下土地交易的可能和状况，反映出当前深印人们脑海的"所有权-使用权"观念其实是近代以来"西学东渐"的产物。这些对于思考当下的农地改革及土地权能关系（所有权、承包权、经营权等）皆有启发。

二是，作者在研读原始地契等史料过程中，注意到传统社会土地交易的复杂性、地契上单个地价的随意性，从而提出了一个很好的研究问题：地价是什么？这个看似简单的问题，却需要深入探讨：地价是如何形成的？怎么被决定的？由哪些部分组成？该如何认识明清以来常见的"找价"现象？对于这些问题的思考，构成了本书主题——传统社会土地交易价格形成过程与机制的内容，也使本书不同于以往较为笼统的总体性、趋势性分析，拓宽了研究视野，是相关研究的有力深化。其实，对于当今的地价、房价，或许也可以深入地这么一问。

三是，本书在研究视角上，于大视野中考察传统社会的交易现象，注意"小契约"与"大契约"的辩证关系，避免将"经济"与"社会"对立起来分析问题，别开生面。关于传统社会土地交易市场公平与效率的讨论，亦有新意。在历史中发掘"中国特色"，有助于以应有的自信追寻其"当代价值"。

总之，本书围绕传统社会土地交易的运作和地权的确定，阐明了传统中国特有的地权机制，并揭示了地权交易所衍生的金融功能；回答了在视土地为"命根子"、视出卖土地为"辱没祖宗"的传统时代，土地交易是如何发生的。相信不同的读者均能从该书得到收获。

施祖麟

（国务院参事，清华大学教授）

目　录

第一章　导论

第一节　问题的提出

价格研究在经济学里,在有关交易的研究中,具有不言而喻的意义。正如阿尔钦(Alchian)所指出的:"经济学问题,也就是价格如何被决定的问题,其实就是产权应该如何界定和交换以及在什么样的条件下的问题。"①

地价是什么? 简单讲,可以说是土地交易的价格。深入问,土地交易的对象是什么? 土地。何种意义上的土地呢? 对于这些问题,如果不去深究,自然容易认为, 地价就是指在地契上四至清楚的地块买卖时所书明的价格。于是,历史上的地价数据,可从原始地契、置产簿、刑档等资料中直接摘取,用作对比或趋势分析。这是目前多数研究的现状。

然而传统社会土地交易的状况并非如此简单,由于传统交易方式的多

---

① [美]科斯、阿尔钦等:《财产权利与制度变迁——产权学派与新制度学派译文集》,刘守英等译,上海三联书店、上海人民出版社,1994 年,第 205 页。

样化和灵活性,交易不仅限于买卖,买卖亦有"活卖"与"绝卖"之分,交易对象不是固实的"土地",而是土地上界分出的各种"权利"。一项完整的"断根"的买卖往往要经过"卖""加""绝""叹"等多个环节,甚至还要"再加""再叹"。活卖(典)之后如果经由"回赎"终结交易,此前也常会发生多次找价(见已出版各地地契及清末民初民事习惯调查资料)。如果以单个地契上的价格信息来作分析,自然要问:订契成交之后还"找价"了吗? 如果以某一面积上的"地价"来作分析,自然需问:是此一面积(同一地块)上的"田底"呢? 还是"田面"? 我们今天在作地价类研究时,多数是以面积为单位进行分析(如每亩价格多少)。如果不清楚分辨单位面积上的地价具体是指什么,便拿来对比甚至作趋势分析,不免产生疑义。

对于传统地价的复杂性及其研究难度,已有学者论及。例如:李文治注意到不同地区土地及地租的计量单位不一,地价变动幅度大;[1]岸本美绪在评价相关研究时曾质疑:"所有这些都是绝卖价格吗? 这些田是田面和田底分开的吗?"[2]一些学者在著作中注明了是田面还是田底[3],是活卖还是绝卖[4],找贴情况如何[5]。尽管如此,学界对传统社会的地价并未获得一种系统性和自觉性认识。例如,岸本美绪虽然提出上述疑问,但在不明了的情况下,仍然基于现成数据,分析地价的长期动向;[6]大多数学者将"找价"视作"陋习""恶俗",并不将其纳入土地交易和地价机制加以考察;诸多学者仍然基于现成资料,对不同地区、不同时期的地价作比较研究,却不细考地价背后的差别。

---

① 李文治:《明清时代封建土地关系的松解》,中国社会科学出版社,1993年,第263、268页。
② [日]岸本美绪:《清代中国的物价与经济波动》,社会科学文献出版社,2010年,第19页。
③ 参见杨国桢:《明清土地契约文书研究》,中国人民大学出版社,2009年。
④ 参见周远廉、谢肇华:《清代租佃制研究》,辽宁人民出版社,1986年。
⑤ 参见洪焕椿:《明清苏州农村经济资料》,江苏古籍出版社,1988年。
⑥ [日]岸本美绪:《清代中国的物价与经济波动》,社会科学文献出版社,2010年,第19、201页。

　　已有研究揭示,单个地契上显示的地价具有很大的随意性。例如,叶显恩、李文治的研究反映,"地租购买年长短不齐""极不规律"①;典和活卖地契上的价格往往只是根据交易双方当时经济状况商议的一个数字,而不一定反映土地的实际价值。大量原始地契及习惯调查显示,"绝卖"后仍会发生"找价"。"随意""找价"并不意味着地价数据本身不可靠,而表明研究传统地价,不能只以单个孤立地契上的价格数字说明问题,还有必要作系统的整理和考察。在作系统考察研究时,首先面临的问题是:什么是地价? 地价是怎么形成的? 由哪些部分组成? "找价"应不应该计入地价? 这些都是有待深入探讨且必须清晰回答的基础性问题。正是从这个意义上,价格形成过程与机制研究,不仅是地价类研究的深化,也是整个传统土地交易研究绕不过去的重要部分。

　　本书将为研究传统社会的地价提供一个分析框架,有助于深化对土地交易和传统经济的认识。通过对地价类数据资料搜集整理的丰富,将有助于近年来兴起的有关传统经济的量化历史研究。当下"三权分置"("所有权""承包权""经营权")背景下的农地流转,某种程度上类似于传统社会"一田二主""一田三主"式的地权交易,这些西方学理难以解释的地方,彰显了研究之意义,也体现出探讨的必要。

---

　　①　叶显恩:《明清徽州农村社会与佃仆制》,安徽人民出版社,1983 年;李文治:《明清时代封建土地关系的松解》,中国社会科学出版社,1992 年。

第二节　简要的文献回顾

一　有关中国古代土地制度、地权方面的研究[①]

中国古代土地制度史的研究曾在 20 世纪 50 年代中期至 60 年代前期形成史学热点,一批颇有影响的史学家如侯外庐、李埏、何兹全、胡如雷、漆侠、白寿彝、杨志玖等取得开创性的成果,如李埏等提出中国古代土地制度的多种形态并存说。80 年代后再次受到史学家的关注,90 年代后仍有学者在此领域孜孜以求,并在断代土地制度史的考证与研究上有相当的深入,多侧重于国家制度领域,如张传玺、朱绍侯、高敏、武建国、杨际平、叶振鹏、刘玉峰、郦家驹、李锡厚等。[②]通论性的著作出版了十余部,如赵俪生(1984)、乌廷玉(1987)、林甘泉与童超(1990)等。[③]

关于土地制度史的研究,史料整理、脉络勾勒、制度考证等成果丰厚,

[①]　为便于读者对中国古代土地制度、地权方面的研究有个宏观了解,也为后文的相关述评作一铺垫,在此引用了龙登高教授主持、笔者参与的国家社会科学基金重大项目"中国土地制度变革史"(10&ZD078)中的文献综述,特致谢意。

[②]　参见张传玺:《秦汉问题研究》,北京大学出版社,1985 年;朱绍侯:《秦汉土地制度与阶级关系》,中州古籍出版社,1985 年;高敏:《秦汉魏晋南北朝土地制度研究》,中州古籍出版社,1986 年;武建国:《均田制研究》,云南人民出版社,1992 年;武建国:《五代十国土地国有制度研究》,中国社会科学出版社,2002 年;杨际平:《北朝隋唐"均田制"新探》,岳麓书社,2003 年;叶振鹏:《20 世纪中国财政史研究概要》,湖南人民出版社,2005 年;刘玉峰:《唐前期土地所有权状况探讨》,《文史哲》2005 年第 4 期;郦家驹:《宋代土地制度史》,中国社会科学出版社,2015 年;李锡厚:《均田制兴废与所有制变迁》,社会科学文献出版社,2016 年。

[③]　参见赵俪生:《中国土地制度史》,齐鲁书社 1984 年;乌廷玉:《中国历代土地制度史纲》,吉林大学出版社,1987 年;林甘泉、童超:《中国封建土地制度史》,中国社会科学出版社,1990 年。

此不赘述。近二十年来,赵冈、方行(2000,2001)等老一辈经济史学家,高王凌(2005)、曹树基(2007,2014)、李德英(2006)[①]等学者开展了一些新的探索,一批青年博士对这一领域作了反思,尤以经济史、法制史学者较为突出。特别是从原始土地交易契约、宋元明清的历史文献、民国调查报告、土地改革资料的整理中试图还原历史原貌,并以经济学理论展开分析。此前偶有前辈学者提出过灼见,如费孝通对田面权的解释等。[②]

西方学界对中国土地制度遗产的研究则别具视角。20世纪30年代,卜凯在对中国的大规模调查基础上形成了《中国农家经济》和《中国土地利用》两部经典之作。1965年,张五常《佃农理论》挖掘近代土地交易契约,获得原创性成果,丰富了制度经济学的核心内容,但该书在土地制度研究方面的贡献,特别是国内的影响直到其中译本面世之后才扩展开来。20世纪80年代后期开始,一批学者取得突出成果,如赵冈对地权及其分配作了全面论述,马若孟(Rymond Myers)对华北农村土地分配状况的论述,黄宗智对长江三角洲和北方农业经营的论述,剑桥大学周绍明(McDermott)对徽州土地契约的考察,Thomas M. Buoye从土地纷争看农村秩序,Chih-Jou Jay Chen从产权演进的角度,Madeleine Zelin、Jonathan K. Ocko 和 Robert Gardella 等从契约与法律的角度,Peter Ho 等从地权的历史与当代现实的连接方面,都

---

① 参见赵冈:《历史上农地经营方式的选择》,《中国经济史研究》,2000年第2期;赵冈:《从另一个角度看明清时期的土地租佃》,《中国农史》,2000年第2期;赵冈:《历史上的土地制度与地权分配》,中国农业出版社,2003年;方行:《中国封建社会的土地市场》,《中国经济史研究》,2001年第2期;高王凌:《租佃关系新论》,《中国经济史研究》,2005年第3期;高王凌:《租佃制度新论——地主、农民和地租》,上海书店出版社,2005年;曹树基:《传统中国地权结构及其演变》,上海交通大学出版社,2014年;曹树基:《两种"田面田"与浙江的"二五减租"》,《历史研究》,2007年第2期;曹树基:《苏南地区"田面田"的性质》,《清华大学学报(哲学社会科学版)》,2007年第6期;李德英:《国家法令与民间习惯:民国时期成都平原租佃制度新探》,中国社会科学出版社,2006年。

② 费孝通:《江村经济——中国农民的生活》,戴可景译,江苏人民出版社,1986年。

做了有益的探索。①

日本学界从原始资料出发的研究成果值得关注,如天海谦三郎对土地文书、村松祐次对江南的租栈、草野靖对田面权与主佃分种制、岸本美绪对土地交易的研究,寺田浩明从法制史角度的分析,川胜守、滨岛敦俊等对江南土地开发与农业发展的研究,都引人注目。②日本学界对原始资料的整理,自日本侵华之前就已有专门积累,一直延续不断,主要集中于东洋文库、东京大学东洋文化研究所。

在原始土地契约与文献的整理方面,台湾地区学者做了大量的工作,迄今收集、整理和出版了 100 多册,近年来中国大陆在这一方面的成果也迅速增多。此外,哈佛燕京图书馆、东京大学东洋研究所、东洋文库、香港华南研究中心等地也做了史料收集与整理工作。

---

① 参见 John Lossing Buck(卜凯),*Land utilization in China, a study of 16786 farms in 168 localities, and 38256 farm families, in twenty-two provinces in China*, 1929-1933, University of Chicago Press, 1937. [美]卜凯主编:《中国土地利用》,金陵大学农业院经济系,1941 年,成都成城出版社印刷(复印本,收藏于北大图书馆)。Cheung, S.N.S(张五常),*The Theory of Share Tenancy*, University of Chicago Press, 1969. 赵冈、陈钟毅:《中国土地制度史》,新星出版社,2006 年。[美]马若孟:《中国农民经济——河北和山东的农业发展 1890—1949》,史建云译,江苏人民出版社,1999 年。[美]黄宗智:《华北的小农经济与社会变迁》,中华书局,1986 年。[美]黄宗智:《长江三角洲小农家庭与乡村发展》,中华书局,1993 年。Thomas M. Buoye, *Manslaughter, Markets, and Moral Economy, Violent Disputes over Property Rights in Eighteenth-century China*, Cambridge University Press, 2000. Madeleine Zelin, Jonathan K. Ocko, and Robert Gardella, *Contract and property in early modern China*, Stanford University Press, 2004. Peter Ho, *Institutions in transition, land ownership, property rights, and social conflict in China*, Oxford University Press, 2005.

② 参见[日]天海谦三郎:《中国土地文书研究》,劲草书房,1966 年。[日]村松祐次:《近代江南の租栈:中国地主制度の研究》,东京大学出版社,1978 年。[日]草野靖:《中国の地主经济——分种制》,汲古书院,1985 年。[日]草野靖:《中国近世の寄生地主制——田面惯行》,汲古书院,1989 年。[日]岸本美绪:《关于明末土地市场の一次考察》,明代研究会编《山根幸夫教授退休纪念明代史论丛》,汲古书院,1990 年。[日]寺田浩明:《清代土地法秩序における[惯行]の构造》,《东洋史研究》,1989 年第 48 卷第 2 号。[日]川胜守:《明清江南农业经济史研究》,东京大学出版会,1992 年。

二　有关传统社会土地交易价格方面的研究

岸本美绪在《清代中国的物价与经济波动》一书中,对包括土地价格研究在内的清代物价史研究现状作了较好的梳理。在该书中,岸本美绪在他人研究成果的基础上,利用已经整理出来的数据,进一步加工,形成了较为直观和具有比较意义的曲线图,包括清代的水田和明代徽州的土地价格。[①]赵冈与陈钟毅从徽州文书的近 40 本置产簿中摘录出 1500 余种水田价格,每十年平均,并加以指数化。[②]周远廉和谢肇华将"刑科题本"中的数据加以挖掘,整理出了康熙至乾隆年间各地土地交易的价格数据 58 件。[③]安徽省博物馆编的《明清徽州社会经济资料丛编(第一集)》,收集的地契内容多有价格信息,未入选的地契也列成简表,附于书末,相当于整理了未入选地契的价格数据。[④]书中的明代地契,早在 1983 年,刘和惠与张爱琴在《明代徽州田契研究》中,已经制成简表,加以研究。[⑤]洪焕椿在《明清苏州农村经济资料》中,对苏州府沈氏家族的置产记录进行了整理,表列了从顺治十五年到道光三年的土地买卖情况。[⑥]李文治依据清代刑档,对自康熙至嘉庆时期,各省的土地价格进行了整理,制成简表。[⑦]新近,中国社会科学院"老年

---

① 〔日〕岸本美绪:《清代中国的物价与经济波动》,社会科学文献出版社,2010 年,第 18~38 页、第 201 页。

② 赵冈、陈钟毅:《明清的地价》,《大陆杂志》,1980 年第 60 卷第 5 号。赵冈:《有关中国明清土地所有制形式的新资料——学术研究笔记》,《国外社会科学情况》,1982 年第 5 期。Chao Kang, *Man and Land in China History:An Economic Analysis*,Stanford University Press,1986.

③ 周远廉、谢肇华:《清代租佃制研究》,辽宁人民出版社,1986 年。

④ 安徽省博物馆:《明清徽州社会经济资料丛编(第一集)》,中国社会科学出版社,1988 年。

⑤ 刘和惠、张爱琴:《明代徽州田契研究》,《历史研究》,1983 年第 5 期。

⑥ 洪焕椿:《明清苏州农村经济资料》,江苏古籍出版社,1988 年。

⑦ 李文治:《明清时代封建土地关系的松解》,中国社会科学出版社,1993 年。

学者文库"出版了一批资料翔实、数据丰富的专著,如江太新的《清代地权分配研究》①、刘克祥的《中国永佃制度研究(上下)》②等,在一定的主题框架下,做了大量的资料搜集、分类和整理工作,其中包含了相当的地价类数据。

价格方面的计量数据来源主要有三:地主置产簿、地契资料、刑档("刑科题本")。这些资料各有特点:"地主置产簿"的优点是,它一般包含了是否为绝卖以及找价方面的信息;不足之处是,不能确认是田面还是田底,或是底面一起。地契资料,就单件地契来说,里面包含的信息最为全面可靠,由地契可以清楚知晓是绝卖还是活(典)卖,是田底还是田面。但就一组交易而言,存在系统性不足的问题,即不能确认该组交易的地契资料是否齐全,因而不能确认找价情况,难以获取找价信息。刑档由于是通过审问记录下来的文字资料,内容全凭涉案当事人交待,是否完整准确,不得而知。

赵冈的研究正如岸本美绪评论时指出:"赵冈的田价资料非常珍贵,但所有这些都是绝卖价格吗?这些田是田面和田底分开的吗?这些重要之处还不明确。"③尽管提出了这样的质疑,在不明了的情况下,岸本美绪仍然基于赵冈与陈钟毅、刘和惠与张爱琴的研究,将数据做了可视化处理,用于反映地价的长期动向。不能不说,这样做是有些冒险的。周远廉和谢肇华所列简表较为具体,包含了交易类型和找价信息。洪焕椿的制表,除田价总数外,在附注中也注明了找贴和绝卖的具体价银。安徽省博物馆编的《明清徽州社会经济资料丛编(第一集)》,其中的地价信息只是该次交易所支付的价钱,不能清楚找价情况。刘和惠与张爱琴的研究,仅依据契中所载价格,用于反映该时代的价格趋势,可能会有些问题。本书后文关于找价的研究

---

① 江太新:《清代地权分配研究》,中国社会科学出版社,2016年。

② 刘克祥:《中国永佃制度研究(上下)》,社会科学文献出版社,2017年。

③ [日]岸本美绪:《清代中国的物价与经济波动》,社会科学文献出版社,2010年,第19页。

发现,活(典)卖的价格确立是比较随意的。

三 传统地价研究的难点及深入研究之空间

从已有文献的回顾中,我们便能感受到传统地价研究的各种难点。在此,我们举一些具体事例,进一步引出我们的讨论。叶显恩、李文治等曾对"地价"和"购买年"问题做过细致研究,[①]岸本美绪在相关研究综述中作了较长篇幅的引用和介绍。[②]这类研究呈现了"地租购买年长短不齐""极不规律"的状况(见表 1.1)。

表 1.1 各省州县地租购买年示例

省州县	年代	土地面积（亩）	地价	地租	购买年
安徽休宁县	顺治十一年		银两 5	银两 1.0	5.0
江苏宜兴县	乾隆二十七年	2	银两 10	银两 2.4	4.17
丹阳县	乾隆四十三年	4.4	银两 50	银两 6.59	7.59
浙江汤溪县	乾隆四十五年	1.7	钱文 29200	钱文 3600	8.11
诸暨县	嘉庆二十二年	1	钱文 77000	钱文 438	17.58
江西万安县	乾隆十七年	3.6（石）	银两 58	银两 9	6.44
宁州	乾隆二十九年	30	银两 420	银两 25.8	16.28
湖南邵阳县	乾隆四十六年	3	钱文 57760	钱文 2500	23.1
桃园县	乾隆五十一年		银两 51	银两 6	8.5
四川名山县	乾隆三十九年		银两 50	银两 2.97	16.84
福建归化县	乾隆十六年		银两 23	银两 5.47	4.20
广东清远县	乾隆十四年		银两 183	银两 33.13	5.52

资料来源:李文治:《明清时代封建土地关系的松解》(1993),第 269 页。

李文治认为,造成这一现象的原因很多:"或由于地区间的差别,或由于时期的关系,地价涨落与地租高低不一。此外押租和顶价也有一定影响。

---

① 叶显恩:《明清徽州农村社会与佃仆制》,安徽人民出版社,1983 年;李文治:《明清时代封建土地关系的松解》,中国社会科学出版社,1993 年。
② [日]岸本美绪:《清代中国的物价与经济波动》,社会科学文献出版社,2010 年,第 39 页。

（有的把押租和顶价折息一并计算在地租项内,由地租扣除,有的则否。）"①
除此之外,还有没有地价数据方面的原因呢? 李文治提到了资料方面的难
度:"既有地价又有地租额的资料。这类事例虽然不多,却很可宝贵。遗憾的
是租额多系实物地租,折算成货币比较困难,不会十分准确。又各地斗量大
小也每不相同,一时难以找到可靠资料进行折算。""同一土地既有地价又
有货币租额的一些资料,可以直接计算地租购买年。遗憾的是只是少数事
例。"②该研究所用资料,同一土地既有地价又有实物地租额的如表 1.2,同
一土地既有地价又有货币租额的如表 1.3。

表 1.2　各地地价及租额对比

年代	省县	租地面积（亩）	地价	地租	备注
雍正三年	湖南零陵县	0.37	银两 1.2	谷石 0.4	
乾隆六年	湖南平江县	12.5	银两 73	谷石 15	
乾隆十四年	广东钦州	1	钱文 3200	谷斤 120	
乾隆十八年	福建瓯宁县	18	银两 88	谷担 16	顶耕银 3600 文
乾隆三十九年	福建长太县	1(石)	银两 192	谷石 21	
乾隆四十四年	安徽宿松县	9.6	银两 50	谷担 19 粮石 20	
乾隆五十三年	云南平彝县		银两 140	银两 0.5	
乾隆五十三年	四川奉节县		银两 300	谷石 13	佃钱 16000 文

资料来源:李文治:《明清时代封建土地关系的松解》(1993),第 264 页。
（原表数据除四川奉节县来自《奉节县志》外,其余取自各地刑档。）

---

① 在谈到对地租购买年的看法时,李文治补充说:"我们一方面承认地租和地价对比在研究地
租剥削深度方面的意义,同时又要看到它具有一定局限性。这是由于,在地主经济制约下,地价变动
幅度比较大。或因连年灾荒收成锐减,农民经济困难而急于出卖土地以维持肉体生存,因而地价压得
很低。在文献资料中,地主利用农民困境压价买地的记载屡见不鲜。或由于官绅地主对赋役的优免及
依势逃避转嫁,农民在重赋压迫之下急于弃田,而田价跌落,如常熟县,崇祯年间三饷并征,地价暴
跌。或因长期战争尤其是农民战争而地价跌落。这时地主破产流离,自耕农小土地所有制扩大,地价
大幅度下降。元明之际和明清之际都曾经出现过这类现象。不过数十年,伴随着人口增长,土地兼并
转剧,地价又行上涨。"参见《明清时代封建土地关系的松解》,中国社会科学出版社,1993 年,第268页。
② 李文治:《明清时代封建土地关系的松解》,中国社会科学出版社,1993 年,第 264~269 页。

表 1.3 安徽祁门县地价购买年示例

年代	土地面积	地价（银两）	地租		购买年
			租额（谷、秤斤）	折银（银两）	
嘉靖三十八年	0.8(亩)	6.4	7秤10斤	0.75	8.53
万历十年	213(步)	7.2	9秤	0.373	19.30
万历十年	1（备）	27	36秤	1.49	18.12
万历十二年	1（备）	1.9	2秤12斤	0.11	17.29
万历十二年	1（备）	13.5	21秤	0.8715	15.49

资料来源：李文治：《明清时代封建土地关系的松解》(1993)，第268页。
（原表数据取自祁门县《洪氏誉契簿》。）

笔者在研读《徽州文书》的过程中，正好遇到了一组"同一土地既有地价又有租额"的"少数事例"，用表列出，权作补充(见表1.4)。

表 1.4 同一地契反映的实物地价与年租比

契名	交易时间	每年上租谷（单位）①	卖时值价谷（单位）	卖价/年租谷（倍）
休宁县胡周印卖田赤契	洪武三十年十月日（1397）	11（秤）	20（秤）	1.8
休宁县胡周卖田赤契	洪武三十一年八月日（1398）	9(秤)	18（秤）	2.0
休宁县胡四卖田赤契	建文二年九月日（1400）	2(秤)	18（秤）	9.0
休宁县汪午卖田赤契	建文三年八月初五日（1401）	15(租)	52（秤）	3.5
休宁县朱舟保卖田赤契	永乐二年九月十九日（1404）	12(祖)	25（祖）	2.1
休宁县汪思理卖田赤契	洪熙元年三月日（1425）	4（砠）	16（砠）	4.0

① 秤、租、祖、砠：均为单位名称。在徽州田契中，"砠"通"祖""租"。一秤或一砠为二十五斤或二十斤，少数有十八斤的(即所谓"小石砠")。(参见刘和惠、张爱琴：《明代徽州田契研究》，《历史研究》，1983年第5期。)

续表

休宁县汪思名卖田赤契	宣德三年闰四月贰拾壹日（1428）	10（租）	50（祖）	5.0
休宁县汪希齐等卖田赤契	宣德七年十月廿九日（1432）	8（租）	41（租）	5.1
休宁县汪义清卖田赤契	宣德玖年二月初七日（1434）	9（租）	57（租）	6.3
休宁县汪克中卖田赤契	正统三年十月十五日（1438）	78.5（租）①	260（租）	3.3
休宁县金舟原等卖田赤典	正统八年九月初四日（1443）	28（租）	140（租）	5.0

资料来源：根据《明清徽州社会经济资料丛编（第一集）》中的地契内容整理。

以上来自地契中的交易数据，虽然有其特殊性，却从另一个角度反映了单个土地买卖价格"随意性"的特点。如果仅将单个地契中的"价格"用于计算地租购买年，或是反映价格的长期趋势，有些冒险。这些事例提醒我们，对于传统社会土地交易中的某一"孤零零"的价格，需要谨慎对待，严格可靠的地价需要考察一组完整的交易才能得到。这些事例也提示我们，对传统交易中的地价问题进行研究具有相当的难度。

与研究现今地价相比，对传统社会土地交易价格进行研究存在以下难点：

一是系统性资料缺乏。从已有研究的回顾中，我们看到，在浩如烟海的中国史料中，有关价格方面的资料并不少见，但缺乏的是系统性资料。这里的系统性资料，不仅指时间和空间上的连续性，还要看它们能否满足我们

---

① 各地块租谷分别为10租、12秤、24秤、9秤、7.5秤、16秤，合计78.5租。

实际研究的需要,这些需要包括我们接下来将讨论到的几个因素:交易类型的多样性、交易过程的跨期性、"田底权－田面权"因素、"找价"因素等。

二是土地交易具有类型多样性和过程跨期性特点。本书第三章揭示,中国传统社会的土地交易具有灵活性和多样性的特点。灵活性体现为交易的组合化和个性化,多样性体现在交易类型和方式的多种多样。而所谓跨期性,反映在一项交易并非"一锤子买卖",由于回赎和找价等因素的存在,交易过程往往要持续较长时间。在这些情况之下,考察土地价格必须考虑以上因素。

三是田底权与田面权分离且各自独立交易。如何定义地价?如果把地价当作土地的权利对价,当然好办,这样我们看到的是各项土地权利交易的价格。田面权有田面权价格,田底权有田底权价格。但许多时候,人们恰恰只看到或者认为,地价是"土地"的价格,即辨识地价的高低涨落,以单位面积价格来衡量。以面积为单位丈量土地,再求取单位土地的价格,难免忽视了田底权与田面权分离且各自独立交易的特殊情况。

四是传统地价形成过程中的找价因素。考虑到找价环节,研究上面临的难题是:一方面,包含完整环节的价格资料非常难得;另一方面,需要突破已有的价格理论和框架。第一个难点是所有传统地价研究者共同面对的,有待史料工作者的发掘和扩充。第二个难点,已有研究对多样性的区别已经述及,但尚无严格界分和完整体系性的研究。第三个难点,已有研究注意到二者的区分,但没有将二者联系起来考察其内在关系。第四个难点,主流研究将"找价"当"恶习""陋俗",持排斥态度,并不将其纳入正常的价格形成过程加以研究。

对已有文献的梳理发现,总体来看,经济史研究中涉及土地制度类非常多,有关地价研究并不多,系统性研究尤其少。现有关于地价类研究主要集中在列举价格信息和反映价格趋势上。前者常见于各种资料汇编,后者包括了不同时期、不同地方、不同类别的价格情况和比较。目前,尚未见到对传统土地交易的价格形成过程及机制作系统研究。

本书拟在前辈学者成果积累的基础上,对中国传统社会土地交易的价格形成过程与机制作进一步专门研究。

第三节　概念、材料与方法

一　概念和材料

一项研究中的基本材料由研究范围来确定,反过来,所掌握的材料又限定了开展研究的视野和范围,二者互相界定。因而,在列举本文所运用的基本资料之前,先谈谈笔者对文中几个基本概念的理解和界定。

(一)基本概念

1.地权交易

本书中,"土地交易"与"地权交易"基本上为同义语。之所以更多地使用"地权交易",是因为笔者认为,"土地交易"的实质是土地上权利的交易,而非作为物理存在的"土地"本身。通过对传统社会交易案例的考察,本书强调"地权交易"是土地上权利自由切分与交换的过程。"地权交易"比"土地交易"更为传神之处还在于,前者反映了在同一块土地上发生并兼容不同交易的现象。另外,需要提醒的是,在书中,买卖只是交易类型之一,传统社会的"地权交易"包括了租佃、典、当、活卖、绝卖等基本形式。

2.传统社会

本书所使用的"传统社会",主要是一个分析性概念,它的经济方面显示了这样一种状况:土地可以自由流转,并运用具有鲜明传统特色的方式,通过交易实现生产要素配置,满足包括金融在内的各种需求;具体考察,转化为操作性定义,时间上主要指明清以来、新中国成立之前,空间上主要指农村社会。

3.习惯、俗例

谈论"习惯",多为"民间"视角。"民间"是相对于"官府(方)"而言,其行事准则可能与官府律令(意志)相一致,也可能不一致,甚至发生冲突。民间习惯在内容上包括习俗和惯例,但不作严格区分,因为习惯是得到人们认可,并在日常行为中予以遵循的规则。一方面,作为一种抽象的原则或由具体内容凝聚成的"准绳"规范人们的行为;另一方面,又主要通过人们的实践行为体现出来,在一个个"复制"的交易活动中得到延续。说"认可",多数情况下,是人们"默认"遵从,也有些是形成了文书或碑刻的乡规民约。因而,不论是考察实际案例,还是梳理契约文书、碑刻资料,最终都是为了获取对人们共同遵守的东西的认识。

文中的"俗例",意思是"习俗 + 实例"。如果说习俗(惯)①是从"面"上考察传统社会的交易现象,实例则从"点"的角度观察交易现象的具体过程。前者注重宏观状况,后者着力微观细节。通过"点"与"面"结合,期望呈现出一幅较为完整清晰的画面。"习俗"材料主要来自习惯调查,一系列契约文书或者不同时期的契约文书放在一起,其"共同点"也能反映习俗。"实例"

---

① 本书中,"习俗"和"习惯"为同义语。有的学者侧重从群体的角度谈"习俗",从个体角度用"习惯"(韦森:"制度经济学"课程,视频链接 http://ssvideo.chaoxing.com/playvideo.asp?id=61202)。由于交易活动反映的是不同个体之间的关系,属一种经济社会关系,因而本文不作个体和群体的区分,习惯与习俗同义。

既可是来源于契约文书的直接案例①,也可从其他相关资料(如《刑科题本》)中整理、撷取。选取的原则在于能够反映当时的土地交易情况。

(二)基本材料

为了获取前面提到的这种认识(对传统社会人们"共同遵守"的东西的认识),本文的资料来源主要有契约文书和交易案例,碑刻资料用得不多。社会调查是现代手段,清末民初开展的大规模调查得到的习惯资料亦是本文的重要来源。

以下所列为本文运用较多的资料。当然不止这些,详见正文标注和参考文献。

1.习惯资料

本文依据的本子主要为:前南京国民政府司法行政部编、胡旭晟等点校:《中国民事习惯调查报告录》,中国政法大学出版社,2000 年。(文中简称《民事习惯》)。个别地方用到了:法政学社(编):《中国民商事习惯大全》,广益书局,1924 年。

2.契约文书

(1)系统利用了的有:

安徽省博物馆编:《明清徽州社会经济资料丛编(第一集)》,中国社会科学出版社,1988 年。(文中简称《徽州文书》)

福建师范大学历史系编:《明清福建经济契约文书选辑》,人民出版社,1997 年。(文中简称《福建文书》)

四川省档案馆编:《清代乾嘉道巴县档案选编》,四川大学出版社,1989 年。(文中简称《巴县档案》)

---

① 一则(或者一组:卖、加、绝、叹)契约文书构成一个交易案例。

王万盈辑校:《清代宁波契约文书辑校》,天津古籍出版社,2008年。(文中简称《宁波文书》)

洪焕椿编:《明清苏州农村经济资料》,江苏古籍出版社,1988年。(文中简称《苏州资料》)

上海市档案馆编:《清代上海房地契档案汇编》,上海古籍出版社,1999年。(文中简称《上海房地契》)

谭棣华、冼剑民编:《广东土地契约文书(含海南)》,暨南大学出版社,2000年。(文中简称《广东文书》)

(2)未作系统整理,参考了的地契资料有:

曹树基等编:《石仓契约》,浙江大学出版社,2011年。

陈秋坤、蔡承维编著:《大岗山地区古契约文书汇编》,高雄县政府,2006年。

黄志繁:《清至民国婺源县村落契约文书辑录》,商务印书馆,2014年。

刘海岩主编:《清代以来天津土地契证档案选编》,天津古籍出版社,2006年。

罗志欢、李龙潜主编:《清代广东土地契约文书汇编》,齐鲁书社,2014年。

清华图书馆藏土地契约(未出版)

首都博物馆:《首都博物馆藏清代契约文书》,国家图书馆出版社,2015年。

孙兆霞等编:《吉昌契约文书汇编》,社会科学文献出版社,2010年。

台湾银行经济研究室:《清代台湾大租调查书》(台湾文献史料丛刊 第七辑),大通书局印行,1987年。

田涛等主编:《田藏契约文书粹编 1408—1969》,中华书局,2001年。

铁木尔主编:《内蒙古土默特金氏蒙古家族契约文书汇集》,中央民族大学出版社,2011年。

汪文学编校:《道真契约文书汇编》,中央编译出版社,2015年。

王钰欣、周绍泉:《徽州千年契约文书》,花山文艺出版社,1993年。

吴晓亮:《云南省博物馆馆藏契约文书整理与汇编》,人民出版社,2013年。

晓克:《清代至民国时期归化城土默特土地契约》,内蒙古大学出版社,2011 年。

张传玺编:《中国历代契约会编考释》,北京大学出版,1995 年。

张介人编:《清代浙东契约文书辑选》,浙江大学出版社,2011 年。

中国社会科学院历史研究所:《明清徽州社会经济资料丛编(第二辑)》,中国社会科学出版社,1990 年。

3.刑档案例

清代"刑科题本"的出版物,目前主要见于中国第一历史档案馆、中国社会科学院历史研究所编的"乾隆刑科题本租佃关系史料之一"《清代地租剥削形态》(文中简称《刑科题本一》),中华书局,1982 年;"乾隆刑科题本租佃关系史料之二"《清代的土地占有关系与佃农抗租斗争》(文中简称《刑科题本二》,中华书局,1988 年。陈志武、林展、彭凯翔等对部分原档进行了抄录,并在此基础上对刑档进行了数据化,建立了数据库。①

出于体量方面考虑,在论证相关内容时,只选用了同类材料中的一至两条,有时为了呈现细节或辨明差异,也不过用了有限的几条,但这并非表明这方面的证据只有孤证,更多类似的材料和案例请参见所引文献。

本文所用材料,尽管从出版年代和已有涉及看并不新颖,但笔者期望通过系统梳理和精耙细犁,呈现以往研究忽略了的一些重要内容,结合已有研究,提供一些新的认识。

---

① 成规模运用刑档开展经济史研究者如:周远廉、谢肇华:《清代租佃制研究》,辽宁人民出版社,1986 年;[美]步德茂:《过失杀人、市场与道德经济——18 世纪中国财产权的暴力纠纷》,社会科学文献出版社,2008 年;龙登高:《地权交易与资源配置》,福建人民出版社,2012 年;陈志武率领的"中国金融史"课题组:《1700 年以来中国利率变动与金融市场整合》等。

二　思路及方法

本书总体的研究思路是:通过历史分析,回答传统地价由什么决定,如何形成;通过理论探讨,回答传统地价是什么,应包含哪些组成部分;系统回答传统社会土地交易价格形成机制的核心特征是什么。研究将把握三点:一是观念上,注意区分理论地价和实际地价(交易价格);二是组成上,注意地价是各部分权利对价之和;三是形成上,注意地价应包含不同时点上的支付价格。由此,具体研究路径有:一是从理论逻辑出发,明确地价的具体组成部分;二是从历史实际出发,根据实际交易过程总结归纳价格形成模式,再进行理论分析;三是理论假设与历史状况并行提出,看二者关系,若矛盾深入探讨,加以解释。

研究方法上,以经济学和历史学方法为主,多学科视角并举,分析以史料考证与数据整理为基础。经验研究与理论探讨相结合,用现代理论观照历史现象,用历史经验检验和完善现有理论。本研究强调一种系统、整体的观点,即将传统土地交易中一系列看似零碎的地价现象(如:"地租""利率""正价""找价""画字礼""粪土银""脱业钱"等)放入一个整体分析框架加以考察。价格形成过程与机制便是从连续的、完整的视野分析价格现象。一方面,强调运用理性的、客观的历史计量方法;另一方面,注重"同情式"理解,将价格现象置于传统社会的背景氛围和制度环境中讨论。

另外,在研究过程中,还注意把握了以下三个方面:

一是在大视野中考察中国传统社会的土地交易现象。在传统中国社会,在一个把土地视作"命根子"不愿离弃和失去的社会,在一个各项交易制度和设施还不完善的农业社会,靠什么让作为生产要素的土地流转起来?如何让作为资产的土地流动起来?如何将"权利"盘活进而变为可交易的资本在不同的农户间分配？理解这些问题，需要改变和放弃我们已有的对传统中国社会土地交易及其制度方面的认识。用我们今天的眼光看，依据以往对市场交易制度的印象，我们一定会认为在传统社会要实现土地交易几乎是不可能的——这也是我们过去刻板地认为传统社会是一个大规模土地兼并社会的重要认识根源。

如今，学术界关于传统中国土地分配和交易状况已经有了新的认识，普遍认为，在中国传统社会，土地交易已相当活跃。这促使我们进一步思考：是什么支撑了中国传统社会活跃的土地交易？有哪些特别的制度上的因素让传统中国社会的土地交易不同于现今社会，也不同于同时代的其他文明？传统中国社会的土地交易特色在哪里？笔者认为，需在一个大的框架和视野之下，才能更好地理解传统中国的土地交易现象，才能更好地解释诸如"找价"等一系列与土地交易有关的机制和安排，才能更全面地认识作为一个交易体系的租佃、押租、典、当、活卖和绝卖，以及田面权与田底权分离等现象。置于这一大的历史背景和宏观视野之下，我们会更加亲切地感到找价、回赎、押租等诸多貌似"不合理"的交易现象背后的合理之处，并能理解为什么"不合理"的现象在民间社会却能相沿成俗，行之久远。如此，我们便能将视线拉长，放入一个更广阔的社会传统中去发掘真正的中国特色，从而以应有的自信去追寻其当代价值。

二是注意"小契约"与"大契约"的辩证关系。中国传统社会的契约现象与现代社会有何不同？传统土地交易过程中的契约发生和履行体现了契约经济学里的基本规则吗？按照一般理解，绝卖后"找价"发生在写明"永斩葛藤""永不言找"的情况下，这种不照契证办，一再突破先前双方协议的行为，显得有悖契约精神。这一点尤其遭到从法律角度研究传统土地买卖的学者诟病。该如何理解或评判这一现象？笔者认为，首先需要解决对"契约"的理解问题。契约，本质上是一种"约定"，是对将来的"预期"，这种预期建立在"共识"基础之上。约定有两个层次:一个是"小层次"的交易①契约,一个是"大层次"的社会契约。前者发生在具体行为所涉当事各方之间,后者发生在所有社会成员之间。前者一般具有正式的文本合同,后者借由社会习惯(默认)或公共意志(公投)体现。在中国传统地权交易中,"小层次"的契约是土地买卖双方之间的约定,即通常注意到的"文契",它直接设定交易双方的权利与义务;"大层次"的契约是社会成员关于大的游戏(交易)规则的约定,即所谓"俗例""惯习",它设定交易的环境和背景,是某一时空场域中一群人的约定(默认、遵循)。前者如租佃、押租、典、抵当、活卖、绝卖等具体的交易方式;后者如"亲邻先买权""上首业主权""租不拦典,典不拦卖""喜礼银""加找"等。两者本质上都是某种(组)权利的安排与确立。交易的前提是信任,而信任又以约定为基础。作为基础的约定,既包括社会制度、风俗习惯的层面,也涵括契证文本的层面。因而,无论讨论交易问题,还是信任问题,始终应把握这两个层面之间的关系。通过对传统地权交易的研究,我们注意到,"小契约"的解释和执行始终要放入"大契约"里才妥贴、顺当。这样,我们也就不难理解为什么"加找"现象会发生了,也就不再粗略地说"找价"有违基本契约精神了。

三是避免将"经济"与"社会"对立起来分析问题。社会学家在探讨行为现象时,倾向于将"经济"面与"社会"面区分开来考察:将"经济"现象简单归结为"个体主义""原子式""排他性"特征的行为活动,②而将时代背景、社会结构、文化价值作为一种社会因素嵌入经济行为之中,或反过来被经济行为嵌入。③这是一种二元对立的思维模式。作一定的分类有必要,但简单

① 此处交易作广义解,可以是经济交易,也可以是社会交易。

② See Hann, C. M., *Property Relations: Renewing the Anthropological Tradition*, Cambridge University Press, 1998.

③ Granovetter, Mark, *Economic Action and Social Structure: The Problem of Embeddedness*, *American Journal of Sociology*, Vol.91, No.8, 1985.

将经济与社会割裂开来,无疑是机械的。对"找价"行为的研究显示,"找价"不仅是一个社会机制(如果要作区别和分类的话),本身也是一个经济机制(作为地价形成机制的一部分)。"找价"在发挥出经济功能时,也使传统地价形成机制具有了鲜明的社会性。社会功能的实现并非一定要以经济功能为代价,以往关于"找价"的社会功能分析,倾向于认为"找价"是一种"不经济"行为,或仅仅认为"找价"是"社会"行为。我们的分析表明,"找价"有其重要社会功能,但这种社会功能的实现是通过一定的经济机制来完成的,它符合经济规律。经济与社会并不对立,确切地讲,经济与社会融为一体,不可分割。

历史学家经常说历史是反理论的,经济学家则自豪于能够用简练的语言(数学模型)将现象背后的内在逻辑揭示出来。历史学家常感叹理论是在"隔靴搔痒",甚至"削足适履";经济学家则感慨"一堆材料"放在那里到底想要说明什么。因而,做历史的常会因为发现了一则与现有理论和理解不一样的史料而兴奋,以至于否认整个理论的价值;搞模型的常以为在既定的假设下得出的理论逻辑能够穿越历史放诸四海。其实二者并不矛盾,历史学家和经济学家都在试图展示对历史和社会的分析与理解,只是他们所用的工具方法和叙事模式不同而已。从学术考察的角度看,不同的方法路径、不同的学科视野,有可能得出不同的逻辑结论。从规范研究的路数出发,更多地会进行理论推演,历史材料成为理论大厦中的装饰。从实证研究的路子出发,更多地会进行归纳总结,尽管不免也要带着理论的视角和问题的导向去搜集材料,但当有了一堆历史材料构成的"砖头"摆在那儿的时候,理论模型只能当作呈现材料的"外形",内在结构应由实际状况决定,而非预先设定。从不同的学科视野出发,从现有材料中发现的逻辑规律也会有所不同。例如:同样是面对一堆由地契资料构成的"凌乱"交易状况,法学家们看到的更多是官府律例与民间社会之间的矛盾和冲突及其解决,经济学家要探讨的可能就是由民间交易实践所呈现出来的传统经济模式。再如：面对传统社会各地出现的"买田贴粮""买田垫粮""买地卖粮""买地寄粮""卖地逃粮""买卖粮差""推粮不倒户"行为，社会学家关心的可能是这样做的社会动机和根源是什么，历史学家关注的是其中的来龙去脉，而经济学家却要讨论当此类交易活动大规模出现，成为一种现象和习俗的时候，它们的运作规则和经济后果是什么。

第四节　写作方面的说明

关于中国传统社会的土地状况和地权交易已有丰厚的研究成果，前辈学人在此领域做了大量的开拓性、基础性工作，并在一定的问题背景和研究范式下开展了系统性分析，为加深相关认识提供了丰富材料和多种视角。本文立足现有的文献和研究积累，在不同学科视角的观照下，通过进一步研究，期盼对传统社会的地权交易及其价格形成机制获取些新的认识。本书在写作方面有几个地方在此作些沟通性的说明。

一　历史学科和经济学科里的经济史研究

谈谈笔者对经济学科里"经济史"与历史学科里"经济史"的理解。我们知道，在历史学里，研究工作非常重视发掘新的史料。而在经济学里，则强调运用经济学基本理论和方法去解释经济现象。历史上的经济现象如何呈现和描述，主要靠历史材料来反映。因而，材料更加注重客观、全面。如果在现有的材料里，能够满足比较客观、全面地描述经济现象，便达到了目的；而并不一定要材料求"新"，甚至求"偏"。即使是新材料，补充进来，也是为了更加全面、客观地说明经济现象。因此,如果说历史学科里的"经济史"着重"是什么"的研究,那么经济学科里的"经济史"则偏重"为什么"的研究。这只是说二者有所侧重,当然并非就此泾渭分明。一流的研究在重新发掘"是什么"的情况下,同时也能很好地解释"为什么"。但这并不排斥在一个知识和学科分工的社会,有所侧重。尤其当运用现有的材料,配以新的理论和方法,也能作出新解释,发现新规律的话,在学术上也是有意义的。当历史学家讨论一篇论文时追问发现了什么新材料,经济学家可能关注从这则材料中看到了什么新东西? 发现了什么新问题?

此外,对现有常见的材料进行细致梳理,呈现为以往研究所忽视了的事实,也有其意义,可以说是材料整理和运用方面的创新。在现代学术分工体系下,不同学者对所见的某一"块"(部分)材料作清楚梳理,亦很重要。基于这些认识,结合笔者学科背景和已有积累,本书集中于对某部分地契文书和习惯调查资料作细致梳理,强调运用新的理论和方法对掌握的材料作出新的解释,或者透过新的视角,在前人成果的基础上,对某一经济现象作出新的分析。

二 不同概念体系和解释框架方面的争论

正如下文将要讨论到的,关于传统土地交易的基本形式和性质,学界有多种理解和观点,对同一概念(如:典、当、活卖、绝卖等)存在不同定义和争论。如何看待? 笔者以为,之所以存在这些争论,或多或少与已有研究为交易形式"立法"——设定框框有关。在理论和概念上,对不同交易形式进行界定和区分无疑是必要的,但如果主观定义的概念与历史上发生的实际情况不符的话,要么削事实之"足"以适概念之"履",要么对固有的事实视而不见,专挑有助于支撑概念的材料发挥。如此,基于不同的概念界定,"各执一词""各取一端"便不可避免了。不可否认,任何理论和概念体系想要涵括和解释所有历史材料反映的事实是不可能的,"历史天生是反理论的",指的就是在翰如烟海的史料中要找出反例乃轻而易举的事情。由于理论是"抽象"而成,必然要舍弃掉许多"具象"的东西。也正因为理论在解释历史和现实的过程中,总有许多"特例",因而需要不断地作调整。"说有容易,说无难","黑天鹅"的事例告诉大家一切皆有可能。但所有这些并不妨碍研究者在掌握已有信息的基础上,作合理的假设和推论。也正因此,不同学者基于所掌握的不同材料得出不同的结论和理论,以及不同结论和理论之间的争论,也就相当必要和富有价值了。从这个意义出发,本书并非要否定已有之概念、判断和解释框架,而是希望在另一个视角的观照下,能够得到一些不同的认识,形成一些不同的解释,为丰富相关讨论提供参考。

另外,本书部分章节直接列举了一些地契和习惯材料。笔者认为,在研究报告版面允许(相对宽松)且不至于误认为是充数的情况下,这样做有以下三个方面好处:一是有助于行文论证。多数情况下,笔者不打算采用间接引证的方式,即简单复述材料内容,而是直接将相关材料以专门字体标示在文中,即使读者略过,也不影响阅读。二是有助于读者在具体情境中原汁原味地体会原始材料反映的意思。对于那些想要直接看材料的读者来说,省去了另外查找的麻烦,以便集中精神审视材料与文章观点之间的关系。三是有助于反映笔者研究过程中对相关材料所做的梳理工作。再者,类似情况(出现引述较多的),前人成果已有先例。比如:杨国桢《明清土地契约文书研究》中对契约文书的列举,赵晓力《中国近代农村土地交易中的契约、习惯与国家法》中对民事习惯的列举,二者的研究堪称该领域典范。笔者也期望文中材料是为呈现事实、印证观点所做的努力,而非简单的铺陈堆砌。①

  本书对已有文献和问题进行爬梳整理,在此基础上所做的工作,可能会有"新瓶陈酒"之感,希望通过新的耕耘和努力亦能贡献新的价值。正如传统农业里的耕作,即便耕者犁耙水平有限,翻不出什么新花样,但通过对熟地进行轮翻深耕,也能改良土壤,提升生产力。笔者期盼如此。

---

① 如果没有史料作基础, 不同的研究者仅仅基于各自对概念的不同理解所产生的争论,对于理论来讲有其需要,但若此类争论乃针对历史状况(如关于典、当之争),则不免显得各说各话。扎实的研究需要用事实说话,用材料说话。哪怕占有的材料是片面的,哪怕各自所见有限,基于材料产生的不同认识,也才可能将"片面"拼凑出"全面"。本书的分类、概念、观点有可能与现有观念不一致,甚至产生冲突,希望读者、专家能更多关注文章所呈材料与所论观点之间的关系,而非简单的观点之争。

第二章　传统社会土地交易体系

　　关于传统中国土地交易的基本类型和方式,学界已有较为充分的讨论,尤其是针对某种具体的交易形式,讨论更深,争议也多,但形成了丰硕的研究成果。也有一些学者将不同类型的交易形式集合起来加以系统考察[①],甚至尝试建立一般化的模型[②]。对前辈学者研究已较充分的内容,本章除了在必要时予以交待外,不再赘述。本书基于地契文书资料反映的原始交易内容,重点放在:①凸显已有研究没有关注到的现象;②呈现已有研究讨论不够或有助于廓清争议的一些材料内容;③阐述交易形式背后的经济实质,尤其是不同交易形式之间的内在沟通与关联。

---

① 如赵晓力:《中国近代农村土地交易中的契约、习惯与国家法》,《北大法律评论》(第 1 卷第 2 辑),法律出版社,1998 年;龙登高:《地权交易与资源配置》,福建人民出版社,2012 年。

② 如曹树基、刘诗古:《传统中国地权结构及其演变》,上海交通大学出版社,2014 年;刘志:《地权的分割、转移及其阐释——基于传统中国民间土地市场》,《中国经济史研究》,2017 年第 3 期;张湖东:《中国传统土地交易再研究》,清华大学博士学位论文,2013 年。

第一节 传统社会土地交易的形式

对传统地权交易的基本形式包括哪些的讨论,或多或少,存在争议。由于同一称谓在不同地区的做法和含义不一,再由于同一实质的交易在不同地区的称谓不一,很难统一标准。因而,也难有对错之分,各家都是根据研究需要作具体区分和归类。

本书重在讨论交易的实质内容及其功能,所以将基本的形式框架列为租佃、典、当、活卖、绝卖,其中包含了一些更细致的区分和讨论。

一 租佃

主要讨论租佃的对象、出租主体、地租的种类和形态、租佃制等。关于租佃价格的形成参见后文。

(一)租佃对象

关于租佃的对象,以往更多地观察普通田土,即田面、田底分离前的情况,而将田面、田底分离本身看作佃权发展的产物。在传统社会土地租佃的实践中,将田底和田面自身作为租佃对象,值得注意。

例如,徽州的土地交易契约文书显示,佃的对象有"大买田"(《徽州文书》[①]:448、451)、"小买田"(《徽州文书》:434、435),也有"大小买田"(《徽州文书》:447、451)。大买田即田底,小买田即田面,大小买田是底面一并。

----

① 参见安徽省博物馆:《明清徽州社会经济资料丛编(第一集)》,中国社会科学出版社,1988年。以下简称《徽州文书》,冒号后为该书页码,下同。

福建的调查发现，"皮契"与"骨契"中的主佃关系，除契载皮骨全者外，骨契为主，皮契为佃。若仅取得其骨，则产虽易主，而佃仍如故。有类于永小作权，且其契亦可赠与转移，效力直与骨契同。（《民事习惯》[①]：300）

从徽州和福建的地契中，可以看到，有些租佃契中出现类似卖契中的价钱，例如"歙县姚朱氏出佃田皮约"（《徽州文书》：434）中书明"自愿央中立出佃与吴天孙名下为业，三面言定时值价银五两整。其银当日收足"字样，不免令人费解。两则民事习惯材料为我们提供了启示：

上虞县习惯：官顶、私顶

官顶者，业主直接顶与佃户，立有顶契，契内载明顶佃价若干，退佃时，可照原价给还。私顶者，佃户转顶与他佃户，亦有顶契，契内写顶价处空留地步，将来收回时，就空处照时价补填，名曰照时价回赎。（《民事习惯》：283）

龙游县习惯：官顶、私顶不得回赎

官顶、私顶不独上虞县有之，龙游县亦有之。惟上虞顶契内皆载明可以回赎，龙游则顶约内均载有永不找价、永不准回赎字样，遂至辗转相顶产权者，终无恢复原状之一日，此其相异也。（《民事习惯》：286）

看得出来，有些佃约中只书"价银"多少，有些还再加上"租谷"多少。这些佃约中的"价银"与"押佃银"还有些区别。笔者以为，这类佃约反映的情况处在"押租"与"活卖"之间。不论它们采取什么形式，价银和租谷都是地主的收益，因时、因业主而宜，只是收取的时间和方式不同而已。这里，我们看到不同交易形式之间的内在共通性。

---

① 前南京国民政府司法行政部编、胡旭晟等点校：《中国民事习惯调查报告录》，中国政法大学出版社，2000年。以下简称《民事习惯》，冒号后为该书页码，下同。

（二）出租主体

从徽州的土地交易地契约文书看，出租主体主要有三类：一类是"户"和"人"。户，一般写"姓名＋户"；某人名下，一般写"姓＋名下"。例如：《徽州文书》中的"许孝睦户"（449）、"许名下"（426）、"程名下"（426）等。再一类是"祠"和"堂"。例如：《徽州文书》中有"许思养堂"（448）、"黄清燕堂"（449）、"许荫祠"（450）等。还有一类是"会"和"社"。例如：《徽州文书》中有"许尚义堂社会"（447）、"荫祠社会"（451）、"叶村政公春秋二祭会"（447）等。

（三）地租种类

关于地租的种类、定额与分成，各地称谓不一。例如，福建就有"喝租与分收""分收及照纳"的说法。闽清的田主收租有"喝租"和"分收"两种。采用"喝租"，要求佃农无论丰歉，"递年喝纳租谷若干"，但必须得立约为凭。采用"分收"，"每年所收租谷，照额均分"，一般口头约定就可以了。（《民事习惯》：307）再如，在惠安县，田租有"分收"和"照纳"的区别。采用分收，一般看收获的情况而定，由佃户与田主均分；采"照纳"者，一般先约定每亩每年的租谷或者是租钱若干，不论荒熟，佃户得照纳。但是如果有特别情况，可以向田主要求缓免。免租或缓租，都应经由大家一起协商，不是一家一乡所能擅自作主的。（《民事习惯》：308）

1. 定额租

即在合约之初确定好租额，一般在契中注明"无论年丰岁歉"字样，表明只顾按约好的数额缴纳，不论年成情况。虽说如此，但由于农业经营的风险巨大，尤其在传统农业社会，对"天"的依赖性大，因此即便在约好"租额"的情况下，如若遇到大的荒歉之年，佃农也会要求减租，这种要求往往也是会被地主接受的。例如，"歙县黄汝明租田批"中"三面言定每年交纳时租谷三十二斗整"(《徽州文书》:431—432);"歙县鲍日怀租田批"约定"每年秋收交纳时租谷四十八斗整。其谷挑送上门,照依时年车收,不得欠少"(《徽州文书》:433);"祁门县洪允授租田批"中,"言定每年包还硬租干〔麦〕八升,夏至送门交还;净谷四斗,秋收送门交还,无论年丰岁歉"(《徽州文书》:446)。

2. 分成租

分成即出产时按收成的一定比例纳租。比例的确定看具体情况,地主提供的生产要素越多,质量越好,分配所占比重越高。反之则反是。福建建阳县的习惯调查提到:"主佃分配收入,视田之肥硗而定。例如,附城各乡岁收最丰者,田主可得七成半至八成,佃户则得二成至二成半。北路及南路各乡次之,田主得七成,佃户得三成。西路各乡田多农少,田主仅得三成至三成半,佃户得六成半至七成。但此种分配方法多于荷当字(即领耕字约)内预订明白。"(《民事习惯》:298)后文关于"价格习俗"的考察显示,在分成租中,"对半均分"占了绝大多数。对此,赵冈有过专门的讨论。[①]分成租制在按一定比例分配收益的同时,也起到了分担风险的作用。例如,"歙县管名有召田约"写道:"主出钱粮、种籽,身出人工、牛力,秋收请主登场看割均分,送至水口。"(《徽州文书》:429)

分成租制本质上是一种合伙制,它集合了不同要素的优势,合作进行生产。这种合作不仅在已垦熟田的生产上,还在荒地的开垦上。南田县的报告显示,在光绪年间弛禁招垦时候,富裕的家户投资承领沙涂,筑塘辟地召用客佃,代为垦种。佃户由于贫困无力自购耕牛,便由业主购牛给佃承养,任其完全使用。(《民事习惯》:285)关于主佃之间合伙生产,各自根据已有条件提供生产资料,由此形成分配比例。江苏省的一则习惯材料,为我们介绍了更详细的情况:

---

① 参见赵冈:《历史上农地经营方式的选择》,《中国经济史研究》,2000 年第 2 期。

凡业主招佃种田，分为三种：一曰分种。业主将田若干亩交付佃户，凡牛、种、肥料以及耕耘、收获之事，均系佃户为之，业主但完纳钱粮，处监督地位，所有收益平均分受。惟分种之初，佃户若无力购买耕牛，须由业主借给，陆续偿还。亦有瘠薄之田，每年所需肥料种籽由两家分任者。一曰把牛地。凡牲畜喂养、肥料、种籽以及种种农具，均系业主备办，所需人工概由佃户负责，收益则以三七支配。一曰二八。佃户只任耘田及收获之事，收益则二、八支配。（《民事习惯》:215）

关于分成租的灵活性，以及主佃双方通过共担分险以共获收益的预期和心理，民国时期浙江省反映的情况及当时调查者所作点评，可谓精当。

云和县人民租山养树，不订明租价若干，亦不限定何年支付租价。惟山主与租户缔结契约时，约定该山树木后日出卖时，山主得利"二分或三分，佃户得利八分，或七分，别无他项规定。按：前项习惯系云和县公署杜，刘两会员所报告。据称，云邑境内尽属童山，种树必待十年，若创办之始，订明租价，不知将来能否得利或得利几何，限定年限，不知将来何年得利，利害既难预测，则租种者必少，而山多荒废矣。故不订明租价、年限，俾佃户但有利息之可享，绝无损害之堪虞，庶肯尽其篆养之心力，而一旦得利，山主亦获分沾，此双方皆有利益也。故此种习惯不惟无弊，而且良好也。（《民事习惯》:282）

（四）纳租形态

1. 实物租

实物约定一般根据土地的出产而定,有谷、麦、豆……情况不一。具体交租日期一般为土地出产物的收割时节,如在徽州便有夏至交麦、秋收交谷的习惯。"歙县张细华租田批","言定秋收交纳风车时租,净谷二十四斗……交纳麦豆时租四斗,挑送上门"(《徽州文书》:432—433);"祁门县洪茂守租田批","言定每年包还硬租干麦一斗二升,夏至送门交还,净谷六斗,秋收送门交还,无论年丰岁歉"(《徽州文书》:447)。

关于地租是"送门(庄)"还是"送城",清末民初的民事习惯调查者了解到,"佃约内有送城租、送庄租、发夫租等名称,随田之美恶、远近定之,不可一概论也"(《民事习惯》:300)。

2. 货币租

地租采实物还是货币,得看具体情况。这些情况包括:地主的需要、佃农的支付能力、钱币的可获得性、兑换的便利程度等。例如,"歙县胡天林租菜园地批","三面言定每年租金典钱三百六十文整,议定三节交纳"(《徽州文书》:442)。

（五）租制类型

1. 一般租制

一般租制就是普通的租佃,地主将地租与佃农耕种,订立契约,按约行事。在福建,有所谓"短期佃"与"长期佃"的区别,短期佃即支付地租、短期耕作者;长期佃即按期纳租、永远耕作者。短期佃,例如,甲有田地五十亩,以价金百元租与乙承种一年、二年[年二]或三年,订立书据,交付租金,期满无偿地归原主收回。长期佃,例如,甲有田地百亩,自己不能耕作,招乙承种(俗名称为佃户),订立书据,约定十年或二十年为期,土地所有人非有特别原因(如佃户欠租不缴或故意荒芜),不准收回,或有使之永远耕种者。至其交付佃租之额数,最普通者,佃户三成或四成,土地所有人七成;或六成但有天灾地变时,亦可请求减免佃租。然习惯上,佃户不能以永佃权让与于人,亦不能赁贷于人。(《民事习惯》:302)这说明虽然订契可以一次订数十年甚至上百年,但实际上不会一次订太长时间,往往一次到期后可以再续。

2. 永佃租制

永佃租制就是佃农在不欠租、不违约的情况下,享有一直耕种该地的权利,地主不得随意撤佃。例如,福建省浦城县习惯,"承种田地者,除荒年分收或减让外,常年承种人不欠租课,业主不得起佃。又佃领山场,双方合意,订定契约后,佃户如无违反契约情形,则山主不得起佃"(《民事习惯》:309)。福建省南平县习惯,"承租他人田地耕作,并不设定存续期间,只要不短少租额之一部或全部,土地所有人即永久不得责令退佃,但佃户不得将该田地赁贷与人"(《民事习惯》:296)。已有的调查和研究表明,永佃租制不仅在福建有,而且在全国分布相当广泛。[1]

(六)转佃

发生转佃一般有两种情况:一是继续佃耕不适,又不便退回原业主,需要转佃以应急,或适应变化了的经济条件;二是通过转佃获取增值收益,这种增值可能来自人多地少引发的地价上涨,也可能来自土地耕熟后产生的级差收益,还有就是大户先包佃然后转佃给小户。例如,万历年间,歙县吴元锐,原佃得汪春门前田三亩,后来因需凭中转佃与其侄吴应乔,立约后汪

_____

[1] 参见民国时期土地委员会编:《全国土地调查报告纲要》,1937年。

春从吴应乔处取租,并约定吴元锐日后有银时可听凭取赎。(《徽州文书》:423)

地契文书及民事习惯调查资料显示,明清社会,转佃是很常见的事,有些地区甚至出现"农人承耕大户租田既久,恒以转佃于人,从中抽收附租"(《民事习惯》:321);有的地方"包佃者承领业主多数田地,转租与人分散承种,而取租款盈余归己"(《民事习惯》:292—293)。

1. 转佃与"借种""借耕"

转佃反映出佃权的独立。转佃给佃户带来极大的方便和灵活,但地主并非乐意,有时还损及其利益。习惯材料表明,有相当部分地主试图改变这一现状,在地契资料中,诸多地方出现"借耕"或是"借种"契约,即是明证。不过,终究佃户的力量占了上风,到后来,田面权自由行使,乃至普遍出现,是转佃发展的新阶段。福安县的习惯资料谈道:"前清时,福安田山地面皆得由佃户转替与人,甚至辗转相替,累及地主,阅时既久,地主非将替价一一代还,即不能调佃或转卖。近年,地主多令佃户改立借种或借耕契约,不再用判用批,设有私替,随时可以召回。惟佃户大半执有从前判、批,因之小承、大替之风犹有存者。"(《民事习惯》:322)

2. 转佃后的租税运作

发生转佃时,关系怎么处理?尤其当出现"二地主"时,怎么交租?怎么纳税?民事习惯调查资料显示,粮户在谁那儿,就由谁纳税;地由谁种,肯定最终一切收益租税都从他那儿出;不论中间转多少手,是否从中抽利,中间环节的人都只是承担"二传手"的作用。这样,便需要在"粮户"与"种户"之间紧扣上下游关系。如何保证最上游"种户"的收益能传到"粮户"的手上呢?一般的做法是,"粮户"让与其签约的"下家"预缴承佃金,再由"下家"去追索"下家"。如此,我们便能理解,为什么在传统社会,常常"底主"(田底权拥有者)在完全不知道地在哪儿、由谁耕种的情况下,照样收租,照常运作。

我们也能理解,在传统社会,在官僚机器人手不多、触角有限的情况下,如何能够保障赋税的收取。一环扣一环,人盯人,主追佃。

　　浦城县习惯:地上权约分为二:(一)如甲向乙承领土地,直接交纳租课与乙。(二)如甲向乙承领土地转给丙种,乙有大苗,甲有小苗,丙有种工,大苗租额及小苗子息均由丙缴纳。盖土地系乙所有,租额系丙交纳,而甲则有领价交租义务也。领价者,如甲承领土地时,按该土地之收入,除缴纳常年租额外,余利之多寡预先缴出若干承佃金,此款系由支出之收租者为粮户之乙于常年收租期间时,无论土地转租与否,只向承佃之甲索取租课,有短少租课时,乙即由甲所缴之领价内扣除,承种土地人丙对于乙不负直接责任。(《民事习惯》:309—310)

二　典当

(一)概述

　　典①和当在民间的用法大体相同,主要有两类:交付受典(当)方管业(或自耕或招佃)和不交付受典(当)方管业。

　　交付受典(当)方管业的,一般都有关于"回赎"的约定。约定回赎,有约定具体回赎日期的,也有不约定具体回赎日期的;约定具体回赎日期的多,不约定具体回赎日期的少。不约定具体回赎日期的,一般按民间惯俗办,或

---

　　① 关于典的详细研究以及典与活卖的细致讨论,参见龙登高等:《典与清代地权交易体系》,《中国社会科学》,2013 年第 5 期;龙登高等:《典田的性质与权益——基于清代与宋代的比较研究》,《历史研究》,2016 年第 5 期;龙登高:《中国传统地权制度及其变迁》,中国社会科学出版社,2018 年;龙登高等:《传统地权交易形式辨析——以典为中心》,《浙江学刊》,2018 年第 4 期;龙登高等:《论中国传统典权交易的回赎机制》,《经济科学》,2014 年第 5 期。

者在契中注明"早晚取赎""钱到地回"①等字样。交付受典(让)方管业,也就类似于活卖了,因此有的地方干脆称其为"典卖"(如福建省),其经济实质是一样的。也正因为类似于活卖,有的在契中写明挂税,也有的不挂税。挂不挂税,全由双方合意约定。交付受典(让)方管业的,常常交待"钱无利,地无租"或"钱不起利,地不起租",因为它是通过管业获得的收益来抵作利息。

不交付受典(当)方管业,自然也就无所谓"回赎"了。但它往往需要说明具体的利息,也就是需要补偿钱主,作为使用借贷的成本。利息有实物类型的,也有货币类型的。因为有的地方将出典方耕种自己的土地当作是"佃回"来的,因而也称利息为"租利"。

交付受典(当)方管业的情况,事实上是钱主和地主互相交换使用各自所拥有的"钱"和"地"。从这个意义上说,无所谓谁是出典(当)方,谁是受典(当)方。因为以土地作为交易对象的话,出典(当)方是地主,受典(当)方是钱主;以资金作为交易对象的话,则正好相反,出典(当)方是钱主,受典(当)方是地主;不交付受典(当)方管业的情况,事实上就是以土地产出为担保发生的一种借贷关系。

是否交付受典(当)方管业,要由具体情况确定,这些具体情况包括:典(当)双方对土地的需要、信用程度等。它们的组合如下:

组合一:出典方需要钱,受典方需要地,显然可以一拍即合,采用(一)

---

① 虽说"钱到地回",但实际上也非随时随意,民间对此形成了一定的惯例加以约束。例如,凡典地并无一定年限,大概订明秋后春前,钱到许赎。若秋收尚未完毕,典户当然不能交地,故必待秋禾收毕后方许赎地。若惊蛰以后,气候渐暖,田地皆将着手耕种,此时有地者,亦不出典。若许地主赎地,该典主得价之后,非候至一年之久不得典种他出,岂非暗受损害,故赎地者,必以秋后春前为限。亦间有过惊蛰犹得赎地者,须先通知典主,典主许可,方能为之,但此系特别情形,实不多见。(黑龙江省龙江县,《民事习惯》:47)典种地亩,已届回赎限期,其回赎时期,水地不得过惊蛰,旱地不得过清明,过此即听典户耕种,俟收获后始能回赎(山西省,《民事习惯》:147)。当业回赎时典当水田,其回赎时期以每年谷雨节为限,过此即须俟翌年再赎。典当旱地,其回赎时期分夏、秋二季,回赎夏禾以清明节为限,回赎秋禾以立秋节为限(陕西省鄠县,《民事习惯》:384)。

交付受典(当)方管业,各取所需,交换使用。

组合二:出典方需要钱,受典方不需要地(要么没有能力耕种,要么不便管业),便可采取:A. 仍由出典(当)方管业,B. 招佃耕种。

从现有材料可以看到,典、当在民间的实践并没有学者们争议得那般复杂,①也并非按照概念逻辑和理论推演得那般行事——实际情况灵活多了。

这里需要注意两点:第一,管业和耕种是有区别的,交付受典(当)方管业,可以是受典(当)方自耕,也可以招佃耕种。出典(当)方耕种,可以是不交付受典(当)方管业,仍由地主耕种;也可以在交付受典(当)方管业后,再佃回耕种。因而,如果是交付受典方管业后,再佃回耕种的情况,则同样约明回赎。第二,典当的对象既有普通田,也有大买田和小买田(各自或一并)。

(二)典当对象

典当土地可以是田底,也可以是田面,还可以是未来的收益。

典当对象为底面的,如咸丰七年歙县王莲坊当大小买田(《徽州文书》:412—413),歙县鲍天富等当大小买地(《徽州文书》:413)。田底的,如乾隆二十三年闽清县陈仪齐当田租(《福建文书》②:557);光绪十九年,歙县许永根当大买田(《徽州文书》:415)。当田底、当大买田、当田租、典大租是一样的。田面的如顺治十年,歙县朱承龙当粪草田(《徽州文书》:398);光绪二十一年,歙县许联顺当小买田(《徽州文书》:416)。与土地有关的某项灵活权利,如嘉庆二十一年闽清县钦商当稻尾契(《福建文书》:586);道光四年侯官县尔择当轮年田(《福建文书》:587)。

---

① 关于典、当的不同理解和争议可参见杨国桢:《明清土地契约文书研究》,中国人民大学出版社,2009 年;曹树基:《传统中国乡村地权变动的一般理论》,《学术月刊》,2012 年第 12 期;龙登高:《中国传统地权制度及其变迁》,中国社会科学出版社,2018 年。

② 福建师范大学历史系:《福建明清经济契约文书选辑》,人民出版社,1997 年。以下简称《福建文书》,冒号后为该书页码,下同。

（三）是否交付管业

交付受典（当）方管业的，如崇祯九年，歙县杨前将田出当与其兄光前名下并交付管业（《徽州文书》:398）。有的约定回赎日期，如乾隆三十七年，歙县方宾秀等典地契，约定"以典十二年为期，听将原价取赎"（《徽州文书》:405—406）；嘉庆八年，歙县鲍乐臣当地契约明"十二年之外原价取赎，十二年之内不准取赎"（《徽州文书》:408）。有的不约定回赎日期，如同治元年歙县鲍方氏当大小买地契。（《徽州文书》:414）

不交付受典（当）方管业，仍由出典（当）方管业耕种的，一般会说明具体的利息以及如何交付。"租利"的形式有两种:一种是实物，一种是货币。实物"租利"，如雍正七年歙县黄子高当田，"其银利每年秋收交纳风车净谷九斗整"（《徽州文书》:401）；乾隆二十六年，歙县许日进当地，"其银利言定每年交纳麦，豆两季，每季交纳四斗一升"（《徽州文书》:402—403）。货币"租利"，如万历四十年休宁县吴自修当田，"本银贰两整，每月壹分行息，其银逐年纳利，如无，听凭管业收租作利"（《徽州文书》:395—396）。

（四）土地由谁耕种

所典当的土地，典当主可自耕或招佃。佃，可佃与第三方或佃回原地主耕种。其本质都是将土地收益抵作银利:①自耕时，土地产出换银利；②第三方佃耕时，租金收入作银利；③原地主佃耕时，租金收入即银利。

由受典（当）方自耕的，如嘉庆九年，马克明将熟土一份"出当与外甥罗复泰耕种居住，自当之后，认（任）从罗姓耕种，二家不异言。其土不定年限，对期赎取，银到田回"（《巴县档案》[①]:129）；乾隆三十七年，江奇才摘出田一

---

① 四川省档案馆编:《清代乾嘉道巴县档案选编》，四川大学出版社，1989年。以下简称《巴县档案》，冒号后为该书页码，下同。

块,出当与廖惟昌名下在上耕种,议定钱无利,田无租,其田不议年数,钱到田回。(《巴县档案》:120)

第三方佃耕的,如嘉庆二十一年,福宁寺僧照文等出当田地给范姓"招佃耕种"(《巴县档案》:136);道光二十五年,周子万出当田土、房屋、柴山、竹木与帝君会上"招耕放佃"(《巴县档案》:141)。

由出典(当)方佃耕的,如嘉庆十三年,李廷富出当田地、山物、竹木、园林、基址、旁屋石工等到姑爷金师贤处,"其田本人佃转耕种,每年认干利"(《巴县档案》:132)。

三　买卖

(一)买卖对象

买卖的对象有底面田、田底、田面。底面田又有两类:一类是普通田,一类是注明的"大小买田"。普通田是在田底与田面没有明晰分离的情况下,底面合并在一起的土地。其买卖地契就是一般的"卖田契"。例如,正统十二年休宁县金积胜卖田契(《徽州文书》:36),宣统二年黟县方遇奇卖田契(《徽州文书》:191)。从时间上可以看到,在清中期以后,也就是在田面、田底比较明显分离的时期,土地买卖交易对象若非田底或田面,即为底面合并一起的田,一般在卖契中注明是"大小买田"。例如,咸丰元年歙县许广年卖"大小买田"(《徽州文书》:166),同治元年歙县胡胜林卖大小买田(《徽州文书》:180),宣统元年歙县程澍之等卖大小买田(《徽州文书》:190)等。

田底买卖是在田面已转手或土地已佃出的情况下发生的交易。与其它类型的土地买卖相比,其契中一般注明佃人及收租额。明代即出现卖田底契的雏形。例如,宣德三年休宁县汪存道等卖田赤契(《徽州文书》:25),宣德四年休宁县胡佛寿等卖田赤契(《徽州文书》:26),万历十二年休宁县朱钟等卖田赤契(《徽州文书》:61—62)等。清中期以后的卖田底契一般都注明为"大买田",如道光八年歙县毕景星等卖大买田赤契(《徽州文书》:157),道光十四年歙县胡光魁等卖大买田赤契(《徽州文书》:159),道光二十年歙县汪程氏卖大买田契(《徽州文书》:161—162)等。通过对比我们发现,后来的卖大买田,除了注明交易对象为"大买田"外,契纸格式与同期普通的卖田契(交易对象为普通田,不注明大买还是小卖),并没有多大差别。

田面一般称小买田,卖则称"退",因而契中一般写"立退小买田契人",这是田面权买卖的习惯用语。最初的田面买卖,一方面是转让佃权,另一方面是要补偿力坌、粪草,故称"退"不称卖。通过对地契文书的考察可以看到,田面的交易类型齐全,田面活卖(退)后,可约定回赎,也可加找卖绝。如乾隆六十年,歙县许荫宗因作种不便,将小买田退到胡姓名下耕种,约好期以六年为满,听凭早晚取赎,到了嘉庆六年加价卖绝,言定永远无得生端加价取赎(《徽州文书》:193)。

田面来源方面,有祖上遗受,也有卖后赎回,还有卖田底后剩下的田面。祖遗的,如嘉庆十八年歙县卢大丽所退小买田(《徽州文书》:197);卖过大买再退小买的,如乾隆四十三年歙县程阿鲍退小买田(《徽州文书》:193)。交易时一并附带的权利,有车水灌溉,有田里青苗,也有周围树木。车水灌溉的如道光七年歙县胡殿英退小买田,注明"其田在小塘内车灌"(《徽州文书》:198—199);田里青苗的,如咸丰八年歙县汪春院卖小买田,契中写明"其田并麦苗即交买人管业作种"(《徽州文书》:217);周围树木的,如咸丰七年歙县鲍全福退小买田,契载除田壹址外,"又己塘壹口并塘旁树木一应在内"(《徽州文书》:215—216)。回赎方面约定较为随意,可"早晚"(随时),也可若干年(五年、六年、十二年不等)之内或之外取赎。可行使取赎权,也可放弃取赎,加找杜卖。约好的取赎年限,可以再约再改。在契面格式

上,除注明大租,不提税粮外,其他大体相同。例如:

歙县陈银华卖小买田契

十五都四图立杜卖小买田契人陈银华,今因正用紧急,将祖遗下分受己业有字等号小买田一址,计税一亩零七厘,土名马家仪,尽过亲房人等均无受主,自愿凭中立契杜卖与本都本图八甲汪悴吉户名下为业,凭中三面言定得受时值小买田价曹〔漕〕平纹银四两整。其银当即收足,议不另立收据。其田即交买人管业,任凭买主自行耕种或租与他人耕种,均无异言。其业从前至今,并未典当他人,亦无重复交易。此系两相情愿,并无威逼、准折等情。倘有字号讹错,丈量之日改正,换号不换业,以及亲房内外人等异言,俱系出卖人一力承担理治〔直〕,不涉受业人之事。恐口无凭,立此杜卖小买田契永远存照。

同治元年正月日　立杜卖小买田契人　陈银华

凭中人　陈满金

陈小才

陈利支

代笔　胡聚有

又批:原来〔老〕契因与他号相连,是以未便捡交,日后捡出以作废纸,不得行用。又照。

(《徽州文书》:223—224)

(二)支付形态

支付形态有谷物、布帛,也有货币。在土地买卖契约文书中可以看到,谷物是一种较常见的支付品,如"时值价籼谷玖拾砠""时值价籼谷柒拾秤""时值价谷伍拾七秤半"等。

现有契约文书反映,在明代的土地买卖中,常以布匹作为支付品。这大概有两个原因:一是由土地产出的布匹是交易双方熟悉和易得的;二是布帛作为一般等价物,在流通中承担着货币职能。由于这些原因,在地契中我们常看到这样的表述:"时值纳官苎布伍拾陆匹""时价大苎布柒匹""时价纳官绵布叁拾捌匹""时值价纳官阔绵布陆拾匹"等。明清土地交易用作支付的货币以银两为主,但其类型各种各样,如"面议时值价花银贰两九钱整""时值价银壹拾贰两整""时值价狮头足色银伍两肆钱""时值价柳笑银叁两伍钱整""时值价白笑银伍钱整""时值价纹银一两八钱整"等。还有些地契将这几类用以支付的形态同时列举,而以一种货币统一计价,如"时值价籼谷、银、松江绵布,共该好银八两六钱"。

(三)活卖和绝卖

现有研究的主流观点认为,土地买卖决定性环节在"推收","推收"之后,买主对所买之地便有所谓合法的、完整的"所有权"①。推收过割被当作活卖与绝卖区分的标志,是"所有权"转移与否的标记。上述观点在解释相关地契资料时会不会遇到难题呢?

我们在研究过程中看到如下几则材料:

休宁县吴松卖田赤契

十二都立契人吴松,今将承父原买戴□□基田原黎字一千二十号,今丈鳞字一千四百九十号,本家注业田二十二步□□分,东西四至自有保簿该载,今自愿立契出卖与汪廷泉名下,三面议作时价三两六钱。其银、契当日两相交付。其田即听买人收租管业。所有税粮候至造

---

① 杨国桢:《明清土地契约文书研究》,中国人民大学出版社,2009 年,第 19 页。

册之年,听从收割过户当差,本家内外并无阻挡。未卖之先并无重复交易不明等事,如有异情尽是出卖人之当,不干买人之事。恐后无凭,立此出卖文契为照。

万历拾伍年八月十二日　立卖契人　吴松　同弟吴椿　中见人江文相

今领前项契内银两尽收足讫。同日再批。

(《徽州文书》:62)

休宁县吴士奖等卖田赤契

二十三都一图立卖契人吴士美、士云等,今因缺少钱粮无得办纳,自情愿央中将承父续置田一址,坐落土名角金坞,系伤字二千七百六十七号,中田二百二十一步三分,计税一亩零六毫,外小角田园一并在内,其田东至黄家园,西至买主田,南至程吴山,北至路,四至内田,尽行立契出卖与西南隅一图程□□名下为业,又将角金塘悦伍厘,当日凭中三面议定时值价纹银柒两伍钱整。其银当成契日随手一并收足,并不欠少分文。其田今从出卖之后,一听买主管[业],收苗、受税为定。倘有内外亲族人等争执,及重复交易,一切不明等事,尽是卖人承当,不涉买主之事。其税粮今奉新例,随即起推,并无难异。今恐人心难凭,立此卖契为照。

崇祯八年五月初十日　立卖契人　吴士美　吴士云

中见人　吴公儒　吴熙华　洪仰溪

胡敬山

今将前项契内价银,当成契日随手随即一并收足讫。

(《徽州文书》:77)

歙县毕子玉卖田赤契

二十一都一图立卖契人毕子玉,今因乏用,自情愿将承父分受原场字新丈木字二千三百六十七号,田税三亩整,土名上庄,四至照依清册,凭中立契出卖与本都二图许□□名下为业,三面议定得受时值价纹银三十四两五钱整。其银、契当即两相交付明白,并无欠少、准折等情。其田从前至今未曾与他人重复交易。倘有亲房人等异说,俱身一并承当,不干买人之事。其税粮听凭目下过割,入买人户支解。今恐无凭,立此卖契存照。

康熙三十九年十二月二十三日　立卖契人　毕子玉

凭　　中　许六吉　许惟中

许日昭　毕自皆

毕惟和　毕从先

代　　笔　毕弘度

其田三面议定,十年将原价并使用足纹取赎。又批。

(《徽州文书》:96—97)

这组地契材料呈现出的具体交易实例,反映出这么五个情况:

第一,赤契,是得到官府认可并印证的,在官方认证的情况下,并不一定表明"所有权"发生转移。

第二,造册之年,所做只是粮税过割,并无所谓"所有权"转移凭证。这一点,地契文书的表述变化反映得尤其明显。之前为:"其〔有〕税粮候至造册之年,于卖户推入买人户内,本家即无阻挡"(《徽州文书》:64),"其税粮候大造之年,听从收割过户当差"(《徽州文书》:63),及至崇祯年间:"其税粮今奉新例,本户自行起割,推入买人户内办纳粮差,并无生情异说"(《徽州文书》:75),"其税粮今奉新例,随即起推,并无难异"(《徽州文书》:77)[①]。

第三,即便在"税粮过割,入买人户支解"的情况下,仍可约定取赎。这就表明过割入户只是一种纳税行为,与是否取赎并无必然联系,与某些理论上期望的"所有权转移"更是相去甚远。

第四,在某些情况下,通过交易双方协商,田税可以分离,即粮税义务被分割出来,转入他人(户)名下(详细参见本文有关税粮切分和交易的讨论)。在粮税灵活移转的情况下,如何表明某些理论上期望的"所有权"发生彻底转移呢?

第五,过割在有些地方是很随意的,买地往往不即时过割,或者有钱即行过割,无钱即不过割,过割并非买卖之要件。例如,直隶省束鹿县习惯,"田地之过割,买地人将地承买之后,无论纳粮或交租,即将卖主之名更改,俾得以自己之名义纳粮或交租,习惯以此种行为谓为'过割'。然民间买地往往不即时过割,据称有钱即行过割,无钱即不过割"(《民事习惯》:20)。河南省邓县习惯,"凡买卖田地,则以大约为凭,若仅书草约,双方均得声请毁约,至过割钱粮,尚非要件"(《民事习惯》:130)。山东省荷泽县则有买地久不丈割的习惯(《民事习惯》:137)。

因而,在存在回赎的情况下,谈论"绝"卖,意义其实不大。从经济角度看,农户家庭如果拥有回赎能力,即便不是购回自己原业,而是买入他人田产,对于生产而言,又有何区别呢?其何妨呢?从更一般意义上看,无非买入"己业"叫回赎,买入"他业"叫置产罢了。对于要素流转,对于人地结合,对于生产来说,所要实现的效果是同等的。赵晓力的研究表明,在中国传统社会,由于各个小农家庭的人口变动节律不同,通过活卖实现人地配置要优

---

① 在此各列举两例,类似案例在所注出处的页码前后甚多。

于绝卖。①过分"计较"卖断与否,是现代"所有权"观念。

如若确需分辨活卖与绝卖,从传统土地交易的实践来看,笔者以为,宜从三个方面加以"衡量":第一,在条件内容上,不能再回赎。第二,在正式手续上,完成了过割和推收。第三,在价钱交收上,两厢清楚,照规则不再"找价"。②

(四)断卖、杜卖与绝卖

已有研究显示,断卖、杜卖与绝卖几乎为同义语,都是彻底卖断的意思。有的研究者将今天或者西人的"所有权"概念,用于解释断卖、杜卖与绝卖,认为断卖、杜卖与绝卖是指所有权发生交割。这种解释显然难以理解田面也会有断卖、杜卖、绝卖的情况。

笔者以为,断卖、杜卖与绝卖最主要的内涵在于不再回赎、不再找价,原业主与所卖对象不再发生经济关系,不论契面是否有"永斩葛藤""听凭买人永远管业"字样。在实际交易中,契约形式、契面文字是灵活多样的。从下面的比较中,我们将有进一步体会。

1. 断卖契

从徽州情况看,主要出现在明代。契面内容交待较为清楚,除了常见的交易方名字、时间、中见、田名、地址、大小、税况、过去交易情况、上手契纸等外,还包括原卖或原受典人、佃人(如果出租的话)、租额等。

① 参见赵晓力:《中国近代农村土地交易中的契约、习惯与国家法》,载《北大法律评论》(第1卷第2辑),法律出版社,1998年。

② 例如,某些地方"买卖不动产必须附立三次杜据,习惯上始为完全取得。买卖不动产,既有正式契据,是为执业之铁证,于正契外,往往附立断杜字据至三次者"(《民事习惯》:210)。"不动产移转,必连立卖、找、杜三契,方无回赎之余地或仅立卖、杜二契而省去找契手续者;亦有以卖、杜二字并写一契者。"(《民事习惯》:205)有关"找价",后文还将详细探讨。以往的研究只看到第一层和第二层含义(标志),并用其来衡量"找价"的合理性,因而不仅看不到第三层标志的存在,而且当绝卖后"找价"发生时,也就解释不了何为绝卖,而只能用理想中的"绝卖"去否定现实中的"找价"了。

休宁县汪思济卖田赤契

十二都住人汪思济,今将本户已置并承父分得田肆号:坐落本都十保体字五百大号田,计三亩二分八厘一毫,东至□□,西至□□,南至□□,北至□□,土名尵丘,佃人朱月名,上租贰拾柒石且],又将同保体字四百十七号田,计贰亩叁分三厘五毫,东至□□,西至□□,南至□□,北至□□,土名车库坑,佃人程傅,上租一十八〔石且〕;又〔同〕保六百四号、又六百一十号田,共一亩六分六厘七毫,二号共址,东至□□,西至□□,南至□□,北至□□,土名猴塘□,佃人□隆,上租一十三租。前项各号田亩,先前典去价谷,今来无价取〔赎〕,自情愿将前项四号四至内田,断卖与同都原受典人〔汪〕介美名下,面议添凑价谷四拾租。价当日收讫,别不立领〔札〕。共田今从出卖之后,一听买人自行闻官受税、收苗,永远管业。如有来历不明及重复交易,内外人占拦,并是出卖人自行抵当,不及买人之事。所有上手来脚契文与别产相连,缴付不便,日后索出无难。今恐无凭,

立此卖契为用。

正统二年九月日	出产人	汪思济
	代书人	汪思和
	见 人	胡汝思

(《徽州文书》:30)

2. 杜卖契

从徽州情况看,主要出现在清代。遵照基本格式要素,较为简洁。以下几例,后几则为杜卖契,与前面时间上紧邻的第一则卖契对比,契面表述除"杜卖"两字外,其它并无区别。最后一则杜卖契,其后十年竟可"原价取赎",更是表明卖契与杜卖契在民间并无区分。值得提醒的是,此乃发生在

《大清律例》("乾隆十八年例")颁行之后的事。

　　歙县黄瑶珍卖田赤契

　　二十一都一图七甲立杜卖田契人黄瑶珍,今因欠少使用,自愿将父分受场字壹千零四十一号,田税壹亩贰分,土名叶九山,又场字壹千九百零八号,甲税捌分玖厘叁毫贰丝,土名上后坞,凭中立契出卖与本都二图一甲许荫祠名下为业,三面议定得受时值价足纹银伍拾两零贰钱肆分整。其银当即收足。其田税随即过割入买人户内,支解输粮。其田从前至今并无典当他人,重复交易等事。此系出自情愿,并无威逼、准折等情。倘有亲房内外人等异说,俱系出卖人一并承担,不涉买人之事。今恐无凭,立此杜卖田契永远存照。

　　乾隆四拾伍年三月日　　立杜卖田契人　黄瑶珍

　　　　　　　　　　凭　中　人　黄有祥

　　　　　　　　　　　　　　　　黄为寿

　　　　　　　　　　　　　　　　黄文祥

　　　　　　　　　　　　　　　　许开万

　　　　　　　　　　　　　　　　许育民

　　　　　　　　　　新笔

　　又批:其来脚赤契与别号相联,故未缴付,日后捡出,不再行用。

　　(《徽州文书》:136)

(三)绝卖契

　　从徽州这批地契文书看,时间出现得较晚,其格式与同期其它契式相比,有较大差别,且注明"永不取赎"。

歙县王阿金卖田契

立绝卖契人王阿金氏,今因缺用,自愿将土名金竹坑屋后、小土名猪墩头,水田三坂,又视头里水田一址,地堪二块,又沿山丘水田一址,又新田里水田一址,又方址水田一址,以上共计水田七坂并地坳二块,与洪立本庄合业,共计田二亩,合身分法一亩,计租谷二百斤,四至照依现管,凭族、房长立〔契〕绝卖与徽欷洪立本庄名下全〔为〕业,得受价纹银八两五钱整。其银、契即日交〔割〕两楚。其田随契管业,永不取赎,并加割绝在内,听凭即时收税过册管业无异。如有争论,俱身理直,不涉受主之事。恐口无凭,立此绝卖并加割绝契永远存照。

咸丰四年十月日　　　立绝卖加割绝契人　王阿金氏

　　　　　　　　　　见族长　大仁

　　　　　　　　　　房　长　开林

　　　　　　　　　　永　泰

　　　　　　　　　　代　笔　景泰

(《徽州文书》:169)

这里有几个情况值得拿出来讨论。一是卖新赎旧,再卖再赎。土地回赎之后,接着再卖。在理论上,我们可以推论:如果农户想要保留自己田产的话,可以卖新赎旧,再卖再赎……直至经济境况好转。传统社会的土地交易规则,为卖方赢得了时间和机会,提供了可能。例如,康熙三十二年歙县吴楚臣将赎买田再卖(《徽州文书》:93),康熙五十三年歙县汪楚玉将赎买田一亩六分七厘二毫再行出卖(《徽州文书》:100—101)。宁可赎回后再卖,还有一个原因,就是卖价高于赎价。以过去典当的原价取赎回来,再以今天的卖价绝卖,由于今价高于往价,因而出现先赎再卖的情况。例如,道光七年,休宁县朱圣宇等将"上年曾经当过新潭方姓,今赎回转杜卖与潘名下为业"

（《徽州文书》：156）。二是亲邻先买权的式微。下面这则材料反映出，在当时的徽州，亲邻先买权的式微。亲房害怕祖遗田产被外人买去兴造有碍祖坟，于是主动买下，以护庇风水。试想，如若亲邻先买权非常强烈的话，何须如此？只需待到有外人来买时，再予否决，或者行使先买权将其买下亦不迟。

歙县许阿鲍卖田赤契

本都本图立杜卖契人许阿鲍同男又期、心恬，今因公事乏用，自愿将祖遗化字二千六百八十七号，计田税一亩三分二厘九毫，土名软泥址，又化字二千六百八十九号，计田税四分七厘八毫，土名同，又化字二千六百九十号，计田税一分八厘二毫，上名长田儿，共计田税一亩九分八厘九毫，东至溪，西至许奕蕃田，南至路，北至买人田，后至三亩菜地，四至载明，凭中立契出卖与族名下为业。此田原关祖坟明堂有碍，犹恐外人买去兴造等事，今支下森作户收买，护庇风水，三面议定得受时值价银八十两整。其银当即收足。其税推入买人户内支解。此系两相情愿，并无威逼、准折等情。倘有亲房内外人等异说，俱是卖人承当，不涉受业人之事。今恐无凭，立此卖契永远存照。

乾隆二十六年七月日　立杜卖契人　许阿鲍

　　　　　　　　同男　　许又期

　　　　　　　　　　　　许心恬

　　　　　　　　凭亲房　许北山

　　　　　　　　　　　　许同源

　　　　　　　　　　　　许西周

　　　　　　　　　　　　许枚白

　　　　　　　　凭中　　许豹文

奉书孙男　许故晰

(《徽州文书》:125)

　　三是不拘年限,任从回赎。《大清律例》规定:"嗣后民间置卖产业,如系典契,务于契内注明回赎字样,如系卖契,亦于契内注明永不回赎字样。其自乾隆十八年定例以前,典卖契未明,(追溯同年)如在三十年以内,听其按例分别找赎。若远在三十年以外,契内虽无绝卖字样,但未注明回赎者,即以绝卖论,概不许找赎。如有混行争告者,均照不应重律治罪。"[①]这被称为有关"找赎"规定的"乾隆十八年例"。然而从民间实例看,嗣后仍有不拘年限任从回赎的土地买卖发生。

歙县汪蔚文等卖田赤契

　　十八都四图六甲立卖契人汪蔚文同嫂黄氏、侄汪尚禹,今因正用,自愿央中汪君禄等将承祖遗下田壹址,计租五祖,坐落土名三百充口,系新丈发字壹千陆百壹拾八号,计税捌分整,承准塘水税四厘,其田系汪尚禹分法壹半,汪蔚文同嫂合壹半,凭中立契出卖与程处为业,三面议定时值九五色银拾伍两整。其银当成契日一并收足。其田在本都图甲汪有源户内起割,推入十八都八图七甲程茂户内办纳粮差,收苗受税无异。并无内外人言,亦无别处重复,如有不明等情,尽是卖人承值〔直〕,不涉买主之事。其田日后不论年月远近,任从三人公同原价赎回,无得异说。所有使用如过五年之外取回,卖主不得认还。恐口无凭,立此卖契存照。

---

　　①　乾隆六十年刊,卷九。

乾隆三十四年十二月日

立卖契人　汪蔚文

同嫂　　　汪黄戌

侄　　　　汪尚禹

凭中　　　汪君禄

　　　　　汪宇清

　　　　　程廷铭

　　　　　程　顺

契内价银,同年月日一并收足。

(《徽州文书》:131)

事实上,直到清末民初,关于土地买卖,民间仍有"无论远年近月,卖主可向买主回赎"的习惯。(《民事习惯》:105)

四 关于抵、押、押租、胎借的讨论

抵当、押当,本质上都是当。严格来说,抵和押本身并不构成一种交易类型,它们只是某一交易类型发生过程中的一个行为或者说一个环节。正如找价是活卖和绝卖过程中的一个环节一样,它本身并不成其为一种交易类型。与此相应,抵还只是还贷的一个环节、一种方式,由约定归还的价值(货币/物品)之外的东西来抵偿(类似置换),本身并不构成一种交易类型。押租,也是租佃的一种特殊方式,其主要实质还是租。如果用汉语分解的方式来加以注释的话, 我们可以作如下拆解:抵当——通过抵来实现当,押当——通过押来实现当,抵还——通过抵代来偿还,押租——通过押来实现租。这些是从实质内容分析。没有将抵、押作为一种交易方式,还有一个原因,就是从形式上看,我们并未单独地见过土地交易中的所谓"抵契"或"押契",但却有"典契"和"当契"。押租,经济实质上,与出当给银主耕种是一样的。胎借是发生在福建地区的一种交易方式,其实质与典当同,只是典当的对象为田底罢了,因而称谓上不同。[①]

第二节　交易形式之间的内在联系

一　不同交易类型的经济实质及内在联系

前面一节,基于交易契约、民事习惯资料,呈现了传统社会土地交易的基本形式。交易类型看起来形式多样,略嫌繁杂,但这些交易形式之间却是内在互通,有其共性的。以下,我们总结各种交易类型的经济实质,呈现各类交易的内在联系。

(一)交易主体

交易主体从大的方面看,无非有两类:一类是拥有货币的,我们称之为"钱主";一类是拥有土地的,我们称之为"地主"。

(二)交易实质

交易实质无非是钱－权交换。尽管这里的"权"都是围绕土地产生的,但却可以切分或者派生出很多种,具体类型、权能大小由交易双方约定。后

---

① 关于"胎借"的详细研究,参见杨国桢:《明清土地契约文书研究》,中国人民大学出版社,2009年,第324、336页。

文将要讨论到,这些"权"可以表达为{权利支1,权利支2,权利支3……}。但要注意,有一类很特别的,叫"回赎权",它引发了丰富多彩、灵活多变的传统社会土地交易(后文还将深入讨论)。

(三)交易过程

1. 两种模式

模式一:"典卖—回赎"(Ⅰ→Ⅱa)

模式二:"典卖—绝卖"(Ⅰ→Ⅱb)

2. 两个阶段

Ⅰ出于各类需求,钱主和地主之间进行交换,钱主出钱,地主出地。钱主获取双方约定好的地权,地主保留回赎权。

Ⅱa经过一段时间后,双方根据约定或是出于需求,原地主将钱归还钱主(数额及利息依契约或习俗定),钱主将地权返还地主。

Ⅱb经过一段时间后,双方根据约定或是出于需求,钱主再给地主一部分钱,地主承诺放弃回赎权。

这里注意,两个阶段之间并没有时间限定,并非每项交易的全部过程都要包含这两个阶段,也并非每项交易的全部过程都只包含这两个阶段,具体如何发生,根据情况而定。

(四)交易类型与环节

1. 活卖、典当、押租、胎借

从经济实质看,活卖与典当是一样的,都是通过契约,地主切分出一部分地权与钱主交换,地主仍然保留了回赎权。从前文陈列的交易契约,我们也看到,一些地方,典当与活卖在形式上出现了类同。

押租的实际效果与典当其实也是一样的。只是在需求方面,交易主体所掌握的主动权不一样罢了。典当是地主要钱用,将地权的一部分给了钱主,换取资金;押租是钱主要地种,将资金押在了地主那儿,换取地主给出的地权。二者都是钱–权交换。

胎借是在某一地区出现的典当的一种特殊类型。地主给出的是地权之一种——田底权,用于换取钱主的资金。其实质是"未来收益"(地权)与"当前收益"(现金)的交换。胎借本来的意思是"取胎儿孕育长大之意"①。此喻虽然生动,但从词汇看,却不好理解。换(唤)作"典大租",要来得直观易懂许多。典大租,在其它地区(如徽州等地)并不鲜见。

2. 抵、押

在传统社会的土地交易中,抵、押本身并不构成一种交易类型,它们只是交易过程中的一个细节。例如,押租是钱主将钱押在地主那儿,换取地种;典当是地主将地押在钱主那儿,切让出一部分地权,换取钱用。

3. 回赎与找价

回赎的实质即如图 2.1 中过程Ⅱ所展示的,是交易双方根据约定和习俗,将交易之初各自从对方获得的归还原主。在民间实践中,即常提到的"钱到地回""地返钱还"。这里注意,回赎权,回赎的并不是所谓的"所有权",而是在土地交易时出让了的土地权利。

找价的实质,无非是放弃回赎,使交易终结的一种退出机制。找价,在数量上,是要补足应得的地价;在内涵上,可以看作是回赎权的权利对价。关于找价的讨论详见后文。

4. 绝卖

放弃回赎权的结果就是绝卖。绝——断绝,交易从此了结,双方不再发生围绕交易对象的经济关系。所谓的"永绝""永断葛藤",是也。

---

① 杨国桢:《明清土地契约文书研究》,中国人民大学出版社,2009 年,第 324 页。

各种交易类型、各个交易环节的关系,如图 2.1:

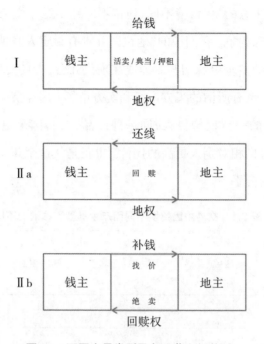

图2.1 不同交易类型及各环节之间关系

(五)不同称谓

比较有意思的是,由于中国传统社会在观念上将出卖土地当作"辱没祖宗"的事情,将典当视为"不光彩"的行为,因而多数情况是在出于无奈时才发生。这样,事实上就有一个"主动"和"被动"的问题,即主动发起交易,还是被动承接交易。主动发起方,往往处在被动地位,因为一般是"急需",才寻"中"要求交易;被动承受方,倒因并非"急需",反而处于主动地位。这是"地(主)"找"钱(主)"的情况。反过来,"钱(主)"找"地(主)"的情况也一样。例如,押租便是钱主需要地种,往往主动要求交易,因而处在被动地位;地主则处于主动地位,也正因此,便可能要求对方押租才给种。

理解到这一层,我们便能透过不同的称谓,看到背后共同的交易实质。

称谓因不同情境而改变,钱－权交易的实质却没有变。(见表2.1)

这里需要注意的是,情境不同、地位不同并不意味交易是不平等的,也不意味交易没有竞争。我们说的"地位",并没有封建人身地位的意味,只是表明交易中谁的需求更急切些。即便在现代社会,市场交易也有需求上的轻重缓急之分,也有所谓的买方市场和卖方市场。用经济学的原理来说,无非是需求更急的一方期望更大,同一件商品,对其满足更高,获得效用更多,自然愿意付出相对别人更高的代价。也正是从这个意义上,交易是平等的,具有合意的公平。

表2.1　交易中因情境不同而产生类型和称谓的不同

类型	主动	被动
地位	被动地位	主动地位
称谓	发起方	接受方
活卖	地主	钱主
称谓	卖方	买方
典当	地主	钱主
称谓	出典(当)方	受典(当)方
押租	钱主	地主
称谓	佃农	地主
胎借	田底主	钱主
称谓	借方	贷方

(六)小结

总结一句话,传统社会土地交易,关系其实并不复杂,就是一个"谁掏钱,谁出地,钱怎么还,地由谁管"的问题。只是不同的角度、不同的权利约定,称谓不一样罢了。

关于"钱怎么还,地由谁管",我们已经看到,传统社会,管业(权利)、回赎(权利)、粮税(相对义务的权利),均可在交易中自由约定,灵活处理。详细讨论参见下一章第二节。

对于这些基本交易形式引发的相关交易行为,如转卖、转典、转当、转佃,加找、加当、增典、续典,重典、重当等现象,则是灵活交易机制的另一体现。

二　不同视角下交易形式之间的沟通关联

(一)经营视角下各交易形式之间的关联

从土地融入方看,以经营耕作为目的的交易可通过如下形式:

租佃:向地主租佃土地耕种。

典当:地主将土地出典(当)给钱主,钱主可自己耕种。

活卖(买):在约定的回赎期间,获得土地的耕作权。

押租:通过支付一定数额的押金,获得土地主长时期的耕作权。

绝卖(买):通过支付货币,获取土地包括耕作权在内的永久权益。

在这些交易方式中,通过押租和绝卖(买),获取的耕作权是长期的、有保证的;通过一般租佃、典当、活卖(买),获取的耕作权,不能说是短期的,但至少受交易之初双方约定以及地主意志的制约。

(二)融资视角下各交易形式之间的关联

从资金融入方看,以获取现金为目的的交易可通过如下形式:[①]

典当:将土地典当出去,获取急需的资金。

活卖:将土地活卖,获取所需资金。

---

① 第九章第一节中进一步研究表明,对拥有土地(权)的农户而言,通过"指地借款"、以土地作担保的方式借贷,具有比较优势。

押租：将土地长期出租，获取现金以及长期的固定收益。

卖田面：将田面权出卖，获取现金以及长期的固定收益。（其与押租的区别在于，佃农能不能自由转让耕作权。）

胎借：将田底权转让，以未来的长期固定收益换取现时的一次性资金。

绝卖：将土地彻底转让，获得一次性足额资金。

在这些交易方式中，通过典当、活卖、押租、卖田面、胎借等，地主或多或少地保留了部分地权，与土地还有某种程度的联系。绝卖，则在获取资金的情况下，与土地切断了联系。

(三)投资视角下各交易形式之间的关联

从投资方看，以获取未来收益为目的的交易可通过如下形式：

胎借：贷方通过支付现金，获取田底权——收租的权利——未来固定收益。

典当：将资金贷出，以借方土地作担保，要求逐年还利，获得固定收益。

买田底：支付现金，获取收租权，在未来得到固定收益。

租佃：此就分成租而言，地主通过投资土地要素，与佃农进行合作生产，共担风险，按比例获得土地产出收益。

押租：将土地长期出租，获取现金以及未来长期的固定收益。

在这些交易方式中，胎借、典当、买田底，投资方投的是"钱"，通过支付现金，获得未来收益；租佃、押租，投资方投的是"地"，要么通过转让耕作权获得未来收益，要么通过合作生产获得土地产出收益。

以上，我们讨论了各种交易形式之间的内在联系。最后补充一点，活卖和典当的唯一区别在于，活卖放弃了耕作权，而典当"内在地"让原地主可以交付管业，也可以不交付管业而由自己耕作(详见前文)。当然，通过活卖方式出让土地后，原地主也可再佃回耕种，但这已是两种交易类型的组合了;而典当是"内在地"具有保留耕作的功能。

三　传统地权交易体系下不同农户的选择

作为经济主体,在不同的环境背景和约束条件下,会产生不同的需求。这些需求有经营、融资和投资等方面的。传统社会的农户作为生产经营单位,在不同的生命周期,也面临着不同的需求。在传统土地交易体系之下,为满足不同的需求,或者说在不同约束条件下的农户,具有哪些选择呢?

我们结合上节讨论,将不同需求背景下的农户选择列表如下:

表 2.2　传统地权交易体系下不同需求农户的选择

需　求			选　　　择			
经营:	典当	押租	租佃	活卖(买)	绝卖(买)	
融资:	典当	押租		活卖	绝卖	胎借　卖田面
投资:	典当	押租	租佃			胎借　买田底

不同的交易形式满足了不同的生产和生活需求,交易形式多样化组合满足了农户复杂性的需求。

第三章　传统社会土地交易的特点

本章讨论传统社会土地交易的特点，包括地权交易模式的总体特点，地权切分与交换的特点，以及土地交易整体呈现出的自生性、灵活性和多样性特征。

第一节　交易模式的总体特点

一　以"典卖"为中心、以"赎找"为纽带

关于传统土地交易的特色，可以从不同方面、不同角度加以概括。在此，笔者试图将最核心、最重要的方面呈现出来。这就是以"典卖"为中心、以"赎找"为纽带的交易。我们已经在前文详细讨论了传统土地交易的具体内容、不同交易形式之间的内在联系，这里着重分析典卖的运作机制，从典卖发生的交易环境入手，阐述典卖盛行的客观需求与竞争优势，以及典卖

得以运行的制度前提。

前文我们已经讨论到,典当与活卖几乎是一样的,唯一区别在于,活卖放弃了耕作权,而典当内在地让原地主可以交付管业,也可以不交付管业而由自己耕作。押租的实际效果与典当基本一样,只是在需求方面,交易主体所掌握的主动权不同罢了。

这样可以看出,传统社会的土地交易基本上构成了以"典卖"为中心、以"赎找"为纽带的交易体系。(如图3.1)

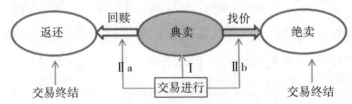

图3.1　以"典卖"为中心、以"赎找"为纽带的交易

不论从逻辑展开,还是从历史经验,我们已经看到,典卖(Ⅰ)之后,要么回赎(Ⅱa),钱返地还;要么找价(Ⅱb),走向绝卖。两个方向的后果都是交易终结。当然,其间找价可能会发生多次。

笔者认为,单单只是典卖(Ⅰ),并不是一次完整的交易,只有当"钱返地还",或者"钱找地绝"之后,一个交易链才算完结。在这个过程中,回赎和找价发挥的是纽带作用——让交易走向终结。这样,回赎或找价成为了一次交易过程的第二个环节(Ⅱ),第一个环节是典卖。

在由活卖、典当、押租、胎借、抵、押、回赎与找价、绝卖组成的整个交易体系中,典卖是核心、是最常用的交易方式;押租、胎借等是典卖的变种;抵、押只是典卖过程的一个细节、一个具体行为;绝卖则是彻底放弃地权、退出交易的一个出口。回赎与找价是连接交易过程的纽带,是通向交易终结的必经环节。

为什么会形成这样一种完全不同于西方,也有别于现代的土地交易体系呢？

以下，我们将从典卖的客观需求、制度前提和竞争优势三个方面尝试加以解释。

二 典卖的客观需求——传统交易之环境

为什么是以典卖为中心，而不是其它？

交易制度的产生，本身是需求的产物。这里的需求主要有两类：一类是短期内对资金的需求，一类是长期看对土地的需求。我们在传统土地交易的原始契约中，可以看到，典、卖土地，多数是因为"钱粮紧急""欠少使用""正用""急用""乏用"等资金方面的需求引发的。

有了资金方面的需求，解决之道无非两个：一个是借贷，一个是通过出售物品获取现金。在后文的讨论中，我们将看到，通过以土地作抵押进行借贷具有比较优势。而典（当）卖正是兼具了借贷和出售两个方面要素和功能的交易方式。

土地方面的需求怎么解释呢？

按理说，长期甚至隔代后的土地需求，完全可以再回到土地市场满足，通过市场交易，可以购买他人出售的土地，当然也可以购回原属自家的土地。那缘何只对自家土地情有独衷，非要回赎不可呢？

这里面有一些特别的细节和心理因素有必要指出：

在传统社会，绝卖土地被认为是辱没祖宗的事情，人们不愿意将祖遗田产转让，哪怕暂时不得已出手，将来有机会也是要拿回来的。例如，福建就有因"祖宗粮户不可卖绝"，而导致"买地寄粮""卖地逃粮"的习惯。（《民事习惯》：299、323）

除去所谓祖宗观念，在乡土农村，日出而作，日落而归，春耕夏耘，秋收冬藏,年复一年,川流不息……这既是农民对生产生活的印象,也是农民心目中的理想。在这样一种状况下,农民对自己长期经营、耕作接触的对象,能没有深厚的情感吗? 对于能够看得到的现在及今后的衣食之源、万物之母,能不视作"命根子"吗?

已有学者揭示了传统社会土地交易"村级市场"的特征。①在一定时期内跨地域流动不多的社会情境里,农户相对固定地在某一个村落繁衍生殖,祖祖辈辈长期在同一片土地上劳作经营,田土一般都在同村人身体能够触及或者视线的范围之内,即便交易发生后,土地仍然是"抬头不见低头见"。在此情形下,土地不仅传递了洛克意义上的"人格性",而且承载了费孝通意义上的乡土秩序、乡土情怀。在此背景下,能够体会的到"回赎"的价值和意义。

再则,传统社会的人们相信"时来运转""风水轮流转"的说法,不认为一时遇到经济困难,便永无出头之日。只要生育能力还在,谁也不能断定下一代谁强谁弱。"富不过三代"的经验,既让贫困的农户对未来后代充满信心,也使富裕农户对自己的后代留有余地。传统农业社会,在共同面临"靠天吃饭"的约束条件下,家庭的贫富很大程度上取决于丁口的身体素质以及勤劳程度。通过读书彻底改变家族命运的情况有,但相对而言还是少数。这让"时来运转""风水轮流转"不只是一句俗话或说法,而成了经验总结,成了社会流动的实际状况。

"时来运转""风水轮流转"不仅让原来的土地出让方有条件回赎,而且使回赎成为必要。前者是就经济能力而言,后者是就劳动力寻找土地进行生产的需求而言。两者结合,便产生了真实的需求。

---

① 参见赵晓力:《中国近代农村土地交易中的契约、习惯与国家法》,《北大法律评论》(第 1 卷第 2 辑),法律出版社,1998 年。

总结一下，因为短期内有资金方面需求，所以要进行典卖；因为长期看仍有土地方面需求，所以还要将土地回赎，二者结合自然有了典卖这一特别的交易方式；又因为传统社会多数人都有这两种需求，并持同样的态度，所以习俗支持下的典卖在交易体系中居于中心地位。

这里顺便说一下，为什么会有绝卖呢？绝、断在传统社会是无奈之举，是不被主流价值称道的交易方式。之所以发生，主要也是由需求决定的。就农户个体而言，如果说典卖是短期资金需求与长期土地需求达至均衡的产物，那么绝卖则是由资金的需求大于土地的需求以至难以兼顾造成的。[①]

三　典卖的制度前提——回赎和找价机制

典卖之所以成为典卖（典当或活卖），乃在于它能够回赎或者通过找价走向绝卖。这是传统土地交易最大的特色，也是今人比较难以理解的地方。正因为其特殊，不宜简单套用今天的理论去解释，也不宜用割裂的逻辑去分析。例如，有的研究者将回赎、找价也当作一种交易类型，与活卖、绝卖等并列，这是欠妥的。

在传统土地交易中，对于土地出让方来说，典当和活卖内在地就具有回赎和找价的权能。换句话说，如果不能找价和回赎，那么典当、活卖与其它"一锤子"买卖的交易方式就没有什么区别了，典卖作为传统土地交易最盛行的方式，[②]与今天相比，就没有特色可言了。也正是从这个角度，本书提出：只有在"钱返地还"（Ⅱa）或"钱找地绝"（Ⅱb）之后，一个交易链才算完

---

① 在此讨论的是主流，是社会的多数情况。当然，不排除由于其他需求，而主动将土地绝卖的情况。我们在后文有关"找价"的研究中，将指出历史上卖地经商的事例。

② 关于典当、活卖在各地盛行的情况，参见各地有关土地交易的契约文书汇编，详见本书参考文献。

结;单就典卖(Ⅰ),不是一次完整的交易。"钱返地还"(Ⅱa)和"绝卖"(Ⅱb)靠的是什么呢?就是通过回赎和找价来实现的。因而,回赎和找价既是交易过程的一个环节,也是典卖实现交易完结的制度前提。

作为连接"钱返地还"的纽带"回赎",弹性是比较大的,正如前文已经指出,回赎可以约定年限,也可以不拘年限,主要由交易双方协商议定。在契约中没有明确注明的,则根据当地习惯行事。

作为连接绝卖的纽带"找价",则由两方面决定:一方面,能不能找价,怎么找价,按照民间习惯办理;另一方面,找价多少,取决于典卖时已经收取(支付)的价钱以及绝卖时的"时价"。关于找价,我们还将在后文详细讨论。在此,我们先指出一点,找价的存在及盛行是由传统社会特定的交易环境导致的;它是满足需求,促使交易实现的重要机制。

四　典卖的竞争优势——偏好与风险视角

典卖的盛行与传统社会交易的偏好、习惯,社会风险及其规避有关。典卖在由此构成的交易环境中具有竞争优势。

(一)交易偏好和习惯

1. 以交易事项为主,对细枝末节不重视

这在交易和契约方面体现为:一是注重中人的作用,不强调合约文本的细致刻画。在传统社会的土地交易中,重视中人的出场及其见证。对于具体事宜和细节,在交易契约中一笔带过,并不作详细刻画。这使得在出现不清楚、不一致,甚至发生纠纷的时候,往往是先找中人协商、协调,而不是紧抠契约文字,从中寻找"真实"。我们在各地的契约文书中看到,中人及画押所占篇幅很大,而对交易细节的刻画则不多。在某个时期,契约文书甚至出

现千篇一律的模式。与源自西方的手持合同细项遵照执行,出了问题后到法院打官司以契纸书写为准不同,传统社会的契约文书,更多的是某一交易事项的象征性标签,表明发生过某事,而具体执行以中人在场的照面商议为准。在传统社会特定的环境中,在某一特殊时空中,相关当事人"在场"的情况下,一般都会按大家都谈好且明白的"意思"办,交易并不会出现太大的偏离。如果有不一致的地方,也是通过"照面"的形式,在中人的主持下,通过重新确认"意思"后,再"照"着办。即便发生纠纷,官府也并非全部依靠契约一纸断案,而是将相关当事人召来,询问清楚后,根据官员自己掌握的标准,予以判断,作出裁决。上述情况的例证及相关材料可参见:《徽州文书》中的各种"议约""文约",《巴县档案》里关于"租佃之争""买卖之争""典当之争"的记录,《刑科题本》中相关案例的记述。

二是注重交易的实质,不强调合约文字的精确描述。从"再批""再照"反映的情况看,许多交易的实际内容,不仅与官府规定的格式内涵不符,也与今天一些学者理论上推演的概念关系不一致。例如,我们前文讨论到的,同一时期,杜卖契与其它卖契相比,契面表述除杜卖二字外,其它并无多大区别。有些杜卖契,其后十年竟可"原价取赎"。再如,明清徽州地契中常用语:

"倘有字号讹错,换号不换业。"(《徽州文书》:153、155)

"如有字号讹错,听凭对册改正,换号不换业,指业买业。"(《徽州文书》:162)

"倘有字号讹错,改税不改业。"(《徽州文书》:144)

这些用语是什么意思呢?就是说,契文中注明的交易对象,有可能是不准的,"指业买业",买卖的即是指明的,指明的就是大家意思都清楚的。

2. 以满足需求为要,对价格利率不敏感

从前文我们看到,在有关土地的交易中,交不交付管业、土地由谁耕种、由谁完纳粮税、是否约定具体回赎日期、"直接还利"还是"以租代息"、采用实物"租利"还是货币"租利",这些都很灵活且多样,根据实际需要和便利条件,由交易双方商议确定。

既然这么灵活,便不免要生出一些疑问:①在约定不同回赎日期的情况下,其价格(土地)、利息(资金)怎么确定? 有没有一定的规律? ②在既可"直接还利"也可"以租代息"的情况下,二者的关系怎样? 如何确定? 是利息参照租金呢,还是租金参照利息? ③在既可采用实物"租利",也可采用货币"租利"的情况下,货币与实物的比率如何换算?

严谨回答以上疑问,需要详细列出材料和数据予以实证。由于时间关系,笔者在此难以对其进行一一考察。但从阅读相关交易资料的印象来看,传统社会对价格尤其是对利率并不敏感。交易时多根据过去的经验和对未来的大概估计,作出粗略估算,估算的结果只要为双方接受即可。其间,还要受习俗的影响和"规范"。这些估计从大数上看,应该会有一个区间,如果发生"特殊"情况,在传统交易氛围中,往往是可以通过中人在场时,重新协商,作出调整。这便是我们在许多交易契约的尾后看到"再照""又照"的情形。在传统农村,在乡土社会,人们对于公平、公正、合情、合理,内心是有一杆秤的,这杆秤的刻度,常常是大家都能认可,或者是具有不言而喻的共识。

下面两则地契较为常见。它们反映的典卖田产类似于我们今天以土地作抵押借款。土地已经抵出去了,但借款多少是没有一个定数的。刚好要这么多钱,就借这么多,不够缺用时,再添一点。这就透露出传统社会,人们价格利率的观念不强。只要有借有还,钱到地返,两相清楚,也就可以了。正是这种看起来很"模糊"的交易,却满足了人们的需求。

乾隆四十七年南安县林文信卖田贴契

立贴契侄文周、文信，原有祖田壹号，坐落本村，土名倪弯，受仲肆斗。前卖于世泰翁为业。今信分下乏用，就在泰翁边贴出钱贰仟文，亲手收明。俟至赎田之日，壹并算还明白。不敢异言等情。恐口无凭，立贴契为照者。

在见抱兄文磐（花押）

乾隆肆拾柒年十二月日　　立贴契林文信（花押）　　代字兄玉美（花押）(《福建文书》:259)

乾隆五十年宁德县僧良璧典寺田贴契

立贴契龟山寺僧良璧，原有晌田数号，坐落九都闽坑地方，土名长源院前等处。前徒子妙文手送典与林玉芳先生边管业收租。正契载明。今因修寺乏用，就在林御春兄边贴出银壹拾伍两，天[秤]，前来应用，面约向后赎田之日一并备还。恐口无凭，立贴契为照

在见　章国请（花押）　徒妙文（花押）

乾隆伍拾年陆月日　　立贴契　僧良璧（花押）　亲笔（花押）

(《福建文书》:262)

另外，在传统交易环境中，还有一个技术性因素必须考虑：这就是在明清时代，货币有银两、有制钱，有的地方还有布帛……这些由官方认定以及在我们今天看来被称作"货币"的东西，在当时，在一定的范围内、在区域市场上，与普通谷物相比，到底谁更具有"通货"的性质，同样是个疑问。至少如果要作定量的利率研究，是一个需要考虑的因素。

(二)社会风险与规避

前面谈到的传统社会交易环境,实际上,就存在一个定价风险的问题:即在相应的交易制度设施不完善的情况下,定价困难,从而使任何产生于急需的交易,其定价存在超出一般的风险。规避风险的需要,成为典卖盛行的社会需求。

1.代际风险

与前文相对,这里我们再突出强调的一个风险是社会风险。它产生于代际更替、人口变动的不稳定性。当然,发生这种代际风险,有着特殊的社会前提。

第一个是繁衍子孙的偏好及关心后辈福利的社会习惯。中国传统社会,"儿孙满堂""后嗣兴旺",是普通人家的理想追求,也是幸福感的重要来源。荫庇后代,为子孙福祉着想,成为社会的普遍心理和习惯。尊老爱幼,对后世的关照与对先辈的敬仰是紧密联系在一起的。第二个是以男丁为依据的制度安排及资源分配。中国传统社会,包括土地在内的各项资源和福利的分配,可以说是以男丁为中心进行的;相关的财产制度,也是以男丁为依据安排的。例如,"诸子均分"的分家析产制、土地交易"先问亲邻"的习俗等。随着时间变化,人口变动是必然的。如果说承平时期,在不节制生育的条件下,人口递增是必然的,男女性别比例从宏观大数上看会稳定在一定区间范围,那么对于具体家庭来说,则是随机的。谁也无法预言下一代的丁口会是多少。从微观角度看,丁口的变动也是必然的。在一定时期内,在土地相对不变的情况下,丁口变动,必然引发人(丁)地矛盾:有的家庭人多地少,有的家庭地多人少。而且由于生命周期的存在,即便在同一代人里,相同的人口数,也会出现劳动力与土地配置不均的状况。如何解决?

2. 风险规避

通过交易的方式,让土地根据各户需求自由流转,当然是最好的选择。先看制度安排。在中国传统社会,为了适应需求,发展出了一系列导向市场的制度安排,出现了丰富多样的交易方式。在诸多的交易类型中,为何典当和活卖最具活力呢?再看交易选择。对于单个农户来说,如果这一代出现了地多人少的情况,耕种不了那么多,当然可以租佃出去。对于人口少的家庭,租佃存在一个问题,即收回的租谷可能超出家里对粮食的需求,由此将"地多人少"的矛盾转化为"粮多口少"的矛盾。供给过剩,必然还要花费额外的精力将粮食予以保存,食物储存年月的有限性进一步加剧了矛盾。作为出租土地的地主,在给定制度条件下,还有一个不便之处,即他要负责粮税的缴纳。对于普通人家来说,这不是一个容易应付的差事。加上中国传统社会多数时期租税制度的不合理,拥有土地还可能带来其它负担。①如此,将土地卖出去,会是更好的选择。尤其当有现金需求的时候,更甚。

卖,在已有的制度安排下,有两个选择:回赎,不回赎。如果断子绝后了,无所依靠,当然绝卖——不回赎是最优的选择。对于多数农户而言,还得为他们的子孙后代着想。虽然不能看到下几代的情况,但他们相信总会有需要土地耕种的时候,或者相信总会有能力回赎的时候。为了不给后代回赎时增添太大负担,他们在将土地活卖时,要价一般不会太高,从而为日后的生活留有余地。而找价机制的存在,确实也为其后更多的选择留有了余地——如果急需资金,如果真不需要那块地了,找价绝卖吧。②

---

① 参见赵冈:《中国传统农村的地权分配》,新星出版社,2006 年,第 9~23 页。

② 有关"村级土地市场"上活卖优于绝卖的进一步讨论,参见赵晓力:《中国近代农村土地交易中的契约、习惯与国家法》,载《北大法律评论》(第 1 卷第 2 辑),法律出版社,1998 年。

第二节 权利自由切分与交换①

这里先澄清一个问题。有人或许会质疑:"权利"属于现代或西方社会的观念和现象,你用来分析中国传统社会,是否适合? 类似诘问,已有学者提出并加以讨论。②对此,笔者认为——

首先,需要解决两个方面问题:一是研究的目的是什么? 从哪个出发点去分析现象,揭示规律? 这决定了运用什么语言、概念和方法去研究问题。如果说为了现代社会的需要,那么运用现代社会科学的观念和方法,对已有历史材料和现象进行研究分析是不可避免的。也就是说,不论运用哪一套语言符号,说清问题、揭示规律是最重要的。从某种意义上说,社会科学研究,无非是从不同的视角,运用不同的方法、概念体系,对已有现象进行分析解读。二是"名"与"实"、"能指"与"所指"的关系问题。对于处在不同历史阶段、不同社会领域中的现象,以及产生于不同时空中的概念语言和分析方法,如何去把握和研究? 这里肯定会遇到问题,但并不妨碍在界定清楚的情况下,用一套适合的语言去统括分析。

其次,需要解释清楚:权利是什么? 中国传统社会的土地交易,其本质是不是权利的交易? 在最一般意义上,权利即意味着"能够"——行为许可,并且这种"能够"得到共同体(社区、社会)的承认(通过法律、惯习等方式)。

① 权利自由切分和交换的现象在有关传统地权交易的史料里随处可见,以下分类只是出于行文和分析的需要所作。并不要因为整理,而认定材料本身是为分类和假说服务的。之所以详细列出具体史料,在于期望读者能从较为详实的情境中体会出传统地权交易内在的风格和精神。

② 参见[日]寺田浩明:《权利与冤抑——清代听讼和民众的民事法秩序》,载王亚新、梁治平编:《民清时期的民事审判与民间契约》,法律出版社,1998年;李力:《清代民法语境中"业"的表达及其意义》,《历史研究》,2005年第4期;吴向红:《典之风俗与典之法律》,法律出版社,2009年。

交易,无论"动产",还是"不动产",不论发生在现代社会,还是中国传统社会,其本质都是"权利"的流动和确认。这是一个古老的法哲学命题,也是困扰所有试图对这一问题进行深入思考的方面:对于一个"物",尤其是作为"不动产"的土地,你凭什么说这是"你的",那是"他的";在什么意义和什么程度上可以说你"拥有"了它? 不同历史时期的人们,对这些基本问题的回答是不一样的。对于土地交易来说,当然不可能是"物"本身,你不可能把"物"搬回去;即使能"搬"回去,你凭什么说这一"物"是你的,也就是你获取它的"正当性"在哪里? 处在同一共同体中的其他人如何承认你"拥有"的正当性? 康德在《法的形而上学原理》中讨论了从"经验的占有"到"理性的占有"如何实现:要使一种"暂时的"占有变为"有保证的"占有,需要依照实践理性的法律公设,所有人的意志心照不宣地联合起来。[①]中国传统社会的土地交易,人们对地权正当性("管业"资格)的承认,虽然并没有在形式上体现于"权威和武力的公共立法状态"中,但这种"所有人的意志"却是"明显地联合起来的",并且是"心照不宣地"联合起来——通过惯习的承认,进而是一种历史的默认。

因而,不论是否承认中国传统社会有"权利"现象,也不论将土地交易的对象称为"经营收益的地位"[②]、"管业"[③],抑或其他名词,本质上,交易的都是一种"权利"。从经济学看,交易就是让"权利"动起来,重新确定"权属"——划分"权益"的归属,以市场的方式回答:谁,在什么时候,得到什么。

---

① 参见[德]康德:《法的形而上学原理:权利的科学》,沈叔平译,商务印书馆,2009 年。

② [日]寺田浩明:《权利与冤抑——清代听讼和民众的民事法秩序》,载王亚新、梁治平编:《民清时期的民事审判与民间契约》,法律出版社,1998 年。

③ 吴向红:《典之风俗与典之法律》,法律出版社,2009 年。

一 权利自由切分

(一)基本情况

1. 土地切分为不同数量的权利——同类地权,数量不等

此类切分在人们印象中是最熟悉的,即将一地块分段,按大小不等切分开来,类似砧板"割肉"一般。传统地契中常用"分""摘""割"来形容。这些在"分田土文约""摘卖田地文约"中是最常见的了。例如,嘉庆二十四年,巴县的"姚应先、王永桐分田土文约"(《巴县档案》:105);"冯李氏摘卖田地文约"(《巴县档案》:105)。

类似在清代台湾番业户给垦字(五五)"立补给尽根佃批字"中也有:

> 迨道光年间,杨、水等工本浩大,不能开辟,愿割出前给四至内下畔一段之业,经中沿踏领价,杜卖于彭龙、刘四暖掌管,各自成田。[①]

另外,还有一种情况容易被忽视:事实上,在传统社会的同一地块上,还可以将"同类权利"的"不同数量"切分开来,例如,将一块土地上的"佃权""水权"等,按数量之多寡切割为不同部分。在安徽舒城县,永佃权人可以将"佃权"的全部或一部分拿出来自由顶拨、辗转让渡。(《民事习惯》:546)在江西,有一种习惯,契中约定不同人在公共池塘具有不同数量的用水权利,它通过在池塘不同部位划定标记来实现,"车水"的位置表明权利的多少。在江西南康县,关于池塘权利的划分,也在"契内必载明彻底灌荫,

---

[①] 《清代台湾大租调查书》(台湾文献史料丛刊 第七辑),大通书局印行,第592页。

或到底车戽等字样。若载明浮水灌荫,或仅载灌荫二字,均限于塘面而已"。(《民事习惯》:248—249)在江西广丰县,凡公共荫塘,都须依契据所载车水,如果契据载有"括脚"两字,车水可以车到塘底,否则只能车到荫塘陡礁下。有"括脚"两字,还能在荫塘内养鱼,否则只能车水。(《民事习惯》:252)

比较有意思的是,这种对实际土地的切分,在有些地方象征性、抽象性地转化为对"方单"票据的切割了,而且这些被裁成数块的"小方单"是可以被用来灵活交易的,因为它们代表了不同数量的地权。

> 上海县习惯:田土执业方单,民间有裁单分卖之习惯,如仅系一角,须由官厅换给印照。买卖田地,当以印契方单为凭,至以一方单之田分卖数处,将方单裁为数块售出,此乃民间习惯,相沿以久,不独上海县境如此,即苏、松、常等属亦无不然。官厅对于此种事件,如有完全方单,即作为执业之证,倘系一角,系询明后,当换给印照执守,此系正当办法云云。(《民事习惯》:187)

2. 土地切分出不同类别的权利——同一地块,权属不同

在同一块土地上切分出不同类别的权利,这是中国传统社会的特色。以往,人们更多地注意到不同性质的权利(即同一土地上"田底"与"田面"的分离),忽视了还有其他种不同类型的权利。在考察传统社会民事习惯和地契资料的基础上,本书将这些不同类别的权利进一步根据更细的维度区分为:不同性质、不同作业、不同收益,以及一些特别类型的权利。

(1)不同性质的权利。这里讲不同性质,不是所有权 – 使用权意义上的不同性质,而是指田底权 – 田面权这两类不同性质的权利。关于田底权 – 田面权的内涵与性质,后文将专门论述。

在此,我们列明,"底""面"分离不仅体现在田和土上,还体现在山、塘、

宅基地上。所有这些都属于经济学意义上"土地"的概念。

田面与田底

田面与田底的分离,学界注意得已经比较多,本文在后边还将结合具体交易实例予以讨论,在此仅补充几则相关材料。在福建有些地方将田皮(面)称作"田根",而将田骨(底)称作"田面"。不同地方,称谓不一。例如,福建省政和县,"田有皮、骨之分"(《民事习惯》:294);安徽省英山县,"不动产有裹子、面子之分"(《民事习惯》:235);浙江省黄严县,"不动产通行上下皮田"(《民事习惯》:268)。

山皮与山骨

与田面、田底的区分一样,在山场,有山皮与山骨之分。例如,江西省乐安县,"竹木山场有山皮、山骨之分"(《民事习惯》:250)。

塘面与塘底

从已有资料看,塘面与塘底的区分在南方比较普遍。底面分离,通常田、土、山、塘一并发生。例如,江西省宁都县,"凡土地等项不动产向有皮、骨之分,山、田、塘即其最著者"(《民事习惯》:253);在赣南,"田土山塘皮、骨分管者十之七八"(《民事习惯》:242)。

有必要指出,此处的塘面与塘底同后边将要讨论到的水分与鱼分是有区别的。这里的"底""面",是资产性地权与经营性地权的区分,后边虽然在称谓上也叫"水底"和"水面",但其内容实质是不同业态的区分。包括当时民商事习惯调查者在内,许多学者并没有注意且区分这一点。因而,本书特意专列"不同作业的权利",将后者归入里面。

店房与基地

这组权利容易被忽视,以往关于"底""面"区分的讨论,并没有注意到这点。表面看起来,它与今天土地使用权与所有权关系类似,但其实是不同的,例如,"基地所有人不得过问""地主只能收取租利,不能向房主将地收回"等表明,房主的权利是独立的。这里面,实质上是"田面"与"田底"关系在店房与基地上的运用和体现。例如,安徽省祁门县,"店房之基地,多非房主所有,另有地租一项,每一店房约收地租银数钱至数两不等,凡店屋买卖、典押、出租一切情事,均归店主主持,基地所有人不得过问"(《民事习惯》:232);铜陵县"市房与基地各异,其房主每年出地租钱与地主,地主只能收取租利,不能向房主将地收回"(《民事习惯》:237)。

(2)不同作业的权利。这里讲"不同作业",指的是对同一劳动对象发生的不同类型的使用和收益。从下面所引材料内容可以看出,它们事实上是不同业态的权利,即农业灌溉和渔业捕养的权利。它的特殊性在于它们乃在同一土地上实现。由于水的灵活特点,使其具有不同用途,从而两种作业两不耽误,多数情况下,且互不干扰。这类似于今天地下的地铁交通权与地上的房地产权的区分。因而笔者认为,"水分"与"鱼分"的表述更为贴切,中国语境中的词汇较之西方法律概念,更能清楚地表达用水灌溉与借水捕养两种业态权益的区分。

注意这里讨论的传统社会不同作业的权利与下述情况不同:

柯武刚(Wolfgang Kasper)与史漫飞(Manfred E.Streit)在《制度经济学:社会秩序与公共政策》一书中谈到"产权的可分割性"时,曾以林场财产的情况为例指出:"有的人可以为了进去玩而付费,而其他人则可以用土地来植树或享受狩猎乐趣,这种可分割性使拥有该土地权利的所有者将不同的权利分派给狩猎、散步和投资植树,从而增加了财产的有用性。"[①]

在现代社会,常常是土地的所有者将土地的不同权能分派给不同的人,表现为一种"所有者"与"使用者"之间的关系。而在中国传统社会,至少在我们所列举的材料所体现出的情况里,并没有这样一种"所有者"与"使

---

① [德]柯武刚、史漫飞:《制度经济学:社会秩序与公共政策》,韩朝华译,商务印书馆,2000年,第228页。

用者"的关系。不同作业主体("业主")之间是独立的,互不干扰,各行其是。当发生冲突时,由习惯性规则加以调节。例如,江西南康县,"塘有水分、鱼分之别,有鱼分者,其契内必载明鱼分,或载放养字样。又水分复分为塘底、塘面,如果塘底亦有水分,则其契内必载明彻底灌荫,或到底车戽等字样。若载明浮水灌荫,或仅载灌荫二字,均限于塘面而已。总之,有塘底者必有塘面,有塘面者未必有塘底,有鱼分者必有水分,有水分者未必有鱼分,此则敢断言也。又契内如载明塘之持分者(如几分之几之类),是则不分塘面、塘底、水分、鱼分,凡共有者,均应按照持分轮管,此亦必然之理也"。(《民事习惯》:248—249)在湖北汉阳,"湖水、湖地之所有权各别,均属所有人,各照契据所载管业,系契据上分而为二,非习惯上分而为二"。"有湖地权者,多系栽种水藕,以备水涨时仍可享其权利;有湖水权者,多系捕取鱼虾,无论水退水涨均可享受湖水内之权利。界限天然,无待划分。"这一习惯在湖北,除郧县例外,多系如此。(《民事习惯》:335)在湖南常德县,有水面权与水底权之分,水面权有湖水灌注田亩而无收益鱼利之权,水底权有收益该湖鱼利及车灌之权。在常德,"取鱼之法有三:(一)以钩,(二)[以]网,(三)以鸬鹚。钩于夜间取鱼,至晓则收;网与鸬鹚于日间取鱼,至夜则止"。(《民事习惯》:349)

类似习惯还有:湖北竹溪、麻城两县,"塘水、塘底之所有权各别"(《民事习惯》:336);湖北广济、谷城两县,"塘水与塘底所有权之各别"(《民事习惯》:345);湖北黄冈县,"湖业所有权与湖地所有权各别"(《民事习惯》:324);湖北黄陂县,"使水所有权与养鱼所有权各别"(《民事习惯》:324);湖南临澧县,"水分与鱼分"区别(《民事习惯》:348)。

这些习惯有三点值得注意。第一,关于不同业态。除了有"水分"与"鱼分"之别外,尚有"取草"与"取鱼"之别,还有不同时段、不同方法取鱼之别。这些均反映了不同权利的区分以及如何区分。对此,民间自有定例。第二,关于产生原因。有的调查者认为，那是自然形成的，如"界限天然，无待划分"，"盖因水为田母，卖田而水必随之，原为定例"等；有的认为，是由契约形成，如"各照契据所载管业"，"各照契约所定行使权利"等；有的认为，乃习惯形成，如"麻城县习惯""广济县习惯"等；还有的认为，是由制度因素造成，如"其原因始由湖业税与湖地税各别完纳，故其湖业权与湖地权遂亦相沿分而为二"。所谓"其他物证为根据"，大概依据的是历史或先占原则。第三，关于水分与鱼分、塘水与塘底的权利关系。有的调查者认为，是"所有权各别"；有的认为，乃"共有一湖，仅有之权"。从材料所反映的实际含义看，不论言词上用"所有权各别"，还是"共有与仅有"，其内容指向和表达意思都体现出，两者权利是不同的、独立的。

（3）不同收益的权利。这里主要从收益的角度予以区分。与前文第（1）条不同：前者按性质划分，后者按收益划分。拥有田面权（小苗），可以自己耕作使用，也可以转由他人耕作使用，通过抽息获益。这些可从以下浦城县和建瓯县习惯看出来。按性质划分，主要看两项权能独不独立；按收益划分，主要看通过什么方式获取收益。按收益划分，还有一些内容是与底面无关的，但这些内容也是地权之一部分。这一点，从赣南各县及安徽宣城县的习惯中，能有进一步体会和理解。与前文第（2）条不同：前者是通过直接作业，经由不同使用获得收益；后者是转与他人使用，以资本方式获取收益。例如，在福建浦城县，"田地买卖时，契约不按土地之大小，只载苗额之多寡，又有大苗、小苗之别。大苗者，如该田年可收谷十担，契约只载大租五担，余谷即为小苗。盖有小苗者佃种，有大苗者收租，其粮课由大苗者完纳。有时，有小苗者只收息谷，不佃种田亩"。（《民事习惯》：308）福建建瓯县，"执有大苗契据者，应收租并应纳税；执有小苗契据者，但有收租之权，不负纳税义务"。（《民事习惯》：318）赣南各县，各姓居人可"入山采取枯枝笋草，但不得砍伐树木"；山主在一定时间摘采后，"所遗余桃，任人搜取，不得干涉"。(《民事习惯》:242)安徽宣城县,"山树枝桠,看山人与山主各半均[匀]分","山中其他之柴草,统归看山人所有,任意砍卖,山主不得过问"。(《民事习惯》:229）

（4）特别类型的权利。在现代社会,如果买卖了一方完整的土地,其中却保留了一块"飞地",不归买主;或者在未来某个时刻,卖主忽然说,其中有块"吉地"需要占有,会让人觉得实在匪夷所思。然而这样的事例在传统社会却很普遍,且形成惯俗。例如,许多地方出现"卖地仍许葬坟""吉穴仍归原主""山土卖去仍留坟地"的规矩。这种"划除坟地""阴地保留""买阳不卖阴"的做法,用所有权理论该如何解释呢? 不是已经交割地权了吗? 甚至还完纳税粮了,却有如此情形。无论如何,所有权理论是解释不了的。

这种自由切分出来的阴地权与前述几项分类权利有些不同。如果前面第(2)条,在同一土地上可以有不同业态,产生不同作业的权利——"水分"可以不犯"鱼分","取草"可以不关"取鱼",那么葬坟却需划界,营山亦需用地,显然,不同的使用是有冲突的,它们之间互相排斥。因而,我们姑且将之作为特别类型的权利。例如,直隶省清苑县有"卖地仍许葬坟"习惯(《民事习惯》:18);江西省南昌、新建等县有"山土卖去仍留已[己]葬之坟地"习惯(《民事习惯》:260);福建省霞浦县有"吉穴仍归原主处分"习惯(《民事习惯》:320);湘西沅陵各县有"买阳不卖阴""阴地保留"习惯(《民事习惯》:349—351);陕西雒南县有"划除坟地"习惯(《民事习惯》:380—381)等。下面是一则具体实例:

耿从周摘留阴地文约

立出摘留阴地文约人耿从周. 今因得买吴用仪田业一份,凭中踏界,二家议土地岗园内摘留阴地山穴两棺,异日卖主吴用仪夫室寿终殡葬,耿从周子孙不得异言阻滞.其坟前后禁步之内吴姓包砌,禁步之外,耿姓子孙砍伐,吴姓不得称说。今恐无凭,立出摘留阴地一纸与吴姓为据.

外批:摘除柏树二根。

张显文

凭中证人　李寿仁

张清益

(《巴县档案》:119)

再如,"杨春蔡弟兄卖阴地文约"约好"将先年祖业出售与胡姓摘留阴地一穴,前后左右周围以□边实为界"(《巴县档案》:107);"李定国卖阴地、柴山文约"约定"自卖之后,任随定怀子孙弟兄人等,世代迁修进葬,坟茔护蓄,永远管业"(《巴县档案》:113)。"迁修进葬,坟茔护蓄"也是一种"管业"方式,而且由于此项权利乃世代拥有,足见传统社会"永远"管业的份量。康熙三十三年,"歙县胡廷梁卖田赤契"约明,"其业日后倘有迁造用事风水,言定除〔将〕田价余价银二各均分"。(《徽州文书》:94)

3. 土地附加上额外相关的权利——同样土地,附加不同

(1)用水。水利是农业的命脉,对于农地来说,用水权是经营和收成的前提条件。因而对于农民来说,是相当重要之权利。

对于"水权",现有研究同样受西人理论影响,仿照地权,弄出个所有权和使用权来。仔细思量,这不免有些荒谬——何谓所有? 水不停地循环流动——如何占有? 对水的占用恰恰是为了不占用——更新使用。因而,谈论水权问题,一定是利用问题。

水,总体上,如空气,供给是无限的,属于公共品。但针对某一具体地方和空间,水资源又是稀缺的。因而,谈论水权一定得与某项活动——生产活动或消费活动相联系。从这个意义上,水权问题一定是某一空间范围内的

使用问题。

这样一种理解在没有受到所有权－使用权思维影响的中国传统社会是很清晰的。有关用水的习俗惯例，便是结合在具体的活动之中加以规定。例如，下面这些各地关于用水的习惯：有没有资格用水，怎么用，如何分配——都是通过各项管业活动来体现。拥有在某片土地上的管业资格，便拥有了相应的用水权利。包括饮用水也是一样的——首先因为是某地的居民（管家业），从而才有当地通俗的取饮资格。当管业资格发生转移时（比如通过土地交易），习惯所默认的用水权①是否也随之发生转移，这需要依据契载的约定来确认。

在中国传统社会，难见有关于水权的单独交易，用水的权利一般都附着在其他交易中，随之流转。例如，安徽省桐城县"某田登用某处之水，均于买卖契约及其他书据内详细记载，其用水之范围一依旧例。往往有流水经过之处，虽其两岸土地之所有人，亦不能于原有水道之外，多开沟渠，自由灌溉"（《民事习惯》：223—224）；安徽省舒城县"田产买卖，契约内必注明登用亩堰之水，始有用水权，其使用之范围一依该田旧有之用水权为标准。有忙水（栽插期间）、间水（非栽插期间）之别。用忙水者不能用间水，用间水者不能用忙水。又有混水（即水涨时）、清水（即水枯时）之分，居上游者，混水之际得筑成挡坝截用三日，清水之际得截用七日，期满即应开挡放水下流。倘下流有需水急迫情形，亦只能向上游情商，不能擅挖他人挡埂"（《民事习惯》：233）；安徽省南陵县"用水权约分公、私二种。其私者只准一人使用，公者则应有之持分行使其灌溉之权利。其用水之界段范围以及用水之车埠若干，均于买契内注明"（《民事习惯》：234）；湖南省湘阴县"田间荫救水分，有

---

① 一个地方有关用水的习俗惯例，以及与另一个地方的分配关系，往往是经由非交易的方式形成的。

正荫与临时车荫之分,均于管业契上载明水系某塘荫救、倘值旱魃、则由江水车荫字样,该田业所有人遂可依据契载而取得其荫水之权利"(《民事习惯》:358);陕西省潼关县"水田应用某水,当于买卖该水田时,于买契内及其他书状根据内详载明晰。但其用水之范围有二,一是灌溉田地之水,乡民俗规,燃香按寸,轮流灌溉;二是专供食用、不应灌田之水,无论经过某村,该水两岸之土地所有人不得于原有水道之外多开渠道,分水灌溉"(《民事习惯》:378);江西省进贤县"两岸田亩之较水平线为低者,其注水入田方法有灌荫、吊荫之别"(《民事习惯》:258—259);在赣南各县"塘水系随田转移,鱼分必契约上载有放养字样……塘底必契内载明某塘沙坞或沙湖字样(塘底开井养泉谓之沙坞),始能于塘面涸竭之时,更引塘底之水"。(《民事习惯》:242)

这些在各地土地交易的契约文书中也很常见。例如,广东潮汕在卖断根田契中注明"带水堀一口、带港水灌溉"(《潮汕文书》:115);"田水由大沟带车沟灌溉"(《潮汕文书》:122)等。徽州"歙县胡文彩等退小买田契"再批"车水长塘并来中塘"(《徽州文书》:214—215);"休宁县金岩正卖田赤契"再批"中塘税壹厘伍毫整,听从买人放水无辞"(《徽州文书》:75)。台湾的"佃批字"中注明"原带四处水源本坑圳水灌溉""原带本身坑水灌溉"等。①

(2)税粮。从清末民初的民事习惯调查资料看,相当多的地方出现"买田贴粮""买田垫粮""买地卖粮""买地寄粮""卖地逃粮""买卖粮差""推粮不倒户"的行为。

所谓"贴粮""垫粮""寄粮""逃粮"是针对不同交易方而言的。其意思都是指,买卖交易发生后,不按官方的规矩办,没做推粮过户,结果是该交粮

---

① 《清代台湾大租调查书》(台湾文献史料丛刊第七辑),大通书局印行,第569、581页。该书第三章"番大租"第四节"番业户给垦字"中诸多地契有类似内容。

的不去交粮,不该交粮的还在交粮。甚而酿成所谓"有盈阡累陌者不税壹钱,收无斗米者年征旧税"的"疲玩之习"。例如,福建省建阳县有"买田贴粮"习惯(《民事习惯》:298),甘肃省文县有"买地卖粮"习惯(《民事习惯》:398),江西省乐安县有"卖田不卖粮、典田不典粮"习惯(《民事习惯》:257)。

发生此类现象,自然有其原因,笔者归纳,大概有三:一是与观念有关,二是与土地来源有关,三是与土地用途有关。当这些因素与日常土地交易交织在一起时,经由交易双方的协商合约、自由搭配,情况便出现了。

其一,"祖宗粮户不可卖绝。"例如,福建省屏南县"因不忍以祖遗粮户遽行卖绝,然历年既久,恒至逃粮不完"(《民事习惯》:323);福建省光泽县"卖主以祖宗粮户不可卖绝。一旦境况愈下,遂至逃粮不完"(《民事习惯》:299)。

其二,"粮摊内地。"例如,江苏海门县"买卖奖水地向来并不完粮,盖其地作为大河边推泥之所,其粮摊入内地"。(《民事习惯》:199)

其三,"卖买坟山,不过户承粮,柴薪以抵。"例如,江苏省丹徒县"卖买坟山,虽立杜绝契据,而并不过户承粮,且载明契纸,柴薪以抵,条粮仍由卖主完纳"。(《民事习惯》:209)

应该说买卖土地不推粮过户,有产的不纳税,没产的接着纳税,这本身就是一种后果。其社会后果是,税粮变成了"无产者"的负担;其管理上的后果是,土地交易的环节被省了,官方的规定被忽略了,年岁日久甚至出现税粮收不上来的情况。

我们这里关注的是经济后果。作为有产者应该承担的一项义务,税粮本身变成了可以剥离、抽象出来的一种"权益",继而单独进行交易。有义务当然就有权利,但不同的是,剥离前,义务方是有产者,权利方是政府;剥离后,义务方是卖方(无产者),权利方是买方(有产者),也就是说,无产者要为有产者承担缴纳税粮的义务。按照正常的经济逻辑,任何权益资产剥离出来后,进行交易,形成市场,本是依经济原则办事,也是交易双方合意的产物,自然无可厚非,也无可挑剔。但问题在于由此引发的思考:税粮的本质是什么?税粮征收的依据是什么?税粮当然是由于统治管理者的存在,被统治管理者所要承担的义务。此乃政治学思维。用公共经济学的眼光看,税粮是因为生活在一定共同体中的人们需要公共产品,有些公共产品通过征税由政府提供,更加有效率,因而也是共同体成员应尽的责任,否则便会出现"搭便车"现象。笼统地讲,是这么回事。但这不是问题的关键。问题的关键在于税粮的种类和性质。即税粮是"田赋"还是"丁税"?是"农业收益税"还是"人头税"?此一问题没有弄清楚,在实践中发生混淆,是中国历代土地管理上出现混乱的根源。

税粮是什么?按理来说,应当是土地税,是农业产出税(这里面还有更为精致的区分和设计),结果变成了"人头税""灶税"。一时一地,当然没问题。但积沙成塔,细流成海。随着时间拉长,各种因素交织演化,其内在矛盾也就凸显出来了。由此,我们顺便也可得到一个尚需进一步充实的结论:中国历史上的人地矛盾,由此导致的社会矛盾,以及引发的政治后果,根源不在土地流转、市场交易本身,而在于落后的、跟不上社会需求的管理制度,以及萦绕于此、挥之不去、历久弥新的意识形态偏见和陈腐的观念。

实际后果大概有四:其一,"推粮不倒户。"例如,安徽青阳县,"田地买卖成立后,所有应纳之粮额即由卖主推出,若卖主仅有田一亩,将田全数出卖,而粮则只推九分,仍留一分自完,谓之'不倒户',实际有田而无粮"。(《民事习惯》:536)其二,"粮不过割。"例如,安徽黟县,"卖产而粮不过割,每遇开征之时,由买主给钱,卖主完纳,名曰垫粮。又有产已卖尽,粮未推尽,卖主甘愿负无产纳粮之义务"。(《民事习惯》:549)其三,税粮承担主体不明。有些地方的粮差赋税由谁完纳,并无一定之法,粮差义务(对于可以转移义务的一方来说事实上变成了一项权利)可作为交易的对象,在买卖双方间任意流转。例如,江苏省吴江县,"活买田产间有过户者,绝卖之产亦有不过户者,并无一定办法,又活买之产亦可倒单,契之曾否税过,与倒单并无关系"。(《民事习惯》:218)有些地方,甚至有由租户负担赋税的习惯。例如,甘肃省武威县,"租种地亩负担租税"。《民事习惯》:398);安徽省庐江县,有"佃完粮"的习惯。(《民事习惯》:538)其四,"买卖粮差。"例如,江苏省砀山县,"田地一有买卖,卖主必以己身他处之粮差过于买主,若卖主无粮可过,亦必商之他姓有粮者转过于买主,或由买主商之卖主,竟不过粮,但须纳赀于卖主,得其允可"。(《民事习惯》:214)

(3)选择。土地交易中的选择权是指合约定契时,并不限定具体,而是可以在一定弹性范围内加以选取的权利。选择权,一般是涉及未来的权利,即将来可以怎么样,也可以不怎么样的权利。例如,回赎权在立契交易时,可以设置,也可以不设置;回赎权可以约明具体年限,也可以不作具体约明;约好回赎权后,将来可以行使,也可以放弃行使。这在我们前文所述的具体交易案例中,已有体现。在各地的民事习惯中,也有反映。例如,安徽省舒城县,"永佃权人得以其佃权之全部或一部自由顶拨、辗转让渡,无须得地主之同意。有实顶与活顶之分,实顶不能回赎,活顶则预定年限,限满之后,可照原价收回"。(《民事习惯》:546)

还有一类比较特殊且有趣的是,有关坟地选取的权利。有些地方的坟地买卖,预先不确定具体地点,订契交易时,只说明在某某山内要购置一块地方,将来用作葬墓之用,详细选择,留待以后选取。

前文一些案例及习惯中,有关土地买卖后,卖主仍有择地葬坟的权利,也属此类。在江西省定南、寻邬、安远等县,"凡买卖坟地者,其契内并不载明四至,仅载某某山内坟地一穴,任其迁上、迁下、迁左、迁右等字样,故买业者日后在山内葬坟。根据契约,在一定范围内有自由择地点穴之权"。(《民事习惯》:260)

(二)起因

1. 历史原因

田面权与田底权分离的历史起因,其基本路线有两条:一是原来就是荒地,政府或地主招垦,土地垦熟后,在招垦方或佃垦方之间,根据事先约定,对地权进行分享。二是由于客观(战乱)或主观(抛弃)原因,原来有主的熟地荒芜了,外来居民将之当作无主地拾荒重种,成为了土地新的业主,但原来的业主并未消失,他们归来或发现后要求返还地权。在二者发生矛盾的情况下,通过双方协商或政府协调,将同一块土地上的权利在原业主和现业主之间分配。具体情况如下:

(1)战乱致荒。《民事习惯》调查资料中,有多处报告了太平天国运动后,田面权大规模兴起的原因:

在江苏,"洪杨兵燹以后,业主流离,土地荒芜,佃户即投资耕种。迨业主归来,即许佃户特别利益,准其永远佃种,相沿日久,佃户竟持其永佃权视为一部分之所有权,不准业主自由夺佃,业主亦无异议"。(《民事习惯》:180)

在江西,"由于前代兵燹之后,户口逃亡,田地荒废,外籍人民自由插标占领,招人开垦,占有者有土地所有权,对于垦户收租,于国家纳粮,而对于该田则不能转佃,亦不能收回自耕,谓之'管骨'。承垦者世世耕作,按年纳租,其赁耕权可以自由转佃、自由典(谓之暂退)卖(谓之杜退)、谓之'管皮'"。(《民事习惯》:241)

在浙江,"'洪杨之乱',金、衢、严各属受祸甚烈,居民大半逃亡,田地荒芜者甚多。乱平后左文襄抚浙,招集客民,开垦成熟后,许其有佃种权,固有之业主只能收取租息、完粮、管业,佃户除欠租一年以上,许业主撤佃外,可以永远耕种,且无须完纳粮税。前者名为民田,后者名为客田,均可自由让

渡,故前者又名大买,后者又名小买"。(《民事习惯》:267)

值得注意的是,习惯调查报告了此类由兵乱导致的田底－田面分离,得到政府的正式认可并予登记。"前清洪杨后人民各各奔散,所有田地均多由别人报升开垦。旋经乱平,本人回籍,欲收回己产,则田地已多被人占有,于是同治五年,设局清丈,各户给以报单,分别业主佃户等项。凡原始所有者为业主,其所管之田地为民田民地,报而开垦者为佃户,其田地为客田客地。"(《民事习惯》:267)

(2)原业抛荒。有些地方,客民开垦的荒地不一定是由战乱引起,也有可能是业户自己抛荒形成。这样,土地开垦成熟,客民自然成了实际的占有者和耕作者。而这一现象被原业主发现之后,便有了原业主与现业主之间的矛盾。矛盾的解决自然也遵循了上面的方法:要么承认现业主对于土地的田面权,要么给还垦价。

例如,江苏省海盐县的习惯调查曾提到田底、田面的起源,"究其起点,原始于业户抛荒田亩日久,一时客即到地垦荒,始则尽举田底、田面而有之,继由业主发觉,乃令其出立承种契约,按年纳租,然欲收回土地权利,则非给还相当之垦价不可,此佃户对于田面占有之缘起也"。(《民事习惯》:266)江西宁都县记载,"此种权利之发生,由其土地本系荒坪,原主无力经营,以收其利益,乃召人承顶,使其开辟经营,或成塘园,或建屋宇,议定年交地税若干,而该产遂永远由开辟人收益、使用、处分,原地主除每年收税若干外,并无他种权利,不能回赎、索找,承顶人如转佃于他人,亦不能过问,仅可对新佃者仍照额收其地税耳"。(《民事习惯》:252)

(3)政府辟荒。清末民初,东北曾专门设治辟荒,为了鼓励开垦,政府设定一系列优厚条件,此为开垦方获得一系列地权之由来(《民事习惯》:26)。此类辟荒,还有一些是由地方基层政权组织开发。例如,直隶省唐县、完县,"垦辟山荒。山荒无一定之亩数,村正副如为公益起见,即于该地管辖范围

以内兴工垦辟,应有使用收益之权"。(《民事习惯》:23)

（4）地主招垦。除了在北方有过大规模开垦,在南方的一些滩涂、沼泽也出现了招垦。例如,在江苏,"北方居民移徙海滨之初,各大地主招集流氓,随地垦辟,随地寄住,各地主除坐收额租外,概不置问。因此相沿相习,各地主仅成下皮权,而此垦辟寄住之流氓竟成强大之上皮权矣"。(《民事习惯》:268)

（5）佃户培壅。不管是战乱致荒,还是原业抛荒;无论由政府,还是由地主组织辟荒,只要是采用招垦的形式(注意辟荒的组织形式有自垦、招垦、雇工三种类型),都是与佃户的努力和佃户的工本投入分不开的。因而,经由佃户培壅获取相关地权是主要来源。《民事习惯》调查也报告了此类情况:"面田、底田者……查其原始,系由于佃户对于该田有垦植培壅之功,故有享有田面之利。"《民事习惯》:181)

2. 实际需求

除了历史原因,客观来说,田面与田底的分离也有实际方面的需求。正因此,我们才可解释,在上述具体历史因素发生之前,田面权的独立便已经出现了。实际需求包括两类:一类来自经营管理方面,一类来自土地交易方面。

经营方面需要是针对承佃方而言,管理方面需要是就出佃方来说。二者结合在一起,可以说是农业生产的需要。正是由于满足了这些方面的需求,我们可以认为,是制度方面的变革适应了农业生产的需要,从而促进了传统农业的发展。这是我们在解释人地矛盾加剧的背景下,农业生产提高、单位产出增加的重要制度因素。在后文关于"粪土银"与"灰肥田",以及产权、合约与农户投资之间关系的讨论中,我们将深入探讨。例如,福建古田县所谓"白承耕",即"本无田根之人,承批他人根、面俱全之田。耕种岁久,亦得发生根主权,不许田主自由退耕者"。(《民事习惯》:295)

土地交易方面需要,例如浙江的习惯调查即提到,"不动产通行上下皮田,考其沿革,近有以契约设立者"(《民事习惯》:268)。这里面又分两种情况,一是"卖底",二是"押租"。前者如江西临川县,"乡民遇窘迫时,如欲将田卖去,又苦无田耕种,于是有只卖大业于买主,原田仍归卖主自佃耕种"(《民事习惯》:251—252);《刑科题本一》第255则案例,惠州的朱天佑将其清业田分解,自己保留田底权,而出卖田面权("质业")的情况。后者如浙江省天台县"绍价之始,本为交租之保证金"(《民事习惯》:283—284);崇明县的崇划田,因顶首重而取租轻,"业主对于佃户只有收租之权,而不能禁其私佃"(《民事习惯》:220);松江旧府属各县,"所谓田面者,系佃户向业主承种之田,出过顶首","此种顶首作为该佃永远承种之价值"。(《民事习惯》:220—221)

二　权利自由交换

(一)交易的灵活性

1. 交易形式的灵活性

此处交易形式的灵活性指在同一交易类型里采取灵活多样的形式,相对于交易内容而言。前文已经阐示,租佃里面,有一般租制,也有永佃租制;有押租,也有不押;地租种类有定额租,也有分成租;所纳租有实物,也有货币。典当里面可以交付管业,也可以不交付管业;可由受典方耕种,也可由出典方耕种,还可招第三方耕种。活卖以后可以回赎,也可找价绝卖。租佃、典当、活卖等,在粮税、回赎、时间等方面均可自由商约,不拘定则。以融资为目的的交易,可以直接还利,也可以租代息;以租代息时,租利可以是实物,也可以是货币;也可当价抵作租资,期满将土地收回。

2. 交易内容的灵活性

（1）底面：不同类型的地权。通过前文陈述可以看出，不论是租佃、典当，还是活卖、绝卖，它们的交易对象既可是田底、田面分离，也可是田底、田面不分。

租佃，谓大租、小租，如江西省黎川县习惯，"大业主收租、小业主佃种"（《民事习惯》:259—260）；买卖，谓大买、小买，如安徽省绩溪县，"土地权有起佃、大买、小买、草粪之别"（《民事习惯》:237）；典当，谓典骨、典皮，如福建省建阳县，"典皮不典骨者，经过一定年限，或俟某种林木长成砍卖后，始得回赎。典骨不典皮者，其山仍由业主自行栽种，每年仅交典主租金若干，如业主备足原价，不论何时，应听赎回"（《民事习惯》:297）。

（2）官田：受限制的地权。在传统社会，如果拥有不完整的产权，或者说即便没有所谓的"所有权"，也可自由交易，屯田、官产即为典型。例如，江西省九江县，"屯田可以自由顶退"，"国有湖业，其子孙世世相传，永守是业，谓之'业甲'，对于承管之湖可以转租与人，捕鱼蓄水，收取租金……"（《民事习惯》:248）；南昌县习惯，"县属濠池、濠地系属官产"，可以顶租。（《民事习惯》:255）

（3）族产：共有的地权。族产是共有财产，一般采取轮收方式受益。共有人按规则从公田获得所轮年份的收益。这种权益是可以"拿"出来交易的。例如，江西省南昌、新建等县习惯，"公田之轮收租谷为典当目的物"，"即预指其轮收可得之租谷为目的物，以典当银钱。盖犹以其共有田亩内个人应有部分之收益，为典当目的物而已"。（《民事习惯》:261）

（4）回赎：未来收益的权证。土地出典（当）后，出典（当）方拥有回赎权，这种回赎权是可以用来交易的，它类似于一种权证，让获得者在未来行使土地的回赎权，通过回赎再获取地权。例如，金山县习惯，民间出典田亩，除了由原业主出立典契交给典户外，受典者还须立一活典副契交给业主，如果业主无力回赎,允许另立绝让副契,连同典户当日交与之,活典副契一并得价绝让于第三者,日后第三者可照原典契约,代业主的地位,向受典者缴价回赎原产。(《民事习惯》:195—196)再如,福建思明县,房屋出典之后,还可另行出卖,称之为"卖底"。有卖给原典户的,也有卖给第三人的,如果由第三人承买,即取得了向典户赎屋的权利。(《民事习惯》:320)

在传统农业社会,涉及未来权益的交易还有一些极端且生动的习俗事例,如"孝帽账(债)"(《民事习惯》:458)、"麻衣债"(《民事习惯》:479—480)、"听响还债"等(《民事习惯》:475)。

3. 交易时间的灵活性

在传统农业社会,由于受天时限制,土地交易的时间形成了许多惯例,如"典三卖四""租三典四买半年"等。所谓"典三卖四",就是"典主于立契后三个月为交付时期,卖主于立契后四个月为交付时期"。这一习惯通行于河南省开封、洛阳、郑县(《民事习惯》:132),山东省黄县(《民事习惯》:145),山西省洪洞县(《民事习惯》:153)等地。

所谓"租三典四买半年",说的是交易发生后,并非立刻移转产业,而要隔上一段时间,一般杜产契立价清后,以六个月为期;典产为四个月;租产为三个月,之后才能向原业主索产管业(《民事习惯》:211)。但在江苏省江宁县,"租三典四买半年"还有另外一层意思,指的是租房的时候,如果房东辞租,须让租三个月;如果房东将房屋出典,须让租四个月;如果是转卖的话,则须让上半年(《民事习惯》:219)。

尽管如此,如果面临不同的需求和条件,交易时间仍显示出它的灵活性。(1)交易时点。例如,福建建瓯县,卖田一般定期于冬收时开始,腊底为止,但也有先时出卖的,民间称之为"带腹"。找价的时期,多数发生在阴历年底,但如果遇到有丧葬等急需,也可以随时求找(《民事习惯》:318)。在湖北利川县,田地出典一般随即移归质权人管业,回赎期限却多不预定,而视业主的财力情况(《民事习惯》:327)。在其他地方,也有所谓"迟早"或"早晚取赎"。

（2）交付时间。如下这则房地契,反映了由于房客没有搬出屋,隔了相当长时间,才最终交付的情况。该组房地产交易记录显示,立该契据时,房地买卖已经经过了卖、加、绝、叹、拔根叹多个环节。

江庆生卖房地契·留存据

立出房找价据靴鞋公所,今购得在城二十五保十图二十铺金家旗杆旧屋一所,计讲明时值价得乙千贰百元。当日收契,付过洋九百五拾元。因房客尚未出屋,凭中议定留存洋贰百五拾元。三面议定,准于本年七月底一律出清,不得延误。出清之后,再找付洋贰百五拾元。立此留存据存照。

光绪二十四年六月十六日　靴鞋公所具

中　王国堂(押)　沈松云(押)　顾雨三(押)　张瑞卿(押)

(《上海房地契》:267)

顺便提一下,传统社会的交易不仅考虑天时,而且也讲求人情,照顾合理。例如,在解除佃约时,上述因素不仅反映在对投入工本的补偿上,也体现于解除佃约的时机,以及佃农生计的衔接上。例如,在湖南省长沙、湘潭、湘阴、宁乡等县,"东佃解除耕田契约,无论出于何方,均须于秋收后,以前先行通知。如系佃退东,佃户于秋收后对于该田即不再事犁泅;如系东退佃,田东亦可于未收获前将该田另佃他人耕作,以免芜废。东佃解除耕田契约,如田东于秋收前通知佃户退耕,而佃户一时未能觅有他田耕种,仍向田东要求继续佃耕一年或二年,则佃户须出具'限耕字'交与田东收执,届期即应依约交庄,不得再行展限"。(《民事习惯》:359)

4. 交易机制的灵活性

传统土地交易机制的灵活性体现在两个方面:一是同一交易类型在不同主体之间转换的灵活,二是不同交易类型之间转换的灵活。如果说交易的多样化以及内容和形式的灵活,让传统社会的交易主体具有了更多的选择,满足了多样性的需求,那么交易机制的灵活则使交易本身,也就是说交易体系自身变得灵活而富有弹性。交易机制的灵活性进一步让农户有了更多的选择,和更便利的途径满足自己的需求。

结合前文的讨论,笔者归纳,交易机制的灵活性主要有以下四种:

(1)"转佃"机制:使佃农可自由灵便地退出。当佃农由于客观因素的变化,无力或不想再继续佃耕,而地主也无法自己耕种,或是不打算召回;或是在押租的条件下,无力召回,在有些情况下,甚至一时找不到地主,怎么办?"转佃"机制的存在,解决了佃农的退出问题。

(2)"转典(当)"机制:让典当双方灵活自如。典当交易发生后,同样面临客观环境变化导致交易主体需要变更交易关系甚至退出交易的情况,有的需要在约定时间之前回赎,有的需要推迟回赎时间,有的则无力回赎……这些情况的出现是交易双方任何一方条件变动都有可能引发的。怎么办?"转典(当)"机制让典当双方灵活自如。

江苏省砀山县的习惯资料较细致地区分了"业主转当"和"当户转当"之间的关系,"当户转当"又分"原价转典""滥价转当"和"长价转当"(《民事习惯》:213—214)。赵晓力的研究,基于民事习惯调查,区分了"转典""典物让与"和"典权让与"(根据民国《民法典》的定义)之间的关系。[1]笔者在此补充几则实际交易案例:歙县郑阿鲍等典地契(《徽州文书》:396—397),歙县许宅仁等转当田契(《徽州文书》:411)。

---

[1]　参见赵晓力:《中国近代农村土地交易中的契约、习惯与国家法》,载《北大法律评论》(第1卷第2辑),法律出版社,1998年。

歙县程吉先转当田契

二都二图后六甲立转当契人程吉先,今因正用无措,自愿将受当田一业,坐落土名舟山,系新丈荒字四千二百九十三号,计田税九分二厘二毫四丝整,所有四至悉照鳞册为界不载,今央中立契尽行出当与三都五图五甲黄名下为业,当日得受当价九四平足兑肚纹银十三两五钱八分整。其银当成契日比即一并收足讫,不另立领。其田随即交与受当人管业,听从换佃收租。未当之先并无重复交易以及来历不明,内外人拦阻、生端异说等情。如有此情,尽是出当人一力承当,不涉受当人之事。所有当期言定六年为满,期满秋收后听备原价取赎。今将受当契一纸、全业归户一纸,一并缴付受当人收执。今欲有凭,立此当契存据。

咸丰三年十二月日　　立转当契人　程吉先

　　　　　　　　　　凭中　查日升

　　　　　　　　　　　　　汪符瑞

　　　　　　　　代笔　查华远

(《徽州文书》:412)

(3)"增典、加当"机制:使业主在规则内维护其与土地关系。例如,在福建漳平一带,不动产的转移通常是典多卖少,一典之后,还可再四增典,有的甚至出现"一典至百年以上者"(《民事习惯》:314),反映了原业主不肯将业底轻易绝卖,维护自己与土地关系的心理和行为取向。在湖北恩施县,业主将田地出典,后来因需使用钱,屡次向质权人加当,久而久之,出现"子过于母",致"卖田不能抽当"的现象(《民事习惯》:330)。在福州,有"入利换票"的习惯,"入利者,谓透纳利息若干月,满期即展长若干月;换票者,谓届满之时将利息一起偿清,典铺则换给新票以为据"(《民事习惯》:313)。

下边是一则具体的交易实例：

歙县汪以嘉加当大小买田契

立加当大、小买田契人汪以嘉，今因正用，自愿将前当过有字号田三宗，税亩、一七名、契价前契载明，今凭中立契加当与吴名下为业，三面言定得受加当田价英〔鹰〕洋一百七十元整。其洋当即亲手收清。其田原〔即〕归受业人管业。议再加十二年为期，期满听凭备前后当价一并取赎，年份未满不得生端加价取赎。此系两相情愿，并无威逼、准折等情。倘有亲房内外人等言论，均是加当人一力承肩理直，不下受业人之事。恐口无凭，立此加当大小买田契存照。

光绪二十九年十二月日　　　立加当契人　汪以嘉

原中　程观元

汪原生

鲍观海

代笔亲房　汪智卿

再批：加当价中用英〔鹰〕洋八元五角整。年份未满取赎分年摊认，年份已满取人不认。又照。

（《徽州文书》：416—417）

（4）"找价"机制：具有多方面功能。详细内容参见后面章节"对'找价'的重新认识"中有关找价功能的探讨。

(二)交易的组合化

1. 不同交易类型的组合

(1)卖＋佃

歙县许纪勋退小买田契

本都本图立退青苗小买田契人许纪勋,今因正用,自愿将承父遗受退人化字九百四十七号,又九百七十二、三、四号自种小买田二坂,计税四亩六分,坐落土名东湾,凭中立契出退与族名下为业,三面言定得受价九四平九五色足兑元丝银七十两整。其银当即收足。其田即交管业。现此田仍托原中说定,借给身作种,每年议定交纳干谷,另立借字载明。其田退期以八年为满,期满之日,任凭将原价色银取赎;未满期日,不得生端取赎。此系两相情愿,并无勉强等情。此田从前至今,并未典当他人重复交易。倘有亲房内外人等异说,俱系出退人承担,不涉受退人之事。今恐无凭,立此退契存照。

　　道光十七年二月日　　立退青苗小买田契人　许纪勋

　　　　　　　　　　　　　　　凭中　许颖川

　　　　　　　　　　　　　　　　　许亮工

　　　　　　　　　　　　　奉书男　秀　嘉

　　再批:原来脚契二纸附抵。又照。十九年八月付还退价元丝银四两五钱整。

　　《徽州文书》:211)

　　将土地卖出后,紧接着佃回自己耕种。"卖＋佃"的出现,并非简单使地主沦为了佃农,实际上有两种情况:一种是地主需要钱用,不得不卖,但也需要田耕,不得不佃,此为无奈之举;还有一种是将土地卖出,有了资金后,用于押租,这样,在境遇不变的条件下,获得了更多的耕作权,实际支配的土地有了成倍增加,此为变通之举,发生在劳动力充足、经营能力强的农户家庭。

需要注意的是,先卖一部分地权(如田底),保留耕作权(如田面),与先卖再佃是有区别的,前者是一种交易方式,后者为两种交易方式的组合。

(2)典+佃

赵贵先当约

立出当约人赵贵先。

情因用费不给,将本已名下受分土一份,草屋四间,出当与李芳泰名上耕种,彼即说定当价铜钱十千文整。其钱入手现交,并无少欠分文。其土、房屋,赵贵先佃转耕种,即日言定每年干租钱二千文正。其有租钱,来年秋收交明,不得短少分文。此系二家心甘悦服,中间并无押逼。恐口无凭,立当约一纸为据。

赵廷钦

在见人　季明仕

廖有达

道光六年八月初十日　立当约人赵贵先

(《巴县档案》:138)

再如,道光十年二月况钊佃约(《巴县档案》:73)。类似的,在保定所属各县有所谓"典田图种"的习惯,土地典出后,出典人仍然继续耕种,交给典主租金或谷粮,又称"典地不出手"(《民事习惯》:22)。"典田图种"在江苏省各县均存在(《民事习惯》:179)。福建闽清县俗称"掏根利",以田根向人立

99

契借钱,"契内载明递年纳租若干,其田仍系自己耕作"(《民事习惯》:307)。

对此,民国时期的调查人员认为,"出典田地,仍佃归出典人耕种完课,在事实上虽似未移归质权人占有,在法律上究属典质关系,而非抵押关系"(《民事习惯》:328)。

为了区分这层关系,在江苏泰县,出现了"代租人"习惯,"典买田地,典受、买受之人往往明知典买之田为出典、出卖人所佃种,然不愿出典、出卖人用自己名义承租,而必以第三人代为立约承租,名为代租人"(《民事习惯》:220)。

前文已论及,活卖和典当的区别在于,活卖放弃了耕作权,而典当内在地让原地主可以交付管业,也可以不交付管业而由自己耕作。如"卖 + 佃"中已经看到,通过活卖方式出让土地后,原地主可以再佃回耕种,这是两种交易类型的组合。而典当则内在地具有保留耕作的功能。因此,在类似"赵贵先当约"中,虽然契中出现"佃转"字眼,但实质上仍属典质关系,属于没有交付管业的典当。当出现"代租人"习惯时,则可以看作是"典 + 佃"两种交易方式的组合。民间典当是否交付管业,交付管业之后是否佃回耕种,这是由交易双方根据实际情况和约束条件来确定的。不论如何,"典 + 佃"的组合化交易,提供了适应不同需求的多样化选择。

(3)活卖 + 绝卖。此类交易组合较为常见,当活卖之后,不再回赎,或有进一步资金需求时,通过加找,实现绝卖。第七章第一节表 7.2 所列《清代上海房地契档案汇编》收录契约交易案例便属此类。虽然"活卖 + 绝卖"组合常常分开发生在不同的时间,具有跨期性,但也有发生在同一年、同一月,甚至同一日的。如《清代上海房地契档案汇编》中的张史氏卖房地契、黄世昌等卖房地契、姚谷香等卖房地契、黄梁氏等卖地契、余文彬卖房地契、李存本堂卖房地契、顾秋泉卖地契、金希堂卖房地契等。

> 江苏省各县：……有声明于正契后，有另立一契者，实则所得找
> 价，买者仍核入正价之内。契亦一次成立，卖者亦只知共卖若干亩，得
> 价若干而已。（《民事习惯》:181）

另外，据地契资料显示，在民间的实际交易中，有先将土地整体活卖，再抽出其中一部分绝卖，一部分仍为活卖的情况。

2. 同一交易类型里不同要素权利的组合

不同地区土地交易所附加搭配的权利也不一样，如甘肃古浪县习惯：凡立卖田宅契约，须书杜卖字样及四至、粮草、水时、价值等事。（《民事习惯》:399）

（1）地＋用水。前文"土地附加上额外相关的权利"部分，我们叙述了各地有关用水的习惯。从习惯中我们知道，用水权是附着在管业活动中的。土地交易中用水权是如何随之流转的呢？我们再看几张地契所反映的实际交易案例。

> 立卖断根粮质归一田契人、澄邑苏北区樟林埠北社刘陈氏、承夫
> 遗有粮田三亩正、坐址土名湖仔、田水由坑沟灌溉、四至明白、今因要
> 用银项、情愿将此田出卖……（《潮汕文书》:79）
> 立卖断根粮质归一田契人、本都下堡溪西乡林春香、自置有粮田
> 三亩二分正、大小二丘、坐址本洋土名池兜竹脚、田带水堀三个灌溉、
> 四至明白、今因要用银项、情愿将此田出卖……（《潮汕文书》:113）
> 立给垦批字霄里社番业主萧东盛、缘铜锣圈明兴庄坐落土名石崎
> 仔有青埔草地一所……四至界址面踏分明；原带本身坑水灌溉。今因
> 自立隘寮、守卫凶番、缺欠口粮、将此青埔草地托中招得萧赐宁前来承

给垦批。……　道光九年(己丑岁)十二月日给……

　　——《清代台湾大租调查书》第三章"番大租"第四节"番业户给垦字"(四四)

祁门县方邦本卖田赤契

　　……今立契出卖与五都洪达等,面议时价白银拾陆两壹钱正。其田叁处听自洪达等管〔业〕。……今恐无凭,立此文契为用。弘治六年十月初七日 ……

　　再批:外塘壹所,坐落塘山培,六分中该得分法塘议作价银伍一钱整,随田浇灌,下塘水随田浇。

　　(《徽州文书》:49)

　　(2)地 + 税粮。前文我们已经讨论过,在土地交易过程中,税粮分割的现象、原因及后果。作为交易组合化的实例,如道光四年,巴县的"陈高氏卖房地文契",出卖地基房屋人为"陈高氏同侄昌贵、侄孙伯喜","载粮一分",其粮却在"陈东山户内划出"(《巴县档案》:108);崇祯二年,"休宁县汪时顺等卖地赤契",四都六图的立卖契人"汪时顺同弟汪时选","将承父园地一业","出卖与金□□名下为业",其税却从"四都六图六甲汪隆议户起割叁厘,汪时可户起割伍厘,推入十四都八图全文户内支解"(《徽州文书》:253)。

　　(3)地 + 其它。如崇祯年间"歙县程积泰卖田赤契"载明"其田原基丘田坝上有枣栗木二株,一并出卖","其塘二号听凭买人浇灌无异"。(《徽州文书》:80)道光六年八月"何国元卖田地文约"内载"将祖父遗留田业一股分受己名下全份,地名响堂岗,左边瓦房半向,厢房一向,牛栏、猪圈、稚磨、碾子、石工等项……界内拳石、寸木、尺土,毫无摘留……"(《巴县档案》:108)"何仲仑卖田地文约"内书"出卖田地、房屋、山林、竹木、煤矿两山、鱼池、园圈、基址、牛栏、猪圈、矶磨、碾子、石工等项,阴阳二宅,扫土尽卖并无摘留文契人何仲仑……其走边书画牛移神走火,一包在内"。(《巴县档案》:113)

从案例中可以看到,土地交易时的附加,有的在契中明确界定,有的并无界分,而是"打包"一并转让。例如,河南省确山县,典当山树时便明确注明,"土地所有者多将山地一段及树木大小若干株,定于若干年,栽植归当户,约据注明。回赎以几大树木归当户,以几大树木归业主,照据交还。至在当期内,此段所出滋息,完全为当户所有"。(《民事习惯》:131)湘西沅陵各县的习惯比较笼统,"约定期限二十年或三十年,任凭买主培植,蓄禁期满,山内树株听买主砍伐"。(《民事习惯》:349—350)

三　自生性、灵活性与多样性

梳理地契文献可以看到,传统社会土地交易过程呈现出自生、灵活、多样的特征。

(一)自生性

这里所谓自生性,就是由民间自发产生,并没有受到太多外界的影响。受影响是必然的,但一般情况下,首先是民间产生了,然后官方再通过法令形式予以确认;在时间先后上,民间自发在先,官方"规范"在后。民间交易行为(惯俗)与官方规范(律令)之间的关系有两种:一种是一致、和谐的;另一种是不一致、矛盾的,甚至是冲突的。前者如多数情况下租佃、典当、活卖、绝卖的做法,后者如一定时期找价、回赎的方式。

需要指出的是,二者的关系本身是一种动态的关系:一方面,从长时段看,民间惯俗自身在不断调整、变化、延续……另一方面,不同朝代,官方律令也在不停地修改、变动……二者不论是适应也好,矛盾也罢,事实上是一个不停地相互作用、相互调适的过程。从历史的眼光看,既要看到交易背后共同的属性和经济实质,也要把握不同时期交易形式和内容的演变脉络及特征。对于研究来说,这是一个难题,却不妨碍作出一些大致的概括。尽管针对不同时期的交易现象,基于不同的视角和眼光,会看到不同的东西,得到不同的结论,但有些印象是共同的。在此,笔者试图在前文陈述的基础上,将这种大体的印象呈现出来,以供交流探讨。

自生性的另一层意思是自由发生和存在。这里的"自由"主要有两层含义:一是自然的、随机的——不受国家意志束缚;二是自愿的、随意的——不被第三方强制。所谓不受国家意志束缚,是相对现代社会而言,相对于现代交易权利体系里的"类型法定"而言。在现代社会,权利的切分和交换,其模式是要遵循一定的法律规范,按照一定的法律框架设定的权利类型和结构来完成。而这些权利类型与结构的设定,依据了一定的法理,体现了国家的意志或者说立法者的意志。虽然交易双方交不交易,选择什么样的交易方式是自由的,但一旦选定了一种交易类型,其权利切分与交换就要循着一定的规则来进行。例如,在物权法体系里,权利的基本结构是:地权分为自物权与他物权,他物权又分为用益物权、担保物权等。所有的土地交易得遵循这样一个结构来进行,其基本原则是"物权法定","一物一权"。

传统社会的地权交易基本上不受这样一套权利体系和框架结构的束缚,权利怎么切分、切分多少,并没有定则,更多的是民间自生自发的行为。所谓不被第三方强制,也是相对于现代国家而言,相对于现代交易体系里的法律强制而言。在现代社会,国家意志的体现主要通过法制来实现,法律规范的背后是以一种强制力为后盾的。在传统社会,国家力量也存在,但这种力量更多的是为维护一定的统治秩序和社会秩序服务,其对经济领域的干预有限。后文对找价问题的分析显示,关于找价,官方律令也是有明确规定的——乾隆十八年定例对于绝卖后的找价行为是禁止的,但民间其实是

"我行我素""照找不顾"的。相关法令的出台,其直接动因是治安事件,其动机是为了维护社会秩序,减少治安事件,而不是对经济领域进行干预。尽管有时很难区分经济秩序和社会秩序,经济纠纷往往引发社会纠纷,但官方律令的出发点和意图却是明晰的——维稳重于发展。在土地交易过程中,"粮税过割"这一点,政府的行为同样显示,税收的目的大于产权界定和证明。

前面列举的各类地权和交易现象,权利切分与交换基于历史习俗等客观因素可以说是自然的、随机的;根据交易双方的主观需求可以说是自愿的、随(合)意的。

(二)灵活性

以往关于土地交易的研究,有许多是从契约的规范性和普遍性角度加以讨论,在此,我们只是突出了传统地权交易灵活性的方面。

从前文考察中可以看到,灵活性不仅体现在交易形式上,也体现在交易内容上;不仅体现在交易时间和交付时点的灵活上,也体现在交易机制的灵活上。交易的灵活性源于交易的自生性。由于各地交易自发生长,因而能够以灵活的方式满足各自的需求。按照官府规定,活卖一般应注明回赎年限,绝卖一般应书明"杜卖"之类字样。但在实际交易中,灵活得全然难以按此标准区分。我们前文列举的地契资料清楚显示:有些注明回赎,有些不注明。有些即使注明,还可灵活再约;有些名为杜卖,但契式上除了多了"杜卖"二字外,并没有太大差别;有些虽曰"杜卖",但还是发生了回赎;有些写明"找绝",但仍然一找再找。

所有发生的这些实际情况,我们不能以简单的"规范"(官府规定和理论推演)而将它们排除在研究视野之外,也不能贴上一具"特例"或"不按规矩办"便完事。传统社会为什么会出现这些现象?是让历史事实迁就理论规范,还是从历史事实中得出理论模式?本书列举的这些现象和案例,并非特例,也不是孤证。大规模发生的这些特例,这些现有理论和论述难以解释的材料,需要再研究,需要有新的理论视角加以解释,需要有新的观点作为补充或者替代。

(三)多样性

多样性不仅体现在交易类型的多样上,还反映在交易的组合化上。交易的多样性,同样源于交易的自生性。由于交易受的约束不多,自然随机发生,一定会呈现多种多样的形态。再者,交易是为了满足各自的需求,由于需求的多样化,满足需求的方式和形态自然也会呈现出多样性。自生性产生了灵活性,灵活性导致了多样性,多样性满足了农户多方面的需求。

传统地权交易灵活性与多样性,是建立在产权主体、交易主体需求的多样性,以及他们面对具体情境时协商的灵活性基础之上的。他们协商的成果、交易的结果凭证——地契,即使在没有官方认证的情况下,也是为交易各方所承认和接受的。一些极端的例子是,即便与官方律令有违,民间私下达成的协议也同样有效。这里的有效指能够得到遵循和执行。

传统社会——自由随意、松散自然①;土地交易——各式各样②,没有定则。这是笔者大量阅读过各地土地交易契约文书之后产生的印象。自由、自然、式样繁多,是不是意味着就毫无规律可循呢? 不是的。接下来,我们将讨论传统社会土地交易的地权构造和交易性质。

---

① 龙登高将之概括为"朴素的自由主义"。参见龙登高:《历史上中国民间经济的自由主义朴素传统》,《思想战线》,2012 年第 3 期。

② 龙登高较早提出了"多样化地权交易"的概念。参见龙登高:《11—19 世纪中国地权市场分析》,《中国农史》,1997 年第 3 期。

第四章 传统社会土地交易的性质

第一节 己有研究的解释困境

近年来,学界对传统社会土地交易的模式、类型、交易的性质作了富有成果的研究,其中一些非常具有解释力,大大拓展了人们对传统社会土地交易的认识。但也不可避免存在一些难题,因为任何抽象的概括都是对一些具体的细节进行舍象。我国幅员辽阔,历史丰富,不同地区的实践具有浓郁的地方特色,包括本书在内所作的理论总结也不免挂一漏万。以下仅从学术探讨的角度提出现有研究存在的解释困境。

一 难于解释田面田底各自独立交易

从前文对"传统社会土地交易的基本形式"的材料列举和讨论中,可以看到,几种主要的交易方式——租佃、典当、活卖、绝卖,其交易对象既有田底和田面一并交易的,也有田底、田面各自独立交易的。后面章节里我们还将专门讨论田面权－田底权的结构特征。同一块土地上有两种权利——田面权和田底权,各自独立交易,互相不受牵制和约束,所有权和物权理论该如何解释呢?

其一,按照所有权和物权理论,在土地交易中,所有权人之前即使出让了土地上多种多样的权利(诸如使用权、用益物权等),但只要保留了所有权(自物权),便仍处于支配性地位,可以对其它权利进行约束。"所有权"是个"框",只要所有权还没有转让,土地的主人便没有变。所有权交割是绝卖的标志。按此逻辑,田面权和田底权哪个是所有权呢?如果其中有一个是所有权,就会对其它权利形成约束,何以能各自独立交易呢?在传统社会的土地交易中,有哪项权利具有支配性地位呢?如果所有权交割后才算绝卖,该如何解释同一块土地上的田底、田面可以分别绝卖呢?这些问题,很自然地会将田面权－田底权推向两个所有权的理论。

其二,如若是两个所有权理论,按其内部概念体系,应如何安置使用权呢?该怎样解释"胎借""典大租""典田面""出顶"等现象?根据该理论逻辑,所有权转让了,便已绝卖,如果田底权和田面权都是所有权,田底权和田面权的各自交易便都会出现"绝卖",也就是在理论上要发生两次"绝卖"。

进一步,若按照"推收过割"乃"所有权"转让之标志的说法,田面权转让后是否也要"推收过割"呢,其所有权证在哪里?一块土地,政府会颁发两块所有权证吗?如何解释田面权和田底权交易后都存在不过割粮税的现象?田面权、田底权绝卖的标志在哪里?

另外,还有前面提到的近代的所有权概念是完整的和不容分割的法理困境。

二　难于解释共有现象及其交易

传统中国农村存在丰富多彩的共有现象，值得关注。例如：

束鹿县之习惯：

牌地

一村分别数牌，各牌有各牌之公地。一村之大者，按照村街段落划为区域，例如，杨家牌、刘家牌、张家牌等名是也，各牌办公之公地即指为牌地。（《民事习惯》：20）

高阳县习惯：

伙立卖契

兄弟分居之后，其有未劈分之地，仍应认为伙有，毫不容疑。惟商同伙卖，有仅立一契者，有各立各契者，习惯所为之手续各不相同，究以仅立一契较为简便。（《民事习惯》：18）

祭田之管理

习惯同族中之有祭田，即为同族中之公田，每届清明祭扫，由族人轮流管理，不许一二人擅行处分。

高淳县习惯：

共有权之关系

共有之物，一人不得专擅变更管理权，有由众公举者，亦有轮流者一人管理，其费用由公分担。倘共有物内有一人死亡，有承继者自可享继续共有之权利，无承继之人，其已死亡，之一部分可分配于各共有人。如内有要求分割或欲变卖者，必先商诸公共人归并之，若公共人不欲归并，始可另招买主与共有者合为一起。（《民事习惯》：201）

按照共有之逻辑以及以上一些地方习惯，公田公产本应集体共管，行使多数人的意志，或者委托一人代行所有权，但我们却看到，更多地方，对于公产公田的处理是灵活多样的。

下面是一些实际交易的地契，再后边是一些地方的民俗习惯。

嘉庆二十年侯官县孔传当山契

立当约侄孔传，承祖遗下有公山一所，坐落本县本地方，土名下界牌，其路上税山壹块，栽播猴树数拾株，又路下税山壹块，栽播六目树数株，又樟树数株，并加精树数株，杂木等，与叔宗辅宗揖公众领麓，传应三份之一，历掌无异。今因乏用，自情愿托中将此山内树木杂树，传自己壹份向到本房叔宗子处，三面言议，当出本制钱壹仟文正。面约每仟文透年行息加叁百文算，期至来年拾壹月内备本利钱一起送还，不得欠少。如是欠少，将所当之物听叔砍伐，开根变卖，侄不得执留。此山并未曾重张典当他人财帛。倘有来历不明，系侄出头承挡，不涉叔之事。叔侄允愿，各无反悔。今欲有凭，立当约一纸，付执为照。

嘉庆贰拾年拾贰月日

立当约侄孔传（花押）

在见叔宗辅（花押）

在见叔宗揖（花押）

中见同同（花押）

自笔〔花押〕

（《福建文书》:585）

嘉庆十五年侯官县孔存当田契

立当约侄孔存，承祖有公轮年田，根面俱全，坐产本县本都本地方,土名缎仔田,受种六斤。嘉庆十七年份系存当轮,自情愿将此当轮年份向到本厝叔宗子处,三面言议,当出本制钱叁千壹伍拾文正。期至来年十一月内备本利钱一起送还,不敢过期。如是过期、将以所当之田年份听从起佃耕作,抵还此钱,俚不得阻占之理,此田系存当轮年份,与房内伯叔兄弟无干。并无曾重张典当他人财帛。倘有来历不明,系存出头承挡,不涉叔之事。二家允愿,各无反悔。今欲有凭,立当约一纸为照。

嘉庆拾伍年十二月　　日　　　　　　立当约侄孔存(花押)

兄孔御(花押)

在见叔宗据(花押)

宗守(花押)

代字叔宗吕(花押)

(《福建文书》:583)

嘉庆二十一年侯官县宗楫当田契

立当约弟宗精,承祖遗下四房公轮民田根贰号,坐落侯邑二十三都汤院地方,土名旧铺前,受种叁亩零,年栽面租谷肆百捌拾斤正,纳在兄宗子处,又一号土名龙眼墩,受种叁亩零,根面俱全,内抽面租谷壹百斤,纳在弟宗田处。历年四房公轮,至于庚辰年系楫当收年份。今因乏用,自情愿将自己庚辰年份,托中向到本房兄宗子处,三面言议,当出本制钱叁仟文正,面约每仟文透年行利加叁百文算,期至来年十一月中旬备本利钱

一起送还,不得欠少。如是短少,将所当庚辰年份听兄起佃耕作纳租,楫不得阻占。此所当庚辰年份,系楫当收年份,与房内伯叔兄弟侄无干。并未曾典挂他人财帛。倘有来历不明,系楫出头抵挡,不涉兄之

事。两家允愿,各无反悔。今欲有凭,立当约一纸为照。

嘉庆贰拾壹年十二月　日　　　　　当约弟宗楫(花押)

在见弟宗幹(花押)

宗章(花押)

宗泳(花押)

中见兄宗据(花押)

代字侄孔传(花押)

(《福建文书》:586)

道光四年侯官县林朝旺当会钱契

立当约林朝旺,自己手有会壹场,会友共计十贰名,每名会资壹仟文。今因急用,托会都林光华向到汤院郑处,三面言议,当出本制钱捌千文正,面约每千文透年加叁算,其钱期至会季摇收之日,备本利钱一起送还,不得欠少。其会都旺当收之日,预先报知钱主通知。二家允愿,各无反悔。今欲有凭,立当约一纸为照。

道光肆年十一月　日　　　　　立当约林朝旺〔花押)

会都林光华(花押)

代字杨士立(花押)

(《福建文书》:588)

从这些所引地契中我们看到,交易中有"公轮年田",有"公轮祭田",也有"公山"。公轮年田里有"根面俱全"的,也有只为"田根"的,甚至还有会钱。按照所有权和物权理论,该如何解释呢?

从各地的民事习惯也可以看到,不同地区对共有财产的处理相差很大,交易方式相去甚远。共有财产的所有权人如何体现其支配地位呢?

遂昌县习惯： 变卖共有财产中应得之部分无须征共有者之同意

遂昌县田少山多，小康之家均置有山业，每有于分产之外，另抽山场一处，作为众产，载明分书，以遗子孙，使各按其应得股分收益。迨后子孙贫富不均，贫者将该众山按照自己股分出卖，富者虽不允在场同意，但以无损于自己股分为限，亦不阻其出卖。按：前项习惯系遂昌县公署程、温两会员所报告。据称，现行法例及判决例共有财产共有者相互间非得他共有人之同意，不得对该共有物内处分及变更之行为，人民每引此项判例告争，官厅亦依此项判例判决。如吴日初、吴日升、吴万龄兄弟三人因众山告争一案，吴万龄主张该山系作众之产业，并未立界拍分，伊兄弟二人虽卖自己股分，不征予之同意，卖契应作无效云云。后依判例判决，吴日初上诉，被上级审驳回，即其实例也。然前项习惯久为遂昌一般人民所通行，若限制众产应得股分之山业须经同意处分，则贫者实有困苦难言之状。窃谓修订法律时，对于处分共有产业。苟其产业之性质可以分割，且证明其为应得部分，而并以不侵害他部分为限，似宜量予变通也。（《民事习惯》：290—291）

建阳县习惯： 典卖不动产，于该不动产有共有权之关系者（如兄弟及祖父母、父母等），虽不主张典卖及分利，亦必于卖契内载明知契人某某字样，并各于名下画押，以示认其可出名；出卖之人则书立卖契人某某字样。（《民事习惯》：299）

变卖共有财产中应得之部分无须征得共有者之同意，对共有不动产进行典卖分利，体现了公有产权交易的灵活性和习惯的多样性。湖北省一些地方的民事习惯调查，更是呈现了对共有物处分多种多样的方式。例如，在麻城、郧县、汉阳三县，需要共有权人过半数同意，才可处分该物；在竹豀、五峰两县,需要以各共有权人全体同意为原则,如果遇到不能全体一致时,也要过半数同意,并且处分以不背离公共利益为限;兴山县必须得要各共有权人全体同意,始能处分共有物。正如当时的调查者所言,在所列各县习惯中,只有兴山一地与法理相合。(《民事习惯》:333)

公有或共有财产按照所有权和物权理论,自然要有一个所有权,它的存在制约了其他权能的行使。行使所有权必须得是所有人,即集体才行,哪怕是由集体公意委托一人,但实际情况却多种多样。这些多样化的地权交易,只要符合当地习惯,只要能为该地区或者拥有公产的人所接受,也就可以不在乎一个外在的理论了。其实,在这些民事习惯之前,在这些交易行为之中,本就不存在所有权和物权观念。我们今天的研究应当是从实践行为中抽象出理论,而不是用理论去框已有的历史实践。

三 难于解释活卖、绝卖的多样情况

主流观点认为,土地买卖决定性环节在"推收",推收过割是绝卖的标志,完成此环节,买主对所购买的土地才有合法的、完整的所有权。在此之前,无论土地怎么交易,原主都拥有所有权。

前文已经讨论了推收过割的实际意义,以及在交易实践中活卖与绝卖的关系。从实际交易中看不到,如果活卖与绝卖的区别在所有权,那么理论上所有权所应具备的权能在哪里? 也就是说,"框"在哪里?

在我们看来,这个所谓的所有权与交易中切分出来的其他权利没有质的区别,至少没有法定意义、理论赋予的那种所有权内涵。活卖与绝卖的区分也只在是否还有回赎权, 回赎权的对价不过是活卖与绝卖间的差价,也就是交易中买卖双方通过协商使原主愿意放弃回赎权的价格。必须关注到那些绝卖后仍不推收过割的情况,这些情况绝非特例。

我们注意到,传统社会诸多交易现象与今天有别,其中一个大的前提是官方的一些程序和行为,不是为了给各种交易划定界线、设定标准,而更多只是从统治的需要、官方的利益出发设定准绳。在此需要重申一下的是,在土地产权问题上,推收过割——并非出于官方要对交易和地权进行认证,而是出于收税的需要。

明代政府把推收过割税契的时间和编造黄册统一起来,"总合十年积算","递年置买产地,不论已收未收,总为新收"。①可以设想,在官府不推收过户的时间(中间长达十年之久),民间就不发生土地交易了吗?显然并非如此,事实表明,此段时间内,民间交易活跃,其做法是由实际管业的买主津贴粮差给卖主输纳。也就是说,在这段时期内,尽管没有官府的认证,民间交易也是频繁和有序的。

到了清代,为了适应活卖与绝卖分离的趋势,虽然在法律上明确了活卖与绝卖的区别,官府推广使用活卖文契和绝卖文契,但民间并非全按官府要求办。民间出现的两类典型事例可以说明:一是没有加盖官印的"白契"的流行;②二是"找价"这一屡为官府禁止的行为蔚然成风。③

正如何炳棣的研究揭示,"丁"的概念并非官府对人口统计感兴趣,其目的意在征税。④官府编造的黄册系统也非其对土地登记感兴趣,这样做的目的在于征税。没有证据表明官府的土地登记是为了对产权进行认证,从而为了方便土地交易。相反的证据是,民间的土地交易常常不走官府设定的程序。即便走程序,也常常出于应付,频繁出现"偷工减料""偷税漏税"的

---

① 杨国桢:《明清土地契约文书研究》,中国人民大学出版社,2009 年,第 21 页。

② 参见任志强:《宋以降白契现象研究》,《前沿》,2011 第 22 期。

③ 详细内容参见后文关于"找价"的讨论。

④ 参见[美]何炳棣:《明初以降人口及其相关问题 1368—1953》,葛剑雄译,生活·读书·新知三联书店,2000 年。

情况。①

这样也就不难解释,虽然今天也有许多"非法"交易、"地下经济",但与传统社会的交易现象却是有别的。

第二节　地权构造与交易性质

以今天的视角考察历史现象,难免要将从历史材料中获得的认识对照于现今的观念,难免不用一种今天的理论意识去阐述过去的现象。毕竟过去了的都已成为历史,而多数研究是建立在对已经发生事物的考察上,只是时间跨度有长有短而已。如果一定要以一种今天的理论来阐述我们对于传统社会土地交易的认识,我们认为,传统社会的"地权"观念接近于一种"产权"观。以下为笔者尝试所做的一些不很成熟的探讨。

一　模型

(一)地权模型

笔者尝试用集合来表示所理解的地权模型:

设:B 为权利束(Bundle of Rights),$b_1, b_2, \cdots, b_n$ 为权利支(right branches),$B_1, \cdots B_k \cdots B_n$ 为权利束里不同的权利支凝聚在一起的子权利束。具体情况由交易时双方自主商定,大小随契。

---

① 这样的材料和例子数不胜数,例如周景和卖地契、瞿孔氏等卖田契(参见《清代上海房地契档案汇编》第 59、281 页)。

则有：

B={b_1,b_2,⋯,b_n}

或者 B= {B_1,⋯B_k⋯B_n}

例如：

B={(b_1,b_2,b_3),(b_4,b_5,b_6),b_{k+1},b_{k+2},⋯,b_n}

B_1=b_1,b_2,b_3　　B_k=b_k,b_{k+1},b_{k+2}

(二)交易模型

这里的模型主要通过示意方式阐明交易方式、内容与对象之间的关系（如表 4.1）。

表 4.1　传统社会土地交易方式、内容与对象之间的关系

交易方式	交易内容	交易对象
租佃	权利支……	
押租	权利支……	土地
活卖	权利支……	（田、土、山、塘、宅基地等）
典当	权利支……	
绝卖	权利支……	

注：权利束——大小随双方议定；权利支——自由切分与交换。

二　表达

(一)权利支不确定属性

1. 自由切分，无需法定

例如：许多地方关于"灌溉""过水"的权利，全由习俗规定，或由交易时契约界定，并无一定之法。

还如：关于山林里的采摘、砍伐，听凭各地习俗或事先约定。

再如："水分与鱼分""塘水与塘底"权利的划分，也不需要一个明确的法律指导。

2. 任意抽取，没有理论

例如：在有关土地的典当交易中，是否需要交付管业，由谁耕种，任由交易双方根据实际需求而定，没有理论，没有一成不变的样板。

还如："划除坟地""阴地保留"的做法，恐怕难以找到相应的理论。

再如："找价"与"回赎"权利的设定，在现有理论里也找不到答案。

(二)权利束无固定结构

1. 自由组合，不受限制

例如：通过典大租和佃田面，将土地上的权利重新组合，并没一定的限制。

2. 随意搭配，并无定则

例如：土地交易中，地＋用水、地＋粮税、地＋其它，这些不同权利的搭配，并没有一定的法则。

总体上，我们的框架呈现这样一些可能和状况：在传统社会的土地交易中，土地权利束在结构上，有可能偶然地符合了某种法律规定或者法理上的结构，但却并不必然如此，也不受其约束；土地权利支在属性上，有可能偶然地显示了是某一类型的权利，但却并不必然要这样，其属性也不是固定的，而是由交易双方的意志决定的。

(三)与现有理论的比较

现有研究中，已有专家学者运用"权利束"理论探讨地权问题。但基本上是在所有权或物权体系的架构内进行——其内在结构没有变，权利支的属性及来源大致一样。在此，我们不妨称之为结构说与定性观。下面，我们摘取已有研究的图示与笔者的"无定构不定性观"作一比较。

1. 结构说与定性观

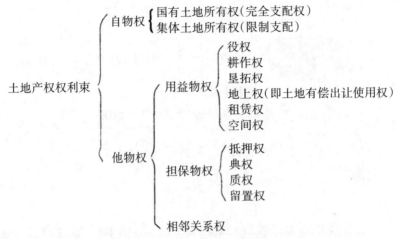

图 4.1(a) "权利束"结构说与定性观

资料来源:沈守愚:《从物权理论析土地产权权利束的研究报告》,《中国土地科学》,1996 年第 1 期。

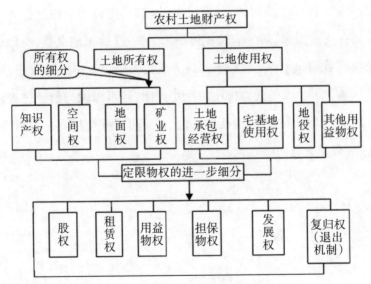

图4.1(b) "权利束"结构说与定性观

资料来源:李胜兰、于凤瑞:《农民财产权收入的土地财产权结构新探——权利束的法经济学观点》,《广东商学院学报》,2011 年第 4 期。

2. 无定构不定性观

根据前文论述,我们的观点可以用如下结构图表示:

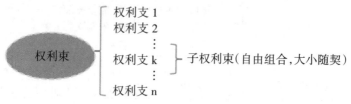

图4.2 "权利束"无定构不定性观

三 比喻

用形象的比喻来表达,权利束类似于一把筷子、一捆柴草或一堆马铃薯。权利支之间内在并不存在什么结构,它们之间是零散凑在一起的,而非各就各位整合在一起。用政治学术语来说,它们是"集合体",而不是"共同体",更不是"国家"("共同体"具有公共的意志,里面的个体是作为整体的一部分而存在;"国家"是一套法权体系)。每一次的土地交易,类似于从中抽出一根或数根筷子(柴草),拿出一个或数个土豆……更细致些,或者说类似于从一个大面团里任意捏出一个小面团,还可以说类似于过去到农村集市上买卖猪肉,任意切出需要的一块,甚至可以肥瘦搭配,一块猪肉搭上一些杂碎(有如交易的组合化)。

第五章　地权机制与地价构成

第一节　田面权与田底权①: 中国特色的地权机制

一　已有研究对田面权与田底权的认识

　　学界注意到, 自傅衣凌发表《清代永安农村赔田约的研究》以来, "中国传统乡村特殊的地权形态因此而进入人们的视野, 并引发长久的讨论与争鸣"②。"一田二主"——田面权与田底权的分立, 长期成为研究中国土地制

---

　　① "田面""田底"是惯用和宽泛的表达, 当然不只是田, 还包括山、塘等。学界已有研究成果中, 针对田面权相对讨论得比较多, 田底权只是顺及带过, 研究还待深入。笔者认为, 田面权与田底权是一个硬币的两面, 二者的分离发生于同一历史过程, 因而需要结合起来考察。在表述方式上, 一方面, 沿用已有的"田面权""田底权"称谓; 另一方面, 将二者统合在一起为田面权–田底权, 以便于强调二者形成的结构以及作为一个整体所发挥的功能。

　　② 曹树基:《传统中国乡村地权变动的一般理论》,《学术月刊》,2012 年第 12 期。

度学者关注的焦点,人们对其评价有否定的也有肯定的,例如:有的认为"一田两主"是"最凶恶、最苛重"的剥削,[①]"田面权的主要方面仍是有利于地主对佃农的剥削"[②];有的认为"一田两主"有着特殊的功能和作用。[③]新近有了不少新的研究和认识,但关于田面权、田底权的议题仍集中于"永佃制是否等于一田二主制"[④]、"永佃制是加重还是减轻了封建剥削"[⑤]、"田面权的性质"[⑥]等方面。

关于永佃与田面权的关系,学界讨论多从学理方面与杨国桢先生商榷,基于详细材料的论述并不多见。对此问题张佩国作了较为中肯的综述,[⑦]本书不再赘述。但有两个问题,笔者以为需予重视:一是概念问题很重要;二是永佃与田面权的同与不同,不仅要作学理剖析,更需从历史材料着手加以分析。关于永佃制是加重还是减轻了剥削,有待作更细致的计量研究。关于田面权、田底权的性质,主要有下面几种观点:分割所有权说、两个所有权说、所有权-使用权说、物权说、金融说。本书接下来对此作些讨论。

(一)分割所有权说

戴炎辉在《中国法制史》第五篇"财产法史"第一部"物权法史"第二章"不动产物权"中的第四节"分割所有权(大小租、田骨皮)"以及第六节"永

---

① 参见彭超:《论徽州永佃权和"一田二主"》,《安徽史学》,1985 年第 4 期;董蔡时:《永佃制研究》,《苏州大学学报》,1995 年第 2 期。

② 刘和惠:《清代徽州田面权考察——兼论田面权的性质》,《安徽史学》,1984 年第 5 期。

③ 参见樊树志:《明清租佃契约关系的发展——关于土地所有权分割的考察》,《复旦学报》(社会科学版),1983 年第 1 期;黄宗智:《长江三角洲小农家庭与乡村发展》,中华书局,1992 年;江太新:《明清时期土地股份所有制萌生及其对地权的分割》,《中国经济史研究》,2002 年第 3 期。

④ 杨国桢:《明清土地契约文书研究》,中国人民大学出版社,2009 年;梁治平:《清代习惯法:社会与国家》,中国政法大学出版社,1996 年。

⑤ 慈鸿飞:《民国江南永佃制新探》,《中国经济史研究》,2006 年第 3 期。

⑥ 赵冈:《论"一田两主"》,《中国社会经济史研究》,2007 年第 1 期。

⑦ 张佩国:《近代江南乡村地权的历史人类学研究》,上海人民出版社,2002 年。

佃权"中论述道:"'业'系具体的以土地使用收益为内容的权利,一地得有两主,这即是所谓'分割所有权'。……下层业(主)称为田骨(主),上层业(主)称为田皮(主)。……小租权起源于永佃权,永佃权人,因沿革上各种原因,被认为业主(所有权人),虽名为永佃,但论其实质,已是所有权(一田两主)。"①

(二)两个(种)所有权说

魏安国在《清代华南地区"一田两主"的土地占有制》一文中认为,"'一田两主'制是同一块土地允许有两个或两个以上的'所有权'"②。张晋藩在《清朝法制史》中提出"田骨与田皮两种所有权"③之说,另在《清代民法综论》一书中认为:"一田二主的出现及其扩展,使得封建的租佃关系复杂化了,原有田主的所有权不断地弱化,造成了前所未有的土地所有权转移的复杂性。"④两个(种)所有权说,不只现在有,民国时期此种认识也较为普遍。例如,民国时的民事习惯调查者便认为,有些地方同一土地上得有两个所有权。

> 南平县习惯:两个所有权。南平习惯于同一土地上得有两个所有权:一曰苗田所有权,一曰税田所有权,(顺昌、建瓯等县称骨田、皮田)。此二个所有权可以单独买卖、让与、继续。例如,甲之田年可收谷百石,招乙承佃,乙因勤劳农事,不惜工料,致其田年可收谷百五十石,则此多获之五十石即为乙之所有权,曰税田。甲原有之田,称为苗田,其粮税归有苗田者纳之。(《民事习惯》:297)

---

① 戴炎辉:《中国法制史》,三民书局,1966年,第301~307页。
② 魏安国:《清代华南地区"一田两主"的土地占有制》,《广州研究》,1982年第3期。
③ 张晋藩:《清朝法制史》,法律出版社,1994年,第366页。
④ 张晋藩:《清代民法综论》,中国政法大学出版社,1998年,第117页。

景宁县习惯：田亩有田骨、田皮两种所有权。田骨所有人有收租之权利，负纳税之义务；田皮所有人有耕种之权利，负纳租之义务。（《民事习惯》：281）

（三）所有权－使用权说

此说在当前较为流行。例如，童光政在《"一田两主"的地权结构分析及其改造利用》一文中认为："所谓'一田两主'是指同一土地的所有权与经营权分离，并存两个永久的独立地权，分属两人享有。我认为，这一定义不仅符合历史事实的本来面目，而且符合财产所有和财产利用的分离是不可避免的社会经济运行的规律。"[1]

（四）物权说

仁井田陞在《明清时代的一田两主习惯及其成立》一文中认为："把同一块地分为上下两层，上地（称田皮、田面等）与底地（称为田根、田骨等）分属不同人所有，这种习惯上的权利关系就是'一田两主'。田面权（上地上的权利）与田底权（底地上的权利）并列，也是一个永久性的独立物权。"[2]

（五）金融说

费孝通在《江村经济》中提到田骨的"金融工具"属性；[3]黄宗智觉得田骨像股票与债券；[4]赵冈认为"一田二主"起源于土地抵押贷款，基本性质是借贷关系，田骨交易更像是"西方国家中房户土地买卖中的 mortgage（抵押

---

① 童光政：《"一田两主"的地权结构分析及其改造利用》，《北方法学》，2007 年第 2 期。

② ［日］仁井田陞：《明清时代的一田两主习惯及其成立》，载《日本学者研究中国史论著选译（第 8 卷）》，中华书局，1992 年。

③ 费孝通：《江村经济：中国农民的生活》，戴可景译，江苏人民出版社，1986 年。

④ 黄宗智：《长江三角洲小农家庭与乡村发展》，中华书局，1992 年。

贷款)"①。

(六)简要评述

关于田面–田底的上述论说,存在以下难题:

1. 分割所有权说。对这种观点的批评,主要来自"西学"运用于"本土"的适用性质疑。笔者认为,梁治平的评论比较中肯,他认为:"无论是说'分割所有权'还是'部分所有权',用来指称'一田两主'都可能造成歧义。前者很容易让人联想到欧洲中世纪的分割所有权或双重所有权,此二者表面的相似更使这种借用貌似有理。后一种提法令人迷惑。近代的所有权概念是完整的和不容分割的,如何去想象'部分的所有权'或同一物上的两个所有权?即使不考虑这种情况,所有权概念告诉我们的东西似乎太少了(恰因为这个概念'太大了')。"②

2. 两个(种)所有权说。在现有理论框架下,两个(种)所有权说显然不合理论及所有权定义。不论在哪种理论学说或现实法律体系中,所有权只能有一个。在大陆法系中,所有权是核心,具有至高无上的地位,犹如私人领域里的"主权"不容分割。在英美法系中,所有权运用较为宽泛,但对于不同的权利类型,其主体是有不同具体称谓的,唯独没有两个所有权的说法。③

---

① 赵冈:《论"一田两主"》,《中国社会经济史研究》,2007年第1期。

② 梁治平:《清代习惯法:社会与国家》,中国政法大学出版社,1996年,第90~91页。

③ 英美信托双重财产权通常被国内法学界译为"双重所有权"。新近研究表明,这种译法在中文名称上虽然与大陆法所有权概念相同,但具体涵义却有很大差别。英美信托财产上的"双重所有权",无论是受托人的所有权,还是受益人的所有权,都是以用益制时期出让人的地产权为基础的。英美信托财产"双重所有权"的产生,渊源于地产权的功能分割。后通过大法官对受益权的改造,把受益权变成了一种兼有"债权"性质的衡平法上的财产权,将雏形时期的地产权分割发展成为信托财产上的"双重所有权"。所以英美信托财产的"双重所有权",虽有"所有权"的中文译名,但实际上是地产权分割后的进一步发展,其涵义更接近地产权概念而不是大陆法系的所有权概念,带有鲜明的地产权特性。正是由于英美信托财产权的这种地产权特性,决定了信托财产"双重所有权"与大陆法"所有权"概念的冲突。(参见李培锋:《英美信托财产权难以融入大陆法物权体系的根源》,《环球法律评论》,2009年第5期。)

3. 所有权–使用权说。如果田面–田底对应的为所有权 – 使用权,按此逻辑,只要出现租佃制,便有了"一田二主"。缘何即便持此说的学者,亦考证出"一田二主"的萌芽在宋元时期? 这与历史事实不符,亦难自圆其说。再者,如果是所有权–使用权,也就称不上什么特别之处了——世界各地出现租佃制,发生所有权与使用权分离的现象很多,何独我们才有"一田二主"呢?

4. 物权说。物权最基本的原则是"一物一权"和"物权法定"[①],"一田二主"违背"一物一权"原则,中国传统社会自发生长的权利秩序与"物权法定"相去甚远。另外,从法律的概念体系出发,如果认定具有"所有权"或"物权"性质,需要一整套的制度基础和法律设施加以支撑,中国传统社会显然缺乏这样一套完整的法律设施和制度体系。[②]大陆法系财产权制度在罗马法中已取得较为固定的形式,并经德国民法典的发展而臻于完善,罗马私法的出发点在于,法律秩序必须向个人提供通过诉讼的方法而使他的诉讼要求得以实现的可能性。[③]而明清时期的中国并没有支撑足以称为"土地所有权"的特定制度基础存在,无论国家还是社会之中,都找不到离开事实上的领有关系而证实抽象的权原存在和保护其存在的所谓"土地所有权制度"[④]。

(5)金融说。从金融视角观之,"一田二主"现象及其运转的确承担了一

---

① 近代以降,物权法实行"一物一权主义",并被当作物权法的基本原则之一。这一原则被认为既不单纯是物权法的历史发展的产物,也不是学说理论进行纯粹的逻辑推演的结果,而是近现代所有权具有商品性、交易性的必然归结和当然结果。同样,作为物权法的一项基本原则,"物权法定主义"("类型强制""类型固定")在物权法的结构体系中居于枢纽地位。从理论上讲,物权的绝对性和直接支配性等方面要求实行物权法定主义;实践中,近现代大陆法系各国及地区民法均明确规定:物权的创设,以采取法定主义为基本原则。(梁慧星、陈华彬:《物权法》,法律出版社,2010 年,第 66~67 页。)

② 吴向红:《典之风俗与典之法律》,法律出版社,2009 年,第 4 页。

③ 参见马俊驹、梅夏英:《财产权制度的历史评析和现实思考》,《中国社会科学》,1999 年第 1 期。

④ [日]寺田浩明:《权利与冤抑——清代听讼和民众的民事法秩序》,载王亚新、梁治平编:《民清时期的民事审判与民间契约》,法律出版社,1998 年,第 198 页。

定的金融功能,具有金融属性,但将之等同于抵押贷款(Mortgage)还是有些欠妥,与田面–田底实际发生及运作不符。将"一田二主"仅定位于借贷关系,也不免片面。

总结已有论说,存在一些共同点:一是在考证分析时以前人的论述作为论据居多,相对缺乏以实际案例和原始地契为基础的考察。二是将中国传统社会的地权现象,对应于西方已有学说或历史加以表述,这样有助于用已有学理讨论历史现象,有助于通过类比的方法介绍和理解传统社会经济现象,但不可避免会产生或多或少的解释困境。圆满解释历史上的地权现象,在深入细致的研究方面仍有很大空间。

二　田面权–田底权的历史起源:微观考察

在前文"权利自由切分与交换"部分,基于具体的材料,我们已讨论田面权–田底权分离的起因——历史原因和实际需求。下文关于"粪土银"与"灰肥田"部分内容对此还将深入探讨,这里仅作些总结和概括。

农业生产客观上需要农户细致的工本投入,一方面是因天时的人力投入,另一方面是因地利的长期投资。在租佃制下,这些投入需要有相应的制度保障和激励,才能促进佃农积极作为。所有制度方面的安排无非是要围绕产权来进行,主要有三种:一是粪土银,即如果土地交回地主的话,佃农可要求对佃耕过程中投入的工本进行补偿;二是灰肥田,即获得永久耕作的权利,在佃权保障的情况下,佃农获得了某种意义的土地产权,其中也就包含了由佃耕过程中投入工本所带来的土地增值;三是田面权,即获得对佃权的自由支配以及流转的权利。

从纯理论角度看,这三种制度安排是并列且可以相互替代的。但只有田面权最灵活,在现实中最便于操作。首先,当退回地主时,粪土银的价格难以谈拢和确认,一则因为定价困难,二则由于在只能退还地主的情况下没有竞争。其次,在享有永佃权的情况下,虽然能保证长期经营和耕作,但却比较呆板,不能适应由人口变动所产生的人地比例变化的实际情况,尤其是经过数代更替,经营能力发生变化是大概率的,如此固守着永久的佃权,并非佃农的需要,也非其利益所在。最后,只有田面权是最完满的,它涵盖了前面两种选择,同时发展出了新的可能:当佃农有经营能力并且想要时,他(她)可以自主保留佃权,自主安排生产,进行长期投资;当佃农由于客观条件发生改变,不再需要继续耕种时,他(她)可以自主选择交易对象进行转让,也就是说,他(她)可以退还给原先的地主,也可以转佃给其他有经营能力的人,还可以将田面权出卖,获得之前的投资以及增值了的土地收益。因为有了自主选择,所以潜在的交易对手是多元的,也就有了竞争的可能,在此前提下,能够产生出让方合意的价格。

三 田面权-田底权的经济逻辑:宏观视角

关于"一田二主"、田面权-田底权的发端,学界的考察有"宋元时期萌芽说"[1],也有"明代萌芽说"[2]。但此二说,目前还只是根据零星记载或个别词句推断,尚无一定的原始地契作验证。例如,仁井田陞提到,南宋人刘后村的文集中,有江西(浔阳)地方买卖地骨的记录,"显示当时可能已把相当于底地的田骨与田皮分别处分了"[3]。刘和惠、张爱琴也只"说是'迹象'、'萌芽',因为从严格意义讲,还不能完全证明明代初期徽州已经出现了永佃制,尚未发现明初的单独田面买卖契约。单独的田面权交易,只在明后期发现

---

①③ [日]仁井田陞:《明清时代的一田两主习惯及其成立》,载《日本学者研究中国史论著选译(第8卷)》,中华书局,1992年,第411页。

② 刘和惠、张爱琴:《明代徽州田契研究》,《历史研究》,1983年第5期。

一例"①。即便这一例也是根据个别字句"粪草纹银"作推断。杨国桢认为,从永佃权转化为"一田两主"发生在明中叶。最早的文献记载见正德《江阴县志》,同时引用了明代嘉靖年间的《龙岩县志》和《龙溪县志》关于"粪土银"的记载。地契方面引万历年间的一则"赔契"和一则"典契",根据其中"反映的地权转移行为"估计。②上述学者对"一田二主"现象的考察重心放在"最早""萌芽""迹象"上。本书感兴趣的是田面权-田底权现象大规模发生在什么时候。

从现有资料看,成系统的地契或者说有一定数量的田面权买卖案例出现在乾隆以后。例如,现已出版的徽州契约文书资料显示,正式出现卖田皮契("小买批/契")是在雍正十二年(一件);乾隆年间有两件,一件发生在乾隆四十六年,一件发生在乾隆六十年。虽说太平天国以后,由于"原业抛荒—外乡人复垦—原业主回乡"等原因,一度使田面权-田底权现象活跃于江南各地,现存资料及已有研究揭示,在此之前,"一田二主"现象已相当普遍了。③

我们将要探讨的问题是:为什么田面权-田底权现象会大规模发生在乾隆以后的年间?康熙、雍正、乾隆朝以来,经济社会发生了哪些大的变化?哪些宏观性的因素促使了田面权-田底权现象历史性大规模出现?由此,本书对田面权-田底权形成的宏观背景考察,历史时期定位在乾隆朝前后。具体操作上,我们将这个时间段放在学术界讨论较多的十八世纪,④相当于从清康熙四十年(1701)至嘉庆五年(1800),即过去史家所谓的康乾盛世时期。考虑到研究工作时间的紧迫性,以及地契资料的可获得性,笔者将讨论的地

---

① 刘和惠、张爱琴:《明代徽州田契研究》,《历史研究》,1983 年第 5 期。

② 参见杨国桢:《明清土地契约文书研究》,中国人民大学出版社,2009 年,第 77 页。

③ 参见方行、经君健、魏金玉:《中国经济通史·清代经济卷(下)》,中国社会科学出版社,2007 年,第 1047 页。

④ 关于十八世纪,不同研究者时间定位有些不同,如韩书瑞(Naquin,Susan)、罗友枝(Rawski, Evelyn Sakakida)所著《十八世纪中国社会》(江苏人民出版社,2009 年)一书,便将范围设定为清前期和清中期(1680—1820)。

域范围限定在"一田二主"现象活跃的福建、浙江、江苏和安徽(徽州)。

(一)田面权–田底权形成背景

　　戴逸曾经在《十八世纪中国的成就、局限与时代特征》中谈到,十八世纪的中国人口大大超过历史上任何朝代,在有清一代农具(如犁、锄、耙、水车等)并无显著的改进,耕作技术亦无重大突破的情况下,何以能养活三四亿人口? 他列举了四方面的原因:一是清朝实行轻徭薄赋与民休息的政策;二是清朝很重视水利工程,改善了灌溉条件;三是耕地面积增加,边疆地区开发垦荒,人口增长,投入劳动力多,收获量总会增多一些;四是大量推白薯、玉米等高产作物。[①]德怀特·H.珀金斯在《中国农业的发展(1368—1968)》中对于如何养活不断增长的人口也作了分析,他认为,在 1400 年至 1957 年中国人口增长了十倍而耕地面积只增长了四倍左右的情况下,仅有耕地面积的增加不足以满足巨大的粮食消费,在增加的粮食产量中只有大约一半来自耕地面积的增加,其余应归因于单位土地粮食产量增长了 100%。[②]王业键在《清代田赋刍论(1750—1911)》中进一步认为:"在过去的几个世纪里,中国生产的增长主要由于人口和耕地面积的增加,资本投入只起很小的作用,技术改进的作用是微不足道的。"[③]关于十八世纪粮食大量增长的原因,已有研究从人口、技术、政策等方面作了大量探讨,本书从制度层面作分析,认为由制度创新[④]带来农地投资的增加是其中重要因素。我们关于田底权–田面权的探讨,也置入这个大的时代背景,试图从中找寻经济逻辑。

　　首先,让我们考察一下那个时期的经济社会发展状况,这将有助于理

---

①　参见戴逸:《十八世纪中国的成就、局限与时代特征》,《清史研究》,1993 年第 1 期。

②　[美]德怀特·H.珀金斯:《中国农业的发展(1368—1968)》,宋海文等译,上海译文出版社,1984 年。

③　王业键:《清代田赋刍论(1750—1911)》,人民出版社,2008 年,第 7 页。

④　制度创新不仅指一项新制度的出现,还包括制度的大规模扩展和深化。

解田面权 – 田底权出现的内在逻辑,看看那个时代,经济社会发展面临什么样的矛盾? 进一步发展生产需要解决的瓶颈是什么? 从社会自发的角度看,那个时代产生了什么样的机制以应对矛盾?

1. 人地矛盾突出

先看一组数据:

表 5.1a　1700—1800 年中国的人口与耕地

Year (1)	Population (millions) (2)	Cultivated land (million shih mou) (3)	Estimates of grain yields (catties per mou) (4)
1400	65–80	370	139
1600	120–200	670^a	–
1650	100–150	600^b	–
1685	–	740	–
1750	200–250	900^c	–
1770	270	950	203
1850	410	1,210^d	243
1873	350	1,210	
1893	385	1,240	
1913	430	1,360	
1933	503	1,534^e	242
1957	647	1,678	276

资料来源:Yeh-chien Wang, Land Taxation in Imperial China, 1750–1911. p.7

表 5.1b　1700—1800 年中国的人口与耕地

年	人口 (百万)	耕地 (清亩万)	耕地 (市亩万)	人均耕地亩数	
				清　亩	市　亩
1700	112	59,864	55,471	5.35	4.93
1750	179.5	91,902	84,697	5.12	4.72
1800	295	113,076	104,210	3.83	3.53

资料来源:刘瑞中:《十八世纪中国人均国民收入估计及其与英国的比较》,《中国经济史研究》,1987 年第 3 期。

以上数据的基础来源大都出自官方资料,如清朝的实录、会典等,各家根据已有研究和自己的估计作了调整。何炳棣在《明初以降人口及其相关问题 1368—1953》中分析认为,没有理由不相信官方的人口和田亩数字。[1]

---

[1]　参见[美]何炳棣:《明初以降人口及其相关问题 1368—1953》,葛剑雄译,生活·读书·新知三联书店,2000 年。

因此,尽管各家的估算有出入,但大体趋势还是明了和一致的。从这些已有研究中,我们看到,在乾隆朝前后,一是人口数量大幅度增加;二是耕地面积也有较大幅度增长;三是耕地面积的增长速度跟不上人口数量的增长速度;四是在农业技术突破不多的情况下,人地矛盾前所未有。

地域比较进一步显示,在田面权–田底权活跃的地区,如福建、徽州等地,人地矛盾更加突出。[①]

另外,笔者发现,《明清徽州社会经济资料丛编(第一集)》收录的这批原始地契[②],显示出相当有趣且富有启发的一个现象:契约文书中注明的土地买卖原因大致有两类,一类是出于管理上的需要,如"管业不便"等;一类是出于资金上的需要,如"急需""欠用"等。前一类,卖方的出售行为是主动的、有意的;后一类,可以说是被动的,甚至是无奈的。前一类在乾隆四十九年之前出现得较为频繁,而在这个时间之后,便近乎绝迹了——至少这批文书中其后竟然一件都没有了(见表 5.2,详细情况参见《明清徽州社会经济资料丛编(第一集)》)。该表反映了人地矛盾的展现过程,以及通过交易对人地矛盾的调节——数量和空间配置。

表 5.2　按时段统计的因"管业不便"卖田契约件数

时段(每二十年)	因"管业不便"卖田的契约数(件)
康熙元年至康熙二十年(1662—1681)	6
康熙二十一年至康熙四十年(1682—1701)	5
康熙四十一年至康熙六十年(1702—1721)	2
康熙六十一年至乾隆六年(1722—1741)	8
乾隆七年至乾隆二十六年(1742—1761)	3
乾隆二十七年至乾隆四十九年(1762—1784)	2
乾隆五十年(1785)之后	0

资料来源:根据《明清徽州社会经济资料丛编(第一集)》整理

---

① 详见梁方仲:《中国历代户口、田地、田赋统计》,上海人民出版社,1980年,第388~400页。

② 留存下来,呈现在读者面前的这一批,可以说是随机的了。

在某一时期前后出现如此悬殊、泾渭分明的现象,应该是值得深入探究的。这里边固然会有文书形式化、刻板化的因素,但就后一类卖地原因并没有完全统一,而是形式多样、事出多因这一点足以说明,该时期前后,人们对于土地的一种态度,以及客观上土地的配置和流转情况。

笔者倾向于作如下解释:首先,乾隆四十九年之前,新垦土地多,每户人家可支配的土地多、面积广,因而容易出现"管业不便";其次,在土地众多、劳动力有限的情况下,土地所有者为了更好地耕作生产,需要对土地等资源进行优化配置,使人-地不仅在数量上,而且在空间上协调;最后,在人均占有耕地较多的情况下,出卖土地是一件主动自愿、心甘情愿的事情,甚至是调节生产的一种内在需求。然而当人-地在数量和空间上变动到一定程度时,以上背景和条件发生了变化。在人多地少,人们格外珍惜土地的情况下,对卖方来说,出售土地更多变成了被动行为。尽管这种被动也是对外界的一种反应,也是根据变化了的客观情况所作的一种调整,但其反映的形势和境况却已发生了改变。

2. 财地矛盾凸显

随着社会生产的发展,财富在不断增长。新创造的财富如谷物粮食等,一方面具有社会的有用性,另一方面具有保存的时效性特点。如何将社会剩余"沉淀"并"累积"? 这不仅是拥有财物并着眼未来的人们考虑的问题,也是社会发展需要解决的技术问题。也就是说,财富需要找到一个"锚",需要有一种通用的形式。它所采取的形式不仅要能为现世的人们普遍接受,还要为来世的人们所继续承认。它不仅要能在空间上流转,也要能在时间里流淌。能满足这种既动且静的流通性需要,除了天然的金银外,最适合且常见的莫过于土地了。土地的"动"体现在地权的交易流转,土地的"静"体现在不动产的永久性上。与其他通货相比,土地还有两个优点:一是所谓"不忧水火盗贼",搬不动、挪不走,可传之久远;二是所谓"田之一物百年十年常新"①,不仅体现在土地本身常耕常新,还体现在土地能够长出新的有用性财富。正由于此,古人常谓"凡置产业,自当以田地为上"②。

根据已有研究及材料,我们可大致得到以下两个估计:其一,随着人口、耕地、农业产出的增长,整个社会的经济水平有了较大幅度提高。其二,人均收入水平提升,社会剩余增加,社会财富积累加快。

传统社会以农业为主,其它产业发育不全,加上银行业不发达,投资渠道非常有限。社会积累的财富只能朝向土地,追逐土地。财富追逐土地,除了投资渠道受限等客观因素,还有当时人们主观偏好方面的原因,即对土地的偏爱。这里讲对土地偏爱,其实在历史上,不仅中国人偏爱,外国人也偏爱。"土地在英国的财产法中占有重要地位,几个世纪以来,土地一直是财富的主要形式。"③在此强调一下,还有另外几个因素促使历史上国人对土地的热爱:一是传统社会"以农为本""重农抑商"的思想和政策,不仅统治者,普通百姓也重视农业生产,而土地是最基本也是最重要的生产资料;二是土地资源的有限性,无论自然供给还是社会供给都存在"刚性",尤其在社会承平既久、人地矛盾突出的年代,对土地偏爱更加明显;三是中国历史上相当长时期出现"银荒",存在通货供给不足的状况,在此情况下,人们将目光投向土地,财富以土地为"锚",寻找"着落",是再自然不过的了。

在以上因素作用下,土地——社会厚之,人人趋之,遂成常态。

(二)双重矛盾下的历史"出口"

1. 理论出口

当社会都趋向土地的时候,在土地有限以及以农业生产为主的约束条

---

① 张英:《恒产琐言》卷 3。
② 钱泳:《履园丛话》卷 7。
③ [英]劳森、冉得:《英美财产法的几个基本概念》,曹培编译,《太平洋学报》,2007 年第 10 期。

件下,必然导致人地矛盾和财地矛盾。

理论上——

(一)人地矛盾的出口无非以下几种:

Ⅰa 买入土地,自己耕种

Ⅰb 租借土地,租佃耕种

Ⅰc 买入田面,永久耕种

(二)财地矛盾的出口主要有:

Ⅱa 买入土地,雇工经营

Ⅱb 买入土地,租佃经营

Ⅱc 买入田底,收取地租

逻辑上——

(一)无论是为解决生产(劳动力与土地结合)的矛盾,还是为解决财富增长(保值增值)的矛盾,运用买入土地的方式(Ⅰa、Ⅱa),都必然进一步加剧矛盾——人地矛盾、财地矛盾。

(二)通过租佃的方式(Ⅰb、Ⅱb),能够让需要土地生产的农户和需要土地维护财富的农户各得其所、互利互补。

(三)田底和田面分离,生产需求型农户买入田面(Ⅰc),资产需求型农户买入田底(Ⅱc),则具有更多的选择范围和更强的流动性。与(二)租佃相比,不需要一一配对,而可以通过自由交易灵活实现。

以上是理论推演,实际情况如何呢? 我们来看一下历史选择。

2.历史选择

我们再看几组有关的数据:

表 5.3　佃农、半佃农、自耕农占农村总户数的比重(%)(1936 年)

地区	报告县数	佃农	半佃农	自耕农
总平均	1,120	30	24	46
内蒙和西北				
平均	36	27	22	51
察哈尔	10	31	26	43
绥远	13	31	17	52
宁夏	5	20	14	66
青海	8	22	26	50
华北				
平均	483	14	19	67
甘肃	29	18	18	64
陕西	49	18	20	62
山西	90	16	23	61
河北	126	10	18	72
山东	100	10	15	75
河南	89	20	21	59
华中和华南				
平均	601	43	27	30
江苏	56	30	25	45
安徽	41	42	23	35
浙江	62	47	33	20
福建	42	44	31	25
广东	55	46	33	21
江西	57	40	33	27
湖北	48	41	26	33
湖南	41	50	28	22
广西	50	38	23	39
四川	87	51	20	29
云南	39	36	25	39
贵州	23	45	28	27

资料来源:严中平等:《中国近代经济史统计资料选辑》,科学出版社,1955 年,第 262 页。

表 5.4　长江三角洲 8 个村庄自耕农、佃农、半佃农的比重(%)(1939—1941 年)

分类	头总庙 南通	小丁巷等 无锡	严家上 常熟	遥径 太仓	丁家村 嘉定	孙家乡 吴县	开弦弓 吴江	江薛家等 埭松江
自耕农	46.4	68.9	8.1	4.3	14.3	0	?	0
佃农、 半佃农	50.0	31.1	91.9	93.6	85.7	97.3	?	100

资料来源:黄宗智:《长江三角洲小农家庭与乡村发展》,中华书局,1992 年,第 336 页。

表 5.5　各省雇农占总农户之比重(1936 年)

省份	百分比（%）	省份	百分比（%）
江苏	0.60	山西	7.39
浙江	2.03	陕西	0.57
安徽	0.58	察哈尔	0.[1]
江西	0.42	绥远	2.17
湖南	0.84	福建	0.21
湖北	0.56	广东	0.61
河北	4.41	广西	2.00
山东	2.26		
河南	2.54	全国平均	1.57

资料来源:土地委员会:《全国土地调查报告纲要》。
转引自:赵冈、陈钟毅:《中国土地制度史》,新星出版社,2006 年,第 231 页。

表 5.6　各地地主土地出租与经营情况(1933 年)
(占地主所有土地之百分比)

地区	出租（%）	自己经营（%）	其他（%）
江苏盐城七村	99.3	0.2	0.5
启东八村	98.4	1.0	0.6
常熟七村	97.9	1.7	0.4
浙江龙游八村	68.6	20.5	10.9
永嘉六村	90.8	5.4	3.8
陕西渭南四村	68.6	2.2	29.2
绥德四村	92.7	4.1	3.2
河南镇平六村	95.9	2.1	2.0
辉县四村	96.5	1.3	2.2
许昌五村	85.8	1.9	2.3

资料来源:农村复兴委员会调查报告。
转引自:赵冈、陈钟毅:《中国土地制度史》,新星出版社,2006 年,第 232~233 页。

从以上所列数据可以大致看到这么几个情况:一是自耕农、佃农占比不稳定,各地相当悬殊;二是雇农占比非常少;三是地主自己经营的很少,出租占其土地的绝大多数。为什么会这样呢?我们结合已有研究,作一些分析:(一)自耕经营——数量有限。自耕经营,即买入土地或同时买入田底和田面,此类农户一般具有两方面需求:既要解决生产上的需要,也要解决财富增值的需要。也就是说,自耕经营者同时兼具生产需求型农户和资产需求型农户的特征。[①]在竞争条件下,此类真实需求(既有需要又有实际支付能力)的农户不会很多。(如果很多以至占据多数的话,表明该区域人地矛盾和财地矛盾并不突出。)这样,便能解释历史上自耕农占比不同的情况。(二)雇工经营——不具有竞争力。已有研究揭示,雇工经营并不具有竞争力。[②](三)租佃经营——从"永佃"到"一田二主"。中国历史上的租佃经营,具有很强的竞争力,[③]并且从一般租制发展出了永佃租制,进一步出现了"一田二主"的现象。[④](四)各自买入田面和田底——进一步巩固和促进了田面-田底分离。生产需求型农户和资产需求型农户各自从地权市场上购入田面和田底,活跃了市场,必然从需求侧激发供给,促使田面-田底在广度上分离。以上,无论是租佃经营——从"永佃"到"一田二主",还是各自买入田面和田底,最终均朝至同一个历史趋向:田面-田底分离,田面、田底交易活跃。

---

① 因为如果只有生产需求的话,用同样的资金,专门买入田面(生产性地权),能够解决更多的劳动力过剩问题;如果只有资产需求的话,专门购入田底(资产性地权),能够省去相应的投入和精力,毕竟将田面一并买入,在劳动力不足的情况下,还得经营它。雇工经营对农户能力的要求显然要超出一般的资产持有能力。龙登高教授提出了"经营性地权"和"资产性地权"的概念,用于对应传统社会的田面权和田底权。

②③ 赵冈、陈钟毅:《中国土地制度史》,新星出版社,2006年;龙登高、彭波:《近世佃农的经营性质与收益比较》,《经济研究》,2010年第1期。

④ 参见杨国桢:《明清土地契约文书研究》,中国人民大学出版社,2009年。

(三)小结

田面权-田底权发生的经济逻辑可用下图表达：

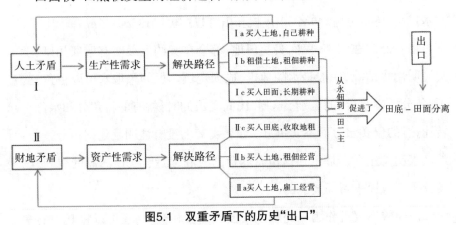

图5.1 双重矛盾下的历史"出口"

田面权-田底权不仅是人地矛盾——生产性需求扩张的产物,也是财地矛盾——资产性需求膨胀的结果。田面-田底分离,是双重矛盾下理论上的逻辑出口,也是历史上的实际选择。

四 田面权-田底权的运行结构：独立平行

(一)权利运行

由于已有的研究及习惯上的认识,多强调田底权的地位,即底主作为"所有者"拥有的支配性权利。在此,我们侧重考察"田面权"具有与"田底权"同等的地位和独立的权能。

1.独立——不受底主干预,交易运作自如

(1)独立交易。所谓独立交易,就是田面权可自由典卖、转顶、转让、赠与,不受田底主约束,无须之外的主体同意。福建的习惯调查显示,"有田皮权者得自由典卖其田皮,有田骨权者除得自由典卖外,并无处分田皮之权"。(《民事习惯》:294)在江西,山皮业主对于山骨业主只须按年交纳山租,并没有年限限制,山骨业主不能收回自植竹木,如果山皮业主自愿让还,得将竹木伐光,还山免租。再者,山皮权和山骨权均可以独立典当或者转让。(《民事习惯》:250)在湖南,民间买卖田地,都会在契约上载明有塘堰几口,卖田必注明用水情况,一般是水随地走,成为定例。但如果堰水可以畜鱼,就有了"鱼分"和"水分"的区别。这样,民间卖田的时候,有的将鱼分和水分一起转让,有的仅卖水分而不卖鱼分。如果卖契上没有注明是连同鱼分一起卖,那就表明卖主对于堰水还保留有养鱼的权利,虽然水分(灌溉的权利)已经转让了。(《民事习惯》:348)

田面权不仅可作为一完整产权独立经营和交易,还可以将其中的一部分自由顶拨和转让。例如,在安徽,田面拥有者可以将其佃权的全部或一部分自由地顶拨、辗转让渡,而不用得到地主的同意,这反映了田面权切分和交换的自由。田面权的转让很多地方称之为"顶"。顶有实顶和活顶区别,"实顶不能回赎,活顶则预定年限,限满之后,照原价收回"。(《民事习惯》:546)

(2)独立运作。所谓独立运作,就是当田底易主,田底权发生转让变换后,田面权不受其影响,保持原有关系和状态。在福建,拥有骨契的为主,皮契拥有者为佃,皮骨分离。即使骨改变了主人,佃也不变,一仍如故。佃一方面不随骨主的改变而改变,田皮契本身可以赠与和转移,效力同骨契是一样的。(《民事习惯》:300)在安徽有所谓的"丈田"和"佃田"之分,二者可以同时或分别买卖,出卖丈田的谓之大卖,出卖佃田者谓之小卖。拥有佃权,可以自行耕种,也可以租与他人耕种,不须业主同意,丈田租额大约占到全租的五分之四,佃田租额大约占全租的五分之一。(《民事习惯》:228)

通过下面的交易实例,将能进一步看到田面权、田底权相互独立、各不牵混的状况。

2. 平行——交易形式相同,权利地位平等

在具体交易中,田面和田底一样,有着多样化的交易形式,在交易类型和权利地位上是同等的。从《徽州文书》看,田面的交易包括活卖、绝卖、典当、租佃等类型,在找价和回赎等环节,交易的契式与田底和普通底面田并没有大的区别,某种程度只是交易的权利内容不同而已。

(1)活卖。例如,嘉庆七年七月"歙县许玉中退小买田契"中,写到"立退小买板田契人许玉中,今因正用,自愿将祖分受小买田一近,计税三亩,土名东湾,凭中立契出退与族名下作种,三面议定得受退价九四平元丝银二十七两整。其银当即收足。其田即交耕种。言明期以十二年外将原价取赎,无得异说。此系两相情愿,并无准折等情。倘有异说,俱系出退人一并承担,不涉受退人之事。今恐无凭,立此退契存照"。(《徽州文书》:196)

(2)绝卖。一种是"立杜退加找",一种为"杜卖",前者如道光十四年六月"歙县鲍大成等退加找小买田批",在退过田价足大钱五十一千文整的基础上,又加找杜退田价足大钱二千文整,退后其田听凭永远作〔种〕。(《徽州文书》:207)后者如咸丰十一年十月"歙县胡新占卖小买田契",自愿凭中立契杜买与汪恒吉名下为业,凭中三面言定得受时值小买田价银十三两整,注明立杜卖小买田契"永远存照"。(《徽州文书》:221)田面不仅有活卖和绝卖,在需要时也可转卖,同样反映出交易的灵活性。例如,咸丰六年十二月,歙县许节三曾立契将自种小买田七丘(计税七亩二分五厘),凭中出退与汪姓名下为业,得受过退价银,并将田交付管业。到了同治三年正月,汪姓人家将其中的二亩七分退出给吴姓名下,原来老契二纸仍存汪姓名下。(《徽州文书》:215)这是从小买田中抽出一部分转退,并且是在上首业主保留回赎的情况下发生的。

(3)典当。如乾隆六十年侯官县宗腾典田,立典田根契后,典出价银叁拾贰两正,其田根即听从银主起佃耕作,纳租管业,并约定陆年取赎。(《福

建文书》:104）

（4）租佃。例如休宁县汪廷保佃田约显示,汪廷保曾将"祖佃作田"出佃与李□□名下为业,收取"小租谷"。（《徽州文书》:423）

关于田面交易后,发生找价的也很多。我们在《明清苏州农村经济资料》中看到了一组这样的地契:乾隆五十年,苏州的闵其昌立顶契将南和字圩沈处官田二亩五分正出顶给吴姓人家耕种还租,得顶价七十四底钱三十两正,并约好伍年之后回赎。到了嘉庆十三年,闵其昌的后代闵云揆因"顶价不足",立贴契得贴田上价七十四底钱十一两正,并言定其后"只赎不加"。到嘉庆二十年,闵云揆称"前年间顶价不足,贴价不敷",再立贴契议得时值贴价七十四底钱六两正,并言定"五年之后,任从回赎"。（《苏州资料》:175—177）徽州的一件地契显示,一宗田面交易在二十年后发生找价的情形:歙县胡程氏等于道光十年十二月曾立契将小买田凭中出退给汪姓名下为业,当时得受退价银十四两整,随她将田交管业作种。后来,"再批,其田十二年之内不准取赎,十二年之外,听凭原价取赎"。到了道光三十年十一月,胡程氏等凭中找价大钱二仟八百整,"其田即批杜退永远存照"。（《徽州文书》:202）这是田面绝卖前的找价。

当然,也有找价之后再次发生找价的例子:乾隆四十五年侯官县时明子卖田洗契显示,"前以〔已〕凑断,本不敢言说,今因母身故,再向侄习豪洗断出钱壹仟伍百文正"。（《福建文书》:256）在退小买田时约定回赎,在地契中是常见的,如歙县程德盛退小买田批中,约定"嘉庆十年之内不言回赎,嘉庆十年之外,听凭承认使用取赎"。（《徽州文书》:195—196）歙县汪有财退小买田契中"议以十二年为满,并不得交〔加〕增、退价等情,听凭将原价取赎,年分未满,其田不得取赎"等。（《徽州文书》:210）约定取赎多发生在"交管业耕种"的情况下,也有仍由原主耕种时,约定取赎。道光十年三月歙县黄细保退小买田,在立退时约好"其利每年秋收交纳风车净谷十二斗整,挑送上门,不致欠少",后来再批"其田听凭银到取赎"。契中写到"倘有欠少,听凭本家起业耕种",表明该田业在退后仍由黄细保耕作。(《徽州文书》:201)

下面这则小买田与大小买田一并出退的地契,进一步表明二者在交易上几乎没有差别。

歙县汪发财退大小买田地契

二十一都二图立退青苗小买田、大小买地契人汪发财,今因正用,自愿将承祖遗受小买田一丘,计税九分,土名六亩下;又化字号大小买地一块,计税九分一厘四毫,土名画公林,凭中立契出退与本都本图许名下为业,三面言定得受退价足典钱二十千文整。其钱当即收足。其田、地即交管业耕种。此田、地从前至今,并未抵押他人,亦无重复交易。此系两相情愿,并无威逼等情。倘有亲房内外人等异说,俱系出退人一并承担,不涉受业人之事。恐口无凭,立此退大小买田、地契存照。

咸丰九年十二月日　　　立出退青苗大小买田、地契人　汪发财

凭中人　鲍天顺

郑遂发

许升也

代笔　许殿重

再批:原来老契四纸。又照。

再批:东道使用大钱一千四百文。又照。

再批:十二年之内,无得生端加价、取赎。十二年之外,原价取赎。又照。

(《徽州文书》:218)

(二)权利结构

根据前面的考察和分析,我们简要画出田面权–田底权的结构图:

```
———————————————————      田面权

        独立、平行

———————————————————      田底权
```

图5.2 田面权–田底权结构图

如何判断权能是否完整?现代产权学派的基本观点是:"一个产权的基本内容包括行动团体对资源的使用权与转让权,以及收入的享用权。它的权能是否完整,主要可以从所有者对它具有的排他性和可转让性来衡量,如果权利所有者对他所拥有的权利有排他的使用权,收入的独享权,和自由的转让权,就称他所拥有的产权是完整的。"[①]

相关资料显示,田面主对田面(生产性的土地)具有排他的使用(耕作)权、收入的享用权和自由的转让权;田底主对田底(资产性的土地)同样具有排他的使用(经营)权、收入的享用权和自由的转让权。二者是独立平行的。

综合以上讨论分析,田面权与田底权是独立平行的,二者既非所有权与使用权关系,也非两个所有权,当然也不是抵押贷款这么简单。

---

① [美]科斯、阿尔钦等:《财产权利与制度变迁——产权学派与新制度学派译文集》,上海三联书店、上海人民出版社,1994年,第6页。

五　田面权–田底权的功能作用：增益保值

在《徽州文书》《巴县档案》《福建文书》等地契资料中，可看到承顶人（田面权获得者）的权利：可自种居住，也可招佃。更有甚者，不仅土地的耕作权归承顶人，底主不得干涉，就是该地内如果发现了矿产资源，也都属于承顶人之所有，不关底主之事，承顶人得自由处分，毫无限制。湖南的一则调查材料显示，有"卖田存耕""换东不换佃"的习惯，山林的移转都书立"顶契"，如果该顶契上载有"永顶"或"永不回赎"字样，"则该项山林即永归承顶人垦种、栽植。且不特该山之地面属于承顶人管有，即于该地内发见矿质，亦均属于承顶人之所有，承顶人可自由处分，毫无限制"。（《民事习惯》：352—353）田底享有固定收益，田面拥有增值收益，在此表现得充分淋漓。

何兴元顶约

立出顶土文约人何兴元

今将自己土房一间、土一份、树木一并在内，凭中情愿顶与阮大有名下，老铜钱二十二千六百文正。其钱并无短少分文，何姓亲领。原日言定，自顶之后任从阮姓招佃，自种居住，何姓不得异言生端。今恐人心不古，立出顶约存据。

张维升

凭中　王帝

阮廷升　笔

乾隆四十五年十月初一日立出顶约人何兴元

（《巴县档案》：123）

接下来,我们对田面权、田底权的功用分别作一分析。

(一)田面权:保证耕作稳定的同时获取增值收益

1. 耕作稳定:维护佃农利益,保证持续经营——农业自身的需要

农业生产是一项持续经营的活动,周期相对较长。表面上看,一年或者一个成熟季为一个生产周期,但在实际劳作中,远不止于此。有三个方面的因素:一是农业生产需要持续地投入工本,改良土壤,兴修水利,基础建设,这些都不是一年或一个成熟周期可以完成的;二是多数情况下,农业生产是需要轮作的,以保持地力,这样成形周期便被打乱,没有这么规则;三是农业生产很大程度是要靠天吃饭,风雨时运并非年年一样,一涝三旱乃常有之事,年成不一样,收成也不一样,这里面就有一个风险中和的问题,只有通过多年平均下来,才能得到一个比较稳定的收益。因而,无论投入、经营、风险的角度,保持耕作稳定是农业生产自身的需要,也是维护佃农利益之所在。田面权与田底权的分离,正是从制度上保证耕作稳定、持续经营的需要。

2. 增值收益:激励工本投入,促进农地改良——农业发展的需要

增值,可以从两个方面来理解:一是通过劳动和资本投入,使得土地获得了农业产出,增加了社会财富;二是通过劳动和资本投入,改良了土壤,使得农业产出在原来的基础上增加了。前者是基本收益,后者是级差收益。这两方面都是一种有效的机制——激励佃农投入更多的劳动和资本。对于个体来讲,改良了农地,提高了产出;对于整个社会,促进了农业发展,增加了社会财富。

增值的来源,借由土地改良获取的收益是主要的,当然也有由于人口增加,供求变化导致地价上涨带来的收益。

"一田二主"里的田面权,除了拥有"永佃"的资格外,与永佃权相比,还

增加了"自行转佃"的权利。正是通过转佃,原佃主不仅在货币上兑现了由于增加投入导致农地改良带来的土地增值,而且实现了由供求变化导致地价上涨带来的收益。

(二)田底权:沉淀社会财富的同时获取固定收益

1. 沉淀财富:让社会财富找到了一只大家都认可的"锚"——保值

中国传统农业社会具有两个特征:

第一,社会产出主要部分——农产品不易长期保存。传统社会是一个农业社会,经济产出以农产品为主。农产品作为社会财富的一个重要特征是不易存储。这一点,不论南方还是北方,皆然。

第二,作为货币的贵金属——数量有限,不易获取。中国历史上,相当长时间曾出现"银荒"现象,由此导致的"银贵米贱"时有发生。[1]其原因,一在制度上,货币体系的不完备;二在生产上,能胜任货币的贵金属缺乏,产量有限。在此情况下,前文看到的以布帛作为货币、充当地租相当流行,也就不难理解了。

社会承平、经济发展,财富增加往往相伴而生。在上述两个背景之下,如何让社会增长的财富沉淀下来,积蓄起来呢? 田底权便可看作是社会默认或者说找到了一只共同接受的"锚"——能够承担起保值的功能。[2]

---

① 参见[日]岸本美绪:《清代中国的物价与经济波动》,社会科学文献出版社,2010年,第214~215页。

② 与岸本美绪关于"银的流向与土地需求"的假设不同,笔者认为,货币不足恰恰导致了人们追逐土地。岸本美绪的逻辑是:银两(货币)不足,农产品价格停滞,降低土地收益,农民逃避土地。当然,就某个具体的历史时期,不排除严重的银荒加上不合理的赋税制度,驱使人们投献田产,逃离土地,但通常情况下,货币的不足,人们会更加重视土地。这里,需要特别注意制度的因素。

2. 固定收益：让社会财富找到了实现"时间价值"的路径——增值

中国传统农业社会还有两个特点：

(1)投资渠道有限，社会极度偏好土地。这可从两个角度看：一是对于普通农户而言，家庭财富增长后，除了再多耕几亩地，或者投资做些副业之外，很少有其它渠道可供选择。而扩大农业生产、从事副业，往往受到劳动力的限制。多种几亩，本身需要增加土地。二是对于经商家庭而言，生意发达、买卖致富后，在传统的意识形态导向和社会流动体系的激励下，还是想回到土地、添置土地。各地家庭(族)的"置产簿"可作为这两者情况的实证材料。前者在"苏州府沈氏家族置产纪录"[1]中可见一斑，后者在徽州商人家庭的"置产簿"中相当常见。

(2)银行业不发达，借贷营利名声不好。中国传统农业社会，正规的银行业在多数时候、多数地方都很不发达。以营利为目的的借贷行为，常为社会舆论所诟病。例如，费孝通在《江村经济》中谈到调研发现，"高利贷者住在城里，每人有一外号"，"叫剥皮"等，"说明了公众的愤恨"。[2]在安徽肥西，老百姓"称高利贷为黑心钱，绝子绝孙钱"[3]。

在此背景下，对于财富有了盈余的家庭，对于那些不愿当期消费，而愿意为将来进行储蓄和积累的家庭，怎么办呢？田底权的出现为农户获取固定收益，实现家庭财富增长，提供了可能和选择。

(三)田面权-田底权的微观功能与宏观作用

田面权-田底权在历史上发挥了重要的功能和作用，这可从两个角度加以概括：一是微观的经济主体的角度，二是宏观的经济发展的角度。

---

① 洪焕椿：《明清苏州农村经济资料》，江苏古籍出版社，1988 年。

② 费孝通：《江村经济——中国农民的生活》，江苏人民出版社，1986 年，第 195 页。

③ 李金铮：《民国乡村借贷关系研究》，人民出版社，2003 年，第 189 页。

第一,满足了不同经济个体不同时期的不同需求。传统农业社会,不仅农业生产充满不可抗因素带来的风险,而且家庭生育、代际传承也是一个变数大的过程。在不同风险条件下,农户不论在经济生产还是自身生产、生活延展还是生命延续方面均面临不同的需求。田面权–田底权为传统农户在面对同样一片土地(资源环境不变)的情况下,提供了适应不同需求的选择——保留田面权、田底权,或者二者一并,以不同的方式交易、处理拥有的地权。

第二,促使了资本—劳动—土地间的良性互动。从长期看,在社会财富持续增长、劳动力变动不居、土地资源基本不变的情况下,如何协调资本、劳动、土地之间的关系,这是经济社会发展面临的实际问题。在传统农业社会,在传统制度环境下,田面权–田底权的出现,可以说,既解决了人地矛盾,又解决了财地矛盾,在同时解决这两个矛盾的过程中,不是恶性竞争,而是良性互动。如此效果,可谓各得其所,两相适宜。

六　田面权–田底权的中国特色与当代价值

(一)为什么说是"中国特色"

1. 中国——在历史传统中延续

任何国家都不是凭空创造出来的,都有它的过去、现在和未来。正是在传承中,才显示了它的存在。

即便在创造的意义上,现代民族国家的建构也必须基于它的历史和文化传承。没有历史的源泉,作为"想象的共同体"如何能够"想象"出真实的纽带?如果只有利益的粘合,那不是真正的国家。西人云,"罗马不是一天建成的";孔子曰,"周监于二代,郁郁乎文哉"。

当我们谈论中国,每个人脑海中都会有不同的想象,但她一定是从历史中走来的。

2. 特色——不只在当代

每个时代都有它的特色。一个国家的特色,自然是融合了不同时代的特色。寻找和发掘中国特色,不应只顾当代。放眼更长的历史,才能让特色更浓郁;根植更深厚的土壤,才会使特色更久远。

3. 田面权–田底权——中国特色

不论是横向还是纵向比较,田面权–田底权都可称得上是中国特色。

第一,与欧洲历史上双重所有权的区别。仁井田陞曾比较指出,虽然在使用和收租上,田面权与下级所有权、田底权与上级所有权相当,但就权利主体来说,下级所有权属家臣或农民所有,上级所有权属领主地主所有,而中国的"一田两主"却没有这层封建性和等级性特征。①

第二,与当今世界上"土地证券化"的区分。土地资源有限,人人争相趋之,这是经济社会发展经历到一定时期后,普遍出现的现象。人地矛盾和财地矛盾,不仅过去,也是当代多数国家需要解决的问题。然而在解决路径上,当今世界与传统中国却有不同之道。

土地证券化的核心思想是:把由不动产(或者对不动产的出租)能够得到的收益,作为担保(抵押品)发行证券。作为筹资手段,可以获得不动产开发所需资金;作为投资手段,可以让投资者获得增值收益的机会。②田面权–田底权的要义在:田面权拥有者获得增值收益,而作为田底投资者获得的是相对固定的收益,土地拥有者可以将出卖田底作为筹资手段,获得土地经营所需资金。如果说土地证券化思路是矛盾压力下主观设计出来的,那

---

① 参见[日]仁井田陞:《明清时代的一田两主习惯及其成立》,载《日本学者研究中国史论著选译(第8卷)》,中华书局,1992年,第415~416页。

② 参见[日]野口悠纪雄:《土地经济学》,汪斌译,商务印书馆,1997年,第148页。

么历史上的田面权–田底权则是矛盾压力下自发形成的。

(二)对当前农地改革的启示

当我们重读历史、发掘传统,不仅在找寻故纸堆里的中国特色,更是要从过去的经验中吸取养料,为化解当下的矛盾服务。田面权–田底权对当前的农地改革有着什么样的启示呢?

1. 打破所有权–使用权框框,让农户对土地的拥有成为自由支配、独立行使的权利

尽管从物权化思路出发,让农民在"用益物权"的基础上获得"担保物权",某种意义上"前进"了一步。但这一步,一方面太小了;另一方面,不仅没有摆脱,而且是在制造新的框框。着眼长远的理论以及志向顶层的设计须意识到这一点。无论从配置资源、促进生产出发,还是从还权赋能、自主支配考虑,田面权–田底权思路显然更具有现实意义和可操作性。

这里强调的是,关键在汲取田面权–田底权的灵活思想,具体权能如何对应和设定,可根据具体条件及需要再作研究。

2. 发挥田底权思想,让承包权或者说集体成员的"资格"成为能够获取收益的权利

如果说前一点,从田面权思想出发是要解决生产经营的问题,那么从田底权思想出发,则可解决资格资产的难题。现有的农地改革思路,多以虚化方式处理遇到的权利结构难题。如此置于一旁,终非长远之计。另外,不实现其可能的权能,便无法发挥其应有的作用。

当不同时代遇到相同的问题,当破解问题的渠道再次引入历史的源泉,远去的传统便重新回归为活着的传统。

第二节 地价构成：
考虑田面权-田底权分离的情况

一 逻辑分析

逻辑一

田底权的价格事实上是固定收益——地租的资本化。

田面权的价格应该是正常年份除去一切投入和费用(包括地租)后的剩余收益的资本化。

分析：

田底对了。

田面错了——田面权转卖后,获取的是原地租加上级差地租(追加投资土地改良后的收益)。

逻辑二

一枚硬币的两面:田底权的价格是让渡田面的补偿,所以本质上是田面的价格——对于佃农来说,是获取田面支付的费用。田底权是获取田面价格的资格,田面权是获取田面收益的资格。田面收益是支付了田面费用之后的剩余。

分析：

田底对了。

田面错了——田面权转卖后,获取的是原地租加上级差地租(追加投资土地改良后的收益)。

逻辑三

田底(权)和田面(权)的价格是一样的?

分析:

大租——田底所有者获取的收益是田底的价格?还是田面的价格?

从佃农的角度,我因为获取了田面权,所以我向你交租,是作为使用土地而给予地主的补偿。

从地主的角度,我是因为有了田底权,所以我才有资格收租,我收的是让渡了使用权后应得的补偿。

田底的收益是地租。田底的价格是让渡田面的补偿,所以本质上是田面的价格——对于佃农来说,获取田面所需支付的费用(价格)。田底权是获取田面价格的资格,田面权是获取田面收益的资格。

因而,从经济角度看,田底(权)和田面(权)的价格是一样的。

二　历史考察

我们的分析得到《明清徽州土地关系研究》成果的印证。章有义发现,18 世纪初期至 19 世纪初期,发生在徽州的 41 宗地权交易显示,田面的均价(10.46 两)与田底的均价(11.49 两)不相上下,并举了两个同时列出田面价和田底价的土地交易实例佐证:1807 年(嘉庆十一年十二月)发生的一宗土地交易,地块为 2.2 税亩,田底价(田租价银)为 20 两,田面价(佃皮价银)为 19 两;1817 年发生的一宗交易,地块为 0.968 亩,田底价和田面价均为 30 两。[①]

---

① 参见章有义:《明清徽州土地关系研究》,中国社会科学出版社,1984 年,第 104~105 页。

表5.7　田底价格

年　份	宗数	税亩	总价银（两）	每亩价银（两）	指数
1707	1	1.23	8.0	6.50	80.3
1727—1752	4	9.35	71.28	7.62	100
1782—1800	6	21.80	235.23	10.79	141.6
1802—1807	5	10.29	118.12	11.48	150.7
1810—1817	6	8.80	158.52	18.01	236.4
合计	22	51.47	591.15	11.49	

资料来源：章有义：《明清徽州土地关系研究》，第104页。

表5.8　田面价格

年份	宗数	税亩	总价银（两）	每亩价银（两）	指数
1693	1	2.50	7.28	2.91	39.4
1729—1756	8	13.60	100.30	7.38	100
1784—1794	3	5.30	45.0	8.49	115.0
1803—1807	5	10.40	101.0	9.71	131.6
1817	2	2.97	110.0	37.04	501.9
合计	19	34.77	363.58	10.46	

资料来源：章有义：《明清徽州土地关系研究》，第104页。

在该书另文，章有义根据《黟县四志》中的一段记载，推断："小买价格的构成，一般说来，包括两个部分。一部分是原来的'佃田'，即所谓'顶吐'（亦称顶首或典首）和酒饭之类的费用。一部分是附加的农田设施和现存农作物的工本费，如粪草、田塍、水路、树木、茶柯、麦苗及其他青科或成科。"①

章有义还注意到田皮价大大超过田底价的情况:1804 年的一宗交易,田面价为田底价的 2 倍,19 世纪初期(1802—1817)与 18 世纪末期(1782—1800)相比,田面价增幅要大于田底价,田面价上涨速度有增大趋势。②赵冈对章有义提供的数据作了综合比较(见表5.9):

表 5.9　田底田面价格对比

	田底价格（两/亩）	田皮价格（两/亩）
1693—1707	6.50	2.91
1727—1756	7.62	7.38
1782—1800	10.79	8.49
1802—1807	11.48	9.71
1810—1817	18.01	37.04

资料来源:赵冈:《中国传统农村的地权分配》,新星出版社,2006 年,第 76 页。

多省的习惯调查也反映,各地出现"金皮银骨""过投地价值贵,苗地价值贱""大租收益少于小租"等现象。(《民事习惯》:300、283、198—199)

为什么随着经济社会的发展,田面价与田底价逐渐拉开距离,直至相

---

① 其推论依据《黟县四志》卷三《风俗·黟俗小纪》的一段记载:"我邑田业所谓典首者,不知始自何年,往往一业两主,正买契券则须收割投印,典首契无收割投印,而价与正买不甚相远,称曰小买。买正租而不买典首者,但收谷一季,而无麦。""曾闻老者言,是因抵首之误。抵一首者……上首佃人田中业已播种,此田或易主,或田主另召,新承佃者认上首种子农工价,渐渐失真,变成典首。又云:昔曰地狭人稠,欲佃不得,于是纳金于田主,田主收其金,则此田永远由其承种,若欲易佃,则必偿旧佃之金,故曰典首。倘该田之业,田主并未收过佃户之金,则此田之典首仍归田主所有。此亦一说也,未知孰是,因两存之。"从本簿所载"杜吐字"即小买契看,两说似乎都得到证实。有的小买价格包括"佃田"并青科、田畔杂粮"在内(例如二十三号田),有的包括"佃田""并成科麦脚、田塝等业"(例如二十七号田),有的包括"佃田力分租谷、麦苗、粪草等项',(例如六号田),有的包括"佃田""并田塝树木、水路一并在内分"(例如七号田)。足见小买价格实质上不只是佃田价格,而且往往包括该志所说的"抵首"之类的项目。作为小买主要内容的"佃田"究竟是怎样形成的,从十号田和十二号田的"杜吐字"可以看出一些线索。前者比较详细地胪列了杜吐内容,计有"田上顶吐、粪草、酒饭、并四周田塝、柜树三株、茶柯十九柯、田内成科、水路等项"。后者更为明确地指出,所吐佃田的内容就是"所有田上顶吐酒饭等项"。(章有义:《明清徽州土地关系研究》,第 212 页。)

② 参见章有义:《明清徽州土地关系研究》,中国社会科学出版社,1984 年,第 105 页。

差甚远呢？田底和田面，在同样被当作投资对象的情况下，按照等量资本获取等量收益的原则，二者收益应当趋同。为什么在同样情况（货币拥有、时空背景）下，有人投资购买田底，有人投资购买田面？

三　经济实质

购买田底获取的是固定收益，购买田面获取的是增值收益。投资田底，一方面是风险厌恶，另一方面是缺乏农业生产的工本。投资田面，一方面是风险偏好（尤其在定额租下），另一方面是拥有农业生产的比较优势：工本（劳动力和资本）、耕作技能（技术）、经营管理（企业家才能）。更进一步，如果田面再转手的话，原佃农获取的收益又变成了底的收益，只不过是增值了的底，增值的部分事实上是佃农投入改良土地后的积淀。这部分增值收益归新的"底主"。转手，便进入了一个新的"环"。从理论上，我们只需考虑一个"环"，将其分析清楚：田底转手，买卖的事实上是田底的收益，即地租。田面转手，买卖的事实上是田面的收益，但这个收益包含两部分：一是应交上首地主的地租，二是土地改良后新增的收益（如果有的话）。根据田面来源，分两种情况：如果田面由押租"顶"来，或通过花钱买得，再转顶或转租第三者，充当"二地主"收取田面租，显然，这里投资于田面，获取田面租，与投资于田底，获取田底租，是一样的。这里的田面，本质上就是田底——一项能够带来固定收益（租金）的资产。如果田面由佃农开垦或承种（投入工本）而获得，再转顶第三者，充当"二地主"收取田面租，这里的田面租，其来源本质上就是工本投资改良土地后带来的增值收益。这部分收益，通过转手资产，由收租在未来分期获取。原来的田面主变成了新的田底主，其收益基于其工本投入沉淀下来的资产转租后得到。

根据以上分析，田面和田底本质上是一样的，是一个硬币的两个面。在市场中,作为投资对象,等额资本要求获取等额收益,在投资者眼中,不论田面田底,本质是一样的——获取收益的工具。

从这个逻辑线条,我们也看到,所有的收益其实都是工本投入的收益,是工本投入的资本化。最初的田底主所获的地租收益,多数情况也是工本投入的收益——工本投入垦荒——或组织,或管理。

四　价格构成

理论上,田面价应该和田底价相等。田底价实质是资本化的地租。田底权,从经济上看是未来收租的权利,即对租金的索取权。田底价,即购买田底权的价格,相当于购买了一份永续债券,在未来每年可以获得稳定的收益,根据对未来收入流的估价,田底权作为一项永久性资产的现值是:

$V=N/i$(V 为现值,N 为年收益,i 为年利率)

这就是地租资本化的公式。

田面价是田面权的价格,田面权意味着在未来可以稳定地获得土地的耕作权,只要按时缴租就可以永久耕种。它与永佃权的区别是,田面权可以无需田底主的同意,在地权交易市场上自由地转让这种永久耕作的权利。[1]获得田面权有三种方式:一种是押租,一种是卖田留耕,还有一种是垦荒。第三种其实是对垦荒所费工本的一种约定和补偿。从价格上看,前两种很清楚,第一种田面价是押租额加上每年的租额,第二种田面价是卖田价加上每年的租额。这两种田面价是在不考虑长期耕种可能带来土地增值的情况下讨论的。

田面主通过缴租获得了田面权,田底主通过收租让渡了田面权。田底

---

[1]　杨国桢:《明清土地契约文书研究》,中国人民大学出版社,2009 年,第 77 页。

主获得租金收益的机会成本是放弃了田面权,田面主获得田面权的机会成本是放弃了一部分收益(缴租)。从成本的角度,田面权的价格应当是地租。由于田面权是永久性的,地租便体现为未来永续的收入流。从这个角度,理论上田面价应当等于田底价。在实际情况中,押租与正租存在此消彼涨的情况,①二者合起来共同构成了租金。卖田留耕,一方面与押租具有相通之处;另一方面,卖田的卖价相当于买家一次性支付了一笔资金后,获得了永久收租的权利,事实上支付的是未来收入的现值。

综上所述,理论上,田面价等于田底价。实际中二者若不相等,反映出田面权市场、田底权市场各自的供求关系。另外,随着长期耕种,工本付出,荒田变熟田,土地产出增加,田面主事实上通过田面权的形式获得了土地的增值收益,也就是说,由于佃权的稳定性,级差地租没有被田底主占有,而为田面主所有。如此,田面权再次流转的时候,新的田面价要反映出由于土地产出增加带来的地权增值部分,这个部分的价格就是级差地租的资本化。也正是从这个角度,我们才可以理解"二地主"的收益性质。"一地主"获得的地租是起初的绝对地租,"二地主"获得的地租是土地增值了以后的级差收益,相当于占有了土地改良以后的级差地租。

从理论上看,容易讨论资本投资于田面产生增值收益,但要进行实际计算,却是个难题。因此,根据分析可以作如下变通:由于田面的价格和田底的价格是一样的,在计算的时候,我们可以将田面的价格通过地租资本化来求取。田底在市场上流转以后,事实上成为了一种有保证的"永续债券",可以按期获得稳定收益。田面-田底分离情况下的理论地价应为田面的价格加上田底的价格。

第六章　地价与地权的内在关系

第一节　粪草银与灰肥田：钱、权之间相互转化

一　问题

第一，关于永佃制（权）的起因，已有较多研究。[①]对于"垦荒""耕种""押租""粪质钱""永佃"之间的内在关系，却鲜有深究。这些历史现象背后的经济逻辑是什么呢？

第二，为什么有的地方是"灰肥田"（永佃权），有的地方是"粪草银"（换

---

① 参见赵冈：《永佃制研究》，中国农业出版社，2005 年；乌廷玉：《中国租佃关系通史》，吉林文史出版社，1992 年；刘克祥：《中国永佃制度研究（上下）》，社会科学文献出版社，2017 年。

佃钱)？短期合约与长期制度①之间是什么关系？

二 分析

(一)历史

1. 从垦荒到永佃

江苏省各县习惯:查江苏佃户种田亩有肥土之称,又呼为田面,即佃户于业主田亩上有相当之地价,不啻一田亩而设定所有权人于其上。其发生之原因,由洪杨兵燹以后,业主流离,土地荒芜,佃户即投资耕种。迨业主归来,即许佃户特别利益,准其永远佃种,相沿日久,佃户竟持其永佃权视为一部分之所有权,不准业主自由夺佃,业主亦无异议。(《民事习惯》:180)

浙江省黄严县习惯:北方居民移徙海滨之初,各大地主招集流氓,随地垦辟,随地寄住,各地主除坐收额租外,概不置问。因此,相沿相习,各地主仅成下皮权,而此垦辟寄住之流氓竟成强大之上皮权矣。(《民事习惯》:268)

奉天西丰县习惯:西丰辟荒设治,今才二十余年,遍野荒芜行将尽成沃土。改厩垦法,约有三端:①地主自垦;②雇人代垦;③招佃代垦。前一、二两项均无何种问题,且事实亦居少数。惟招佃代垦,除地主招佃垦荒,双方同意订立特别契约外,其普通习惯,大抵佃户所垦之荒,

---

① 在这里,制度本质上也是一种"合约",是长期固化了的合约。为了区别于短期合约,在此,用"长期制度"与"短期合约"相对,加以论述。

任其耕种,三年不纳租粮,期满则不然。(《民事习惯》:26)

图6.1　从垦荒到永佃

2. 从耕种到永佃

　　江苏省各县习惯:苏省各邑买卖田亩,有分面田、底田者。底田为业主所有,面田为佃户所有。面田、底田、业主、佃户可以各别出卖或质押。查其原始,系由于佃户对于该田有垦植培壅之功,故享有田面之利,又名"肥灰田"云。(《民事习惯》:181)

　　福建古田县习惯:古邑民田例分根、面,简言之即一田两主也。……又有本无田根之人,承批他人根、面俱全之田。耕种岁久,亦得发生根主权,不许田主自由退耕者,此名"白承耕",以无田根契据也。(《民事习惯》:295)

　　福建南平县习惯:南平习惯于同一土地上得有两个所有权:一曰苗田所有权,一曰税田所有权,(顺昌、建瓯等县称骨田、皮田)。此二个所有权可以单独买卖、让与、继续。例如,甲之田年可收谷百石,招乙承佃,乙因勤劳农事,不惜工料,致其田年可收谷百五十石,则此多获之五十石即为乙之所有权,曰税田。甲原有之田,称为苗田,其粮税归有苗田者纳之。(《民事习惯》:297)

图6.2　从耕种到永佃

3. 从押租到永佃

浙江天台县习惯：乡民佃种田地，付有代价，名曰"绍价"，有独立买卖、典押等处分之权，田主不能干涉，其对于田主之义务，唯承交租谷而已……绍价之始，本为交租之保证金，绍票所载或限十年、五年，或不拘年分还价退佃，倘租息不清，凭在绍价内扣除，无非为巩固业主权利起见。迨积习相沿，竟失其性，盖收租者未必皆为故主而有绍价之田，佃户遂得独立移转，致田主虽欲收回自种，或撤换佃户而不能。查绍价之性质，即系永佃权，永佃权除与地主有特约外，自得自由处分，为现行判例所许。惟田户欠租，业主可以撤佃，但照给其取得权利时所费之金额可矣，此亦为现行判例所许。（《民事习惯》：283—284）

海门、崇明两县习惯：海门县崇划田，顶首轻而取租重，故佃户如有抗租及延欠等情，得由业主将地收回，另行招种，并禁佃户私佃他人。崇明县崇划田，顶首重而取租轻，业主对于佃户只有收租之权，而不能禁其私佃。（《民事习惯》：220）

松江旧府属各县之习惯：本邑田亩素有田底、田面两种名称，历来已久，松江旧府属各县大同小异。所谓田底者，系业主所有田亩招佃承种，冬季收租者是也。所谓田面者，系佃户向业主承种之田，出过顶首，每亩或十千，或二十千甚有出至三四十千者，不能一律，以该田垦种上便利与否定顶首之多寡。此种顶首作为该佃永远承种之价值。（《民事习惯》：220—221）

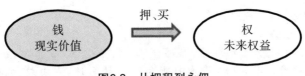

图6.3　从押租到永佃

4.从永佃到田面

赣南各县习惯：

赣南田土山塘皮、骨分管者十之七八，业管主管骨，佃户管皮。皮业设定之始，或由佃户出资垦荒，即俗名"工本"；或由业主征收佃价，即俗名"坠脚"，亦名"退脚"，其耕作权存续之期间则永远无限。佃人承赁主田，不自耕种，借与他人耕种者，又名为"借耕"。

赣南各县田亩，有粮田、租田之别。……管皮者往往于垦田之时，垫有工本，或给付田主以相当之价额（即佃价），及其退佃时，必须田主给还工本或佃价，否则，须许其转退于他人，而取偿相当之价额。乃积习相沿，管皮者竟误认永佃权为所有权，自由顶退，卒使田主无由过问。（《民事习惯》：242—245）

隆化、围场、平泉等县习惯：口外多属荒地，凡有土地权者，半多无力开垦，遂招集佃户，许以成熟后永远耕种，每年纳租粮若干，从此不得增租夺佃，载在租约。及至代远年湮，佃户甲转顶与乙，乙转丙，互相推递，无论移转何人，业主不得过问，业主但有收租之利益，而无撤佃之权利。（《民事习惯》：409）

图6.4　从永佃到田面

5. "粪土银"与"灰肥田"

安徽绩溪县习惯：绩溪田地向分三种名目：一曰起佃，此等田地系将大买、小买、草粪各种权利并合为一，最为上格；次曰大买，此等田地只有所有权而无佃权；三曰小买，又名小顶，其权利以佃种为限，如或自己不种，转佃与他人耕种，得与大买人分收谷租，并独收麦租。大买人与小买人分收谷租时，其成数或二八或三七或四六不等。例如，二八大买名色，每亩大买占谷租八分，小买只占二分，余均以此类推，惟大买名色无论二八、三七、四六，只收谷租而无麦租。此外，西乡八都一带尚有草粪权一项，其名目始于前清雍乾以后。有草粪权者始有耕种权，每年只收四分租数，交纳大、小买之谷租，其四分之中，大、小买仍按成约多寡分配，虽该田最为膏腴，亦不能于四分租之外增加分毫，其性质与小买相似，而其收益权利则超大、小买。而上之其情形极为特别。（《民事习惯》：237）

浙江海盐县习惯：查盐邑田产分田底、田面二种，田底为业主所有权，而田面乃为佃户占有，究其起点，原始于业户抛荒田亩日久，一时客即到地垦荒，始则尽举田底、田面而有之，继由业户发觉，乃令其出立承种契约，按年纳租，然欲收回土地权利，则非给还相当之垦价不可，此佃户对于田面占有之缘起也。此项田面之占有权，佃户得让渡于人，而为移转契约，业主不得加以干涉，业主如欲将其田面收回，仍须给付垦价于第二佃户。（《民事习惯》：266）

江苏省各县习惯：

佃户与业主解除佃约时得索取相当之地价

查佃户佃种田亩，对于该田有相当之地价，俗称"灰肥"。其原因系由成冈兵燹，业主流离失所，田地荒芜，佃户投资耕种所取得者也。迨业主归来,即许佃户长期佃种,遇有解约事实发生,业主即酌退相当地价(退还价额照田价四分之一左右)。此项习惯为一般人所共守,其效力甚为强大。

田分面底

苏省各邑买卖田亩,有分面田、底田者。底田为业主所有,面田为佃户所有。面田、底田、业主、佃户可以各别出卖或质押。查其原始,系由于佃户对于该田有垦植培壅之功,故享有田面之利,又名"肥灰田"云。(《民事习惯》:180—181)

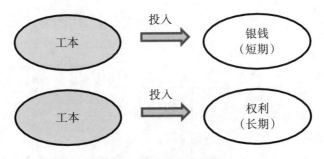

图6.5　粪土银与灰肥田

之前学者讨论"粪土银",多数只看到其"押"和"质"的性质,而忽视了其作为工本补偿和付现的性质。《云霄厅志》说:"盖佃头、粪土,原系两项。佃头乃保佃之银,佃户无欠租,业主欲召佃,宜请还之。粪土乃兑佃之银,新旧相承(转佃),多寡无定。"[1]其实,由"粪土银"到"粪质银"这一字之差,亦可看出其间演变和不同。例如,"佃户赁耕立承耕字,以银为质,如有欠租即另招别佃,将此银抵扣所欠之租,名曰粪质银,亦曰'粪尾银'"[2]。

---

① 嘉庆《云霄厅志》卷四,土田。
② 转引自龙登高:《11—19世纪中国地权市场分析》,《中国农史》,1997年第3期。

(二)逻辑

1. 从"垦荒""耕种"到"灰肥钱"

假设各生产要素具有同质性,要素市场是竞争性的,地主通过招佃垦荒,或是通过雇工开垦,荒地由生变熟,所需工本投入其实都是一样的。先看下图:

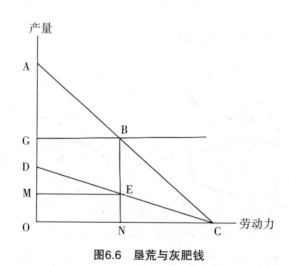

图6.6　垦荒与灰肥钱

横轴度量在一块已知面积的土地上投下的劳动力,纵轴度量在这块土地上的产量。直线 ABC 为劳动力作用于熟地(社会平均水平)的边际收益曲线,代表劳动力作用于熟地的边际产量函数。DEC 为劳动力作用于被垦地的边际收益曲线,代表劳动力作用于被垦地的边际产量函数。

当作为劳动力时,雇工收入是佃农收益的机会成本。而佃农租种熟地时的收益则是垦荒的机会成本。若农业劳动力市场上的工资为 OG,则水平线 GB 是熟地地主愿意支付的工资水平,也是佃农租种熟地时投入相同的劳动量 ON 可以获取的收益(OG=NB)。

如果佃农选择垦荒,同样的劳动量 ON 作用于被垦地,其收益却只有

NE(NE=OM)。也就是说,在投入同样工本的情况下,佃农租种熟地的收益与垦荒收益的差距为OG-OM。

在极端情况下,当荒地没有任何收益时(垦荒头几年),边际收益曲线与横轴重合,为OC。此时,佃农失去的收益即为机会成本OG。这相当于佃农为地主白干,形式上为佃农,实际上却等同于地主雇用佃农做工,却没有付工钱。

假如将荒地开垦为熟地需要n年,也就是说,在第n+1年时,经开垦后荒地的边际收益曲线(边际产量函数)与熟地的边际收益曲线一致,我们可以得到理论上"粪土银"的计算公式:

$$F=\sum_{i=1}^{n}(OG-OM)$$

2."粪土银"与"灰肥田"

以上讨论的是"粪土银"("灰肥钱")的经济起源,那从"灰肥钱"到"灰肥田"("粪质制")的演化又有一种什么样的逻辑呢?

史料显示,地主垦荒,往往是因为缺乏工本(主要是缺乏资金投入),才采取招佃开垦的方式。如果土地刚刚开垦熟,便要求兑现"灰肥钱",无异于采用雇工的方式,在垦熟后直接付工钱。即使是在熟地收租一段时间后,要拿出一笔现金付现给佃农,在当时的金融环境下,也是有困难的。因此,对于主佃双方来说,最好的办法是,佃农连续租种该块土地(没什么特殊情况的话),而地主将这笔钱押着。如果此田一直由该佃农租种,实质就是永佃了(有的地方叫"灰肥田",有的地方叫"粪质制")。当由于特殊原因,地主要求撤佃时,佃农提出给回"灰肥钱",便实属自然。还有一种特殊情况是,当佃农由于种种原因不想或无法再耕种该地,或因缺钱急用,而地主一时又无法满足其要求时,佃农便可以在土地市场上将该地块转让。转让的时候,原佃向新佃收取"灰肥钱"也是自然的了。而原佃将其永佃资格转让于一新佃,这事实上就是田面权的交易了。

土地有三种类型:荒地、半荒地(半熟地)、熟地。前面讲的是荒地的情况。对于半荒地(半熟地),也可以用同样的逻辑解释。如果说开荒需要工本费,从而有了"灰肥田",缘何熟地出租却需要押租了呢?

我们知道,原佃向新佃转让土地,收取的叫"灰肥钱"。这时转让的往往是熟地。如果由地主撤销原佃,收回土地,再重新招佃,这时出租的也是熟地。为了弥补之前地主给还原佃的工本钱,地主重新招佃时,可能会再收取一笔费用,名曰"押租"。不论是原佃向新佃转让熟地收取"灰肥钱",还是地主重新招佃收取一笔费用,这笔钱久而久之形成惯俗,便成了在出租熟地时收取"押租"了。这是从"灰肥钱"出发的一种解释。尽管民间习俗发展到后来,"押租"在事实上承担了质押田租以防逃租的功能,[1]但并不能由此而否认之前的渊源,而这一来龙去脉也是符合经济逻辑的。

3. 短期合约与长期制度

接下来,探讨"灰肥钱"与"灰肥田"背后短期合约与长期制度之间的关系。赵冈、陈钟毅在《中国经济制度史论》中讨论了不同的农业经营方式之间的关系;[2]张五常在《佃农理论》中讨论了分成租制与定额租制的关系。[3]在私人产权的条件下,无论是地主自己耕种土地,雇用农民耕种土地,还是按一个固定的地租把土地出租给他人耕种, 或地主与佃农分享实际的产出,这些方式所暗含的资源配置都是相同的。也就是说,不论采用雇工经营还是租佃经营,租佃制不论采行定额租制还是分成租制,资源配置的经济效率是一样的。这里的前提假设是:土地与劳动力为品质纯一的生产要素,资源具有排他性和可转让性,农民在自由市场中私人产权约束条件下追求

---

① 这在民间反映为从"粪土银"到"粪质银"的称谓上。

② 参见赵冈、陈钟毅:《中国经济制度史论》,新星出版社,2006 年。

③ 参见张五常:《佃农理论》,商务印书馆,2000 年。

财富最大化,也就是经济理论中的完全竞争市场模型假说。现实中之所以出现对合约安排的不同选择,主要由于风险和交易成本的不同。

本书在以上两篇著作分析的基础上,进一步作些讨论。显然,在一个有交易成本的世界,尤其当与不同佃农签订合约不仅需要成本还面临由于不熟悉、信息不对称带来风险时,永佃要优于不停地变更租佃关系。从历史来看,实行永佃制的地方,多采用定额租制。这里透露两个信息:一是一定的生产条件下,地主和佃农对土地生产要素所能带来的收益及可能面临的风险有比较固定和一致的预期;二是地主承认并鼓励佃农投入工本获取更多的收益。在以上信息反映的情况下,永佃制显然要比变动不居地更换更合适,从而成为主佃双方合意的选择。对地主来说,定额租,给谁种不是租,何不做个甩手掌柜,一约永逸。对佃农而言,永佃既安全又亲切,切中国传统社会农民对土地的期望和情感。说安全,是因为今年不用为明年的耕作对象在哪里而发愁;说亲切,是因为传统农业社会农民对长期耕种的土地——劳动的对象有着由衷的亲切感。说永佃制促进了农民的投入,改良了土壤,提高了农业生产,那只是它伴随而来的结果,或者说它发生以后,客观上具有了这样的功能。从逻辑上看,这不能成为永佃被选择或流行的缘由。道理是,在一个自由交易、没有成本、谈判顺畅的假设里,无论采用什么样的合约方式都是一样的。也就是说,"灰肥田"和"灰肥钱""粪质制"还是"粪土银",效果都一样。或者说,在一个能通过合约方式产生足够激励的社会,无论是短期合约还是长期合约,都能达到促进投入的效果。因为人们(包括主佃双方)都承认工本的价值及其应当的归属。

三 小结

(一)关系

综合以上历史和逻辑的分析,"垦荒""耕种""押租""粪质钱""永佃"之间有以下关系,如图示:

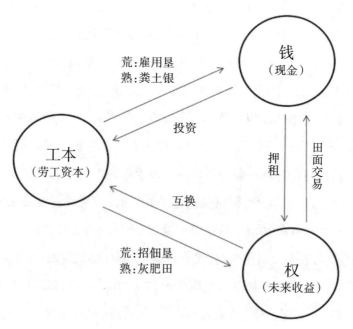

图6.7 垦荒、耕种、押租、粪质钱、永佃之间的关系

(二)常识

以上关系体现的却是基本的常识:①工本(劳动、资本)是有价值的;②在垦荒、耕种过程中投入了工本;③凝结为价值:要么给钱,要么赋权;④钱和权是可以转换的。

（三）意义

前辈学者关于永佃和田面权已有大量讨论和高水平成果，本书的研究旨在表明以下两点：①从"粪土银"到"粪质制"，从"灰肥钱"到"灰肥田"，从"草粪银"到"草粪权"，其间的内在关系，不仅体现了一定的理论逻辑，而且有其历史依据。它们的出现满足了不同环境条件下农业生产的需求。②从经济学角度看，其演化背后体现了短期合约与长期制度之间的关系。

第二节　钱还是权：农户的不同需求与选择

从历史经验看，保障和激励农民积极地进行工本投入的制度安排主要有三种：一是工本投入补偿机制，二是农地产权机制，三是地权流转机制。

为了让论证表述更具历史原味，我们沿用中国传统社会的习惯用语："粪草银""灰肥田""田面权"——分别指代投资变现补偿、长久不变的耕作经营权、可流转交易的地权。

"粪草银"，有些地方俗称"粪土银"或"灰肥钱"，是指佃农由于在耕作过程中投入了工本，而在转手时要求给还的补偿。"灰肥田"，有些地方俗称"粪质制"，是指佃农通过垦荒、耕作，改良了土壤，进而获取的永佃权[①]。"田面权"指在永佃权的基础上进一步获得了独立的佃权，它不仅表现为长期

[①]　关于永佃权的用法，有些学者提出不同见解（如梁治平：《清代习惯法：社会与国家》，中国政法大学出版社，1996年）。笔者的观点是，永佃权的表述，当然是今天的人们用现代权利的观念去解读传统的现象。抛开法律体系的观念，仅用"权利"一词来表述"可以做什么"，未尝不可。永佃权就是"可以永远耕作"的意思。自清末民初以来，"永佃权"已成为习惯表达的一个用语，在此不妨接着使用。

的耕作权,还具有自由转手交易的权能。根据已有研究①以及前文考察,在
"灰肥田"的内涵里,佃农还只有永佃(长期耕作)的资格,尚无将耕作使用
权转让的权利。如果佃农不想再耕作,只能退佃——退回原来的田主,不能
出顶——转让给其他的佃户。这正是"灰肥田"(永佃权)与"田面权"的不同
之处。从永佃权到田面权的过渡,事实上就是增添了可以自由买卖佃权的
权利。也就是说,田面权的内涵不仅有耕作使用土地的资格,还有自由将其
处置转让的权利。田面权使得其拥有者变为了田土的一主——田面主。田
面主对于田面权的支配和运用是独立的。田面主与田底主(田底的拥有
者),具有对等的地位,田面权与田底权并行。

"粪草银""灰肥田""田面权"是过去的用语,也是传统社会存在过的制
度②形式。它们是形象的表达,更是生动的历史。在接下来的讨论中,我们分
别将"粪草银""灰肥田""田面权"用来指代不同的制度安排——短期合约、
永佃制、可交易地权。

一 "粪草银"与工本投入——短期合约的功效

"粪草银"就是直接对"工本投入"的补偿。在租佃制下,它通过免租或
者减租的方式实现。

(一)免租

免租主要是在垦荒的头几年实行,用于保障佃垦荒地的权益,也为了

---

① 参见杨国桢:《明清土地契约文书研究》,中国人民大学出版社,2009 年;梁治平:《清代习惯
法:社会与国家》,中国政法大学出版社,1996 年。

② 这里的制度采广义,既包括正式的,也包括非正式的;既有明文于国家律例,也有体现于民
间习惯。但有一共同点就是,它们都是在中国传统社会具体实践着的、有生命力的、活生生的规则。

激励佃农多投工本,以使荒地开垦成熟,为主佃双方都带来收益。这类习惯在各地相当普遍。例如,吉林六道沟县,"垦山地者,须过五年,方给地主纳租;垦平地者,须过四年,方给地主纳租。若未至年限,地东出卖该地,必须酌给垦户相当之垦地费用"。(《民事习惯》:43)奉天通化县,"垦荒,立约定明年限,多或八年、十余年,至少五年不等,限内所获粮石与地主无涉,期满垦户退地,或另议纳租"。(《民事习惯》:30)山东蒙阴县,"以山场或荒坡租人垦殖者,三年内由承租人自行种收,与业主无干;至三年后,应与业主亲立租种或几分种之契约"。(《民事习惯》:146)江西永新县,"凡多年荒地,如有人情愿从事开垦承耕,三年之内可不出租,其应完钱粮仍由原业主完纳"。(《民事习惯》:251)浙江南田县,"新垦亦仅能播种杂粮,收花甚微。佃户向业主承垦,于养淡之后,业主不能遽为收租之主张,缘佃户须赔垫垦本,翻种三年,始可望其逐渐成熟,以故三年期内,业主不收花息,藉为劳力之报酬。契约一经订定,业主即须受契约上之拘束,不得中途自由撤销及变更,苟有违反时,须负偿还垦本之责任"。(《民事习惯》:286)甘肃礼县、西和两县,"佃户向业主承垦,所立租约必书明三年后每年纳租若干,若在三年期内、业主不能收租等语。契约一经订定,业主即不得中途变更"。(《民事习惯》:392)甘肃成县,"凡向业主承垦荒地者,有三年不纳租之习惯"。(《民事习惯》:405)安徽黟县,"未开垦或已荒芜之田地招人开垦,订明期间,佃约内即载一切费用皆由承佃人负担,该地上所得之利益,地主不得过问,即以为开垦费用之酬报"。(《民事习惯》:549)

这些习惯反映了社会的共识:垦荒不易,必须多予补偿。其实,即便不是开垦新荒,重修旧地付出了工本,也同样是要相应补偿的。例如,在直隶完县、清苑等县"稻田被水冲毁,经村人修理栽种,阅五年后方许原业主持契认地,五年内不许原业主干涉"。(《民事习惯》:23)

(二)减租

减租分两种情况:如果是定额租,则要求新垦地的租额比熟地轻;如果是分成租,则要求佃户所得比田东多。例如,黑龙江萝北县,"荒地乍垦,其前二年仅能种粗粮,如高粱、豆子、玉蜀黍等类,租户对于地主所纳粮租,每垧纳租约二三斗,按所种之粮分纳。如系租种垦熟较久之地,可种小麦、荞麦、谷子等类,每晌纳租约七八斗,按所种之粮分纳"。(《民事习惯》:108)讷河县,"租户对于地主所纳粮租,因地当初辟,优待租户起见,每垧纳租三五斗,或七八斗不等,均按地之沃瘠而定。其纳租品类,糜谷之外,如系沃地,有带元豆或小麦二三成者"。(《民事习惯》:55)福建浦城县,"山主出佃有二种契约:(一)出佃时,山系荒山,全由佃者栽种成林时,应佃六主四或七三、八二,均由契约定之。(二)其山本有林木,由双方视看后,订明成分,俟砍伐时,当场分收,或公拚得价,按成领收,此种限制,皆在当时双方约定,杉木出拚后,山场仍归山主"。(《民事习惯》:309)

二 "灰肥田"与长期投资——农地产权的力量

下面是两则"安佃"地契,一则是安"开垦佃",一则是安"熟佃"。它们反映了地主通过给予永佃权,激励佃农用心耕种、奋力施肥。

> 立安开垦佃佳昌、日顺等,承祖顶有民班三号,坐产闽清县升平坊涤头林地方,土名菜园里,并上斜下份炭窑湾,又本厝后门湾,受种二十斤。今安与佃户吴承德开垦耕种,递年不拘损熟,约纳租米四斗正。早晚两冬牲付黄家房内当年轮收,不得欠少。自安之后,务要用力耕作,不得抛荒丘角,亦不得欠少租粒,听佃永远耕作,黄家不得另召。两家

允愿,各无反悔。今欲有凭,立安佃开垦佃一纸。付照(乾隆二十年一月)
(《福建文书》:5)

立安佃福城田主东林衙旺房,承祖里有民田贰号,坐产闽清县十七都地方,土名下尾垅、后尾洋、小退等处,共受种乙石肆斗,年载用租谷参千城佰五十觧。言议折实白早米贰百陆拾贰斗小,额内约禾廿五斗小,递年不拘损熟,照额纳租。自安之后,前去用心耕种,不得抛荒丘角,亦不得欠少租粒及插水等情。倘有此情,另召别人耕作,不许阻占。其田如不欠租,听其永远耕作。向后两家并无增减之理,今欲有凭,立安佃乙纸付照。

年例田牲贰大只。供顿全

雍正玖年拾壹月　　日　　　立安佃福城田主东林衙给

(《福建文书》:5)

如果不给予永佃权,将出现由于换佃频繁而导致土地贫瘠的状况。例如,在嘉庆年间,凤属林案叛产"因耕佃一年一换,无人肯实力用本下粪,田园瘠薄,日就荒芜",官府遂不得不"出示晓谕,准给永耕"。[1]已有研究显示,永佃制的出现具有一定的必然性,它使耕种田地之农户能更加爱护土地,注意培养地力,避免各种不利的短期行为。[2]

三　"田面权"与农户投资——权利流转的魅力

在促进农户投资方面,与"灰肥田"相比,"田面权"主要通过地权的流转来实现工本投入的价值,从而保障了农户投资的权益。一方面,它让以往

---

[1]　转引自杨国桢:《清代台湾大租述论》,《台湾研究集刊》,1984 年第 1 期。

[2]　参见赵冈:《永佃制的经济功能》,《中国经济史研究》,2006 年第 3 期。

的投资得到变现;另一方面,可使未来的收益在当下贴现。田面在流转中发生增值,便很好地说明了这一点。

下面一则交易契约显示,土地转佃后发生了增值:第一次"佃",价银一两;第二次"佃来",价银二两六分;第三次"转佃",价银三两八钱。

休宁县李奇付转佃田约

立佃约人李奇付,原佃得李三付田一备,坐落土名树坑桥头,计田一亩五分,计田大小三饭,计硬租十四秤十四斤。先年得价银一两佃与同春堂,递年交小租三秤。崇祯十四年十一月,是身凑价银二两六分,佃来耕种,交纳正祖并同春堂小租。今因欠江三孙会银,将前田转佃与房东李名下为业,得受价银并酒食银二①两八钱。其银、契当即两交明白,并无重复交易。不明等情,是身承当,不累受佃人之事。恐口无凭,立此佃约为照。

崇祯十五年五月初二日立佃约人李奇付

依口代笔　谢元禄

其田共价银叁两六钱,外酒食贰钱整

(《徽州文书》:424)

通过田面流转,佃农获取增值收益,各地的称谓和做法有些不同。《江阴县志·风俗》说佃权"老则以分之,贫则以卖之,而谓之榷。榷得之财谓之上岸钱,然反多于本业初价。如一亩银二两,上岸钱或三四两"。浙江省上虞县习惯谈到,佃户转顶与他佃户,亦有顶契,契内写顶价处空留地步,将来收回时,就空处照时价补填,名曰照时价回赎。(《民事习惯》:283)

---

① 原书中为"二",但根据后面的计算,疑应为"三"。即田价银三两六钱,加上外酒食二钱整,等于三两八钱。

买卖田面的契中,一般写上"立退小买田契人"的习惯用语,称"退"不称"卖",就是因为田面买卖最初是以补偿力坌、粪草或顶首的名义出现的。[①]另外,也有以佃、顶的称谓转让田面。和普通清业田一样,除了活卖,还有绝卖。例如,顺治十六年祁门江求富出佃田皮契,"议作时值价粪力田皮纹银贰两贰钱正"[②]。同治五年杏月,歙县汪士德立顶粪草田批,得受顶价银洋□□元整(《徽州文书》:231—232)。光绪廿一年四月,歙县江槐孙等杜卖粪草田皮契,出卖粪草田皮与胡姓名下前去耕种交租管业(《徽州文书》:233—234)等。

四　三维制度体系——满足农户的不同需求

虽然从历史发展和逻辑演进的角度看,存在这么一个过程:粪草银—灰肥田—田面权,但在实际的耕作生活中,三者常常是同时并存的。这说明,每种制度各有其竞争力,且都有存在的必要。三种类型的激励机制共同构筑了一个有机的三维制度体系。

佃农在粪草银、灰肥田、田面权这三者之间是可以选择的。也就是说,佃户可以根据自身需要进行选择:①长期佃耕,获取土地产出的收益;②退回原来的地主,获得工本补偿;③转佃他人,得到由工本投入带来的土地增值收益。第一种情况,例如,浙江省海盐县的调查显示,业户抛荒田亩,由客民垦荒,被业主发觉后,订立长期承种契约,按年纳租,如果要收回土地的权利,则得给还相当的垦价。(《民事习惯》:266)第二种情况,例如,江苏省靖江县习惯反映,佃户对于业主有特别的权利,佃户在完纳轻租条件下,可以随时将田辗转交易,而业主却不得改佃,如果佃户自愿将垦熟的田退回

---

① 参见刘和惠:《清代徽州田面权考察》,《安徽史学》,1984 年第 5 期。

② 王钰欣、周绍泉:《徽州千年契约文书:清、民国编》(卷一),花山文艺出版社,1991 年,第 51 页。

给业主,业主则应当照原纳租额约十倍的数量给佃户。(《民事习惯》:200)第三种情况,例如,安徽省贵池县,佃户如有不能承种的时候,可以"私顶与他佃接种,收回顶礼银若干,业主即向后之佃户换约,直接收租。如业主因佃欠租,欲其退庄,亦必酌给开垦之工资为退庄费"。(《民事习惯》:227)

进一步比较,可以发现,工本投入补偿、农地产权保障和地权流转之间具有共通性:农地产权保障的其实就是工本的投入权益,地权流转后所得收益某种程度就是对工本投入的补偿,地权流转后所得的增值收益实质上是对未来拥有农地产权的贴现。它们构成一个互连互通的整体。制度的有机性和灵活性,适应和满足了农户不同时空环境下的需求弹性,充分调动了农民工本投入的积极性。三维制度安排有效实现了保障和激励功能。

经由不同制度安排下的相应选择,对工本投入的补偿,其形式可以是田东补偿佃农,也可以是新佃补偿旧佃。

田东补偿佃农

湖南省衡山县习惯:出退费。何谓出退费,例如,甲承佃乙田屋、山林等业,历十余年或数十年,均照约交纳佃租无异。嗣甲佃身故,乙仍将该庄归甲之子丙耕作,并未新立佃约。厥后乙东亦故,乙子丁与丙因东佃不睦,遂令丙退佃交庄。而丙以该田、山系其父甲承佃耕作有年,曾经开垦某处山场,种植某山树株,修筑某方房屋,去工若干,去费若干,设非如数认还,不允退佃。丁因席请戊、己等从场处议,对于确有开垦、种植、修筑等费,劝丁出资偿还此项费用,名为出退费。(《民事习惯》:359—360)

安徽省芜湖县习惯:退佃时之搬迁费。佃种田地,凡分二种:一为熟田、熟地之佃,地主于退佃时,只负返还羁庄钱之义务。一为荒田、荒地之佃,退佃时,除返还羁庄钱外,并须酌给搬迁费若干,以为垦荒及

下庄之费用。(《民事习惯》:523)

新佃补偿旧佃

湖南省汉寿县习惯:沉潭费。汉寿县乡间惯例,恒有甲置田百亩,向由乙承佃耕种,历有年所。忽有第三人丙谋佃该田,而乙又不甘退佃,丙则须椙补乙钱若干串,此费永无返还,故名为"沉潭费"。至椙补之多寡,则视田亩之肥硗以为标准。(《民事习惯》:354)

湖南省长沙县习惯:凡东佃解除契约,无论东退佃或佃退东,若在冬春时,佃户对于该田已着手耕作,用有犁汇、粪草等费,则新佃户必须酌出顶项,以椙补旧佃户之损失。至顶价若干,由前后佃户自行议定,田东并不过问。(《民事习惯》:355)

安徽省当涂县习惯:肥土钱。当涂境内佃户因人力或费用缺乏,即将所佃之田分拨若干,转给他人接种,每亩取银七、八角至一、二元,名之曰"肥土钱"。分佃人对于业主并不另立佃约,收租时,仍由原佃收齐转交业主。(《民事习惯》:559)

正是在三维制度体系的激励下,才出现佃田"以永远为期,硗瘠之土,一经承佃,辄不惜工费以渔利,而田主莫能取盈"。(嘉庆《增城县志》)也正是在三维制度体系的保障下,社会对工本投入的承认,才能实际转化为佃农的收益。佃农奋力施肥、用心耕作的结果,不仅体现在租佃合约中佃农收入更高,而且体现在土地交易中田面价要高于田底价上。历史上出现的"金皮银骨""过投地价值贵,苗地价值贱""大租收益少于小租"等现象,均是证明。

福建省连城县习惯:金皮银骨。连邑田产收益,大都主佃各得其半。然肥沃者往往佃占八九,主得一二,历时既久,佃户发生田皮权,得

以典当与人,偶有争论,业主不能干涉,即官府亦难依法判理,因有"金皮银骨"之称。(《民事习惯》:300)

江苏省海门县习惯:海门田制有底与面之分,底为苗,面为过投,若苗与过投为一人所有,则谓之"底面地"。……过投地价值贵,苗地价值贱,往往有十与一之比例。(《民事习惯》:198-199)

浙江省上虞县习惯:沙地业主向承垦户所收之租钱,年收每亩数百文,谓之"大租"。垦户转租与种户,年收每亩租钱三、四千文,谓之"小租"。大租收益少于小租。(《民事习惯》:283)

历史经验显示,在农业生产中,保障产权、激励投入有三种制度安排:补偿机制、地权机制和权益流转机制。这三种安排,对于农户来说相应有三种选择,它们之间是可以互通的,在这三种制度下的权益是可以转换的。三种制度安排各有其竞争力,适应和满足了不同条件下农户的需要。产权说到底就是劳动投入的权益。不论是工本的产权还是土地的产权,最终都是因为投入了劳动才产生的权益。只是这些权益有些是当期的,有些是跨期的。土壤在投入劳动进行开垦之前只是荒地,只有通过劳动,才能将各种要素结合在一起并实现产出。这一原理和过程符合古典政治经济学的产权思想,也与中国传统社会的实际经验相一致。因此,在讨论产权问题时,如果只注意地权,是不完整的;在谈论地权时,如果只注重静态稳定的一面而忽略了地权的流转和权益的实现,同样也是不足的。

第七章 传统社会土地交易价格形成过程

第一节 对"找价"的重新认识

研究中国传统社会(尤其是明清以来)的土地交易,绕不开"找价"问题。"找价"是指在土地交易过程中,订契成交后原业主仍要求加找价钱的现象。它曾大面积出现在我国的许多省区。[①]这种"加找"不只一次,往往出现一找、二找、三找而不断,在传统契约名目上,相应有"洗""尽""撮""凑""缴""休""杜""叹气"等称谓。[②]对于传统土地交易中这种"卖而不断""断而

---

① 据陈铿统计,在契约文书、档案文件、方志文集、调查报告中发现记载的就有:江西、贵州、甘肃、山东、山西、福建、江苏、浙江、安徽、湖北、陕西、湖南、热河、河北、广东等地。(陈铿:《中国不动产交易中的找价行为》,《福建论坛(文史哲版)》,1987年第5期。

② 参见杨国桢:《明清土地契约文书研究》,中国人民大学出版社,2009年,第23页。

不死"的现象,过去的统治者和士人曾斥之为"陋习""恶俗"。①由于担心多次找价,易生纠葛,造成治安事件,中央和地方专门颁布了一些约束性规定(律例、告示、禁令等),试图禁止"找价"行为。②然而"找价"在民间不仅没有减少,还愈发盛行,以至相沿成俗,由此产生了所谓民间惯俗与官方律例之间的矛盾。

对于一种看似"不合理",却在民间长期盛行,甚至在官府律例严加禁止的情况下,还延续不衰的现象,该如何看待?

当代学者对"找价"的研究,早先专论并不多,主要散见于史学界关于中国土地制度史、土地交易等著述中,③由于是在"地主制经济""阶级斗争"

---

① 例如,康熙时浙江天台知县戴兆佳发布的告示称:"天台陋例,一正必有一找……"(《天台治略》卷六);乾隆五年浙江发布告示《严禁找贴恶俗》(《成规拾遗》,转引自《明清土地契约文书研究》,第187页);光绪六年青浦县立碑严禁找价,碑文称:"绝产加叹,最为地方恶习。"(上海博物馆图书资料室编:《上海碑刻资料选辑》,上海人民出版社,1980年,第156页。)

② 中央如《大清律例》规定:"嗣后民间置卖产业,如系典契,务于契内注明回赎字样,如系卖契,亦于契内注明永不回赎字样。其自乾隆十八年定例以前,典卖契未明,如在三十年以内,听其按例分别找赎。若远在三十年以外,契内虽无绝卖字样,但未注明回赎者,即以绝卖论,概不许找赎。如有混行争告者,均照不应重律治罪。"(乾隆六十年刊,卷九);地方如康熙、雍正年间,两江总督、湖广总督、广东总督、云南巡抚都曾发布禁令。(李文治:《明清时代封建土地关系的松解》,中国社会科学出版社,1993年,第408页。)

③ 专论如,陈铿:《中国不动产交易中的找价行为》,《福建论坛(文史哲版)》,1987年第5期;唐文基:《关于明清时期福建土地典卖中的找价问题》,《史学月刊》,1992年第3期;朱华、冯绍霆:《试论清代上海地区房地产交易中的加叹》,载《近代中国》(第8辑),立信会计出版社,1998年等。在相关研究中顺及探讨过的如李文治:《论清代前期的土地占有关系》,《历史研究》,1963年第5期;周远廉、谢肇华:《清代租佃制研究》,辽宁人民出版社,1986年;杨国桢:《明清土地契约文书研究》,人民出版社,1988年;梁治平:《清代习惯法:社会与国家》,中国政法大学出版社,1996年;赵晓力:《中国近代农村土地交易中的契约、习惯与国家法》,《北大法律评论》(第1卷第2辑),法律出版社,1998年。

范式下探讨,因而对"找价"基本持否定态度。①近十年,法学和社会学界兴起了一些探讨,在新的视角下有了新的观点,但仍以负面评价为主。法学界的探讨集中于民间习惯与社会秩序,②社会学界感兴趣的是"找价"的社会功能。③不难发现,新近的讨论,一方面基于历史学界前辈的研究,另一方面很大程度受日本学者的影响,在材料方面并没有大的突破。岸本美绪较早以专文探讨了明清时期的找价回赎问题,重点是找价回赎纠纷的判断标准问题。④大概受主流认识和评价的影响,一些学者在论文中顺及提到"找价"时,也都有意无意强调其"陋习"的一面。⑤

应该说,已有研究作了相当的积累,为从不同角度理解"找价"现象打开了视野,但也存在一些不足:一是论证材料以间接引述居多,案例分析有限,基于地契资料作系统考察的很少。二是在评价上,由于否定态度占主导,难以保证能理性分析"找价"屡禁不绝、蔚然成俗的原因。三是关于功能的探讨,一方面认为"找价"有其社会作用,另一方面却否认其经济价值。很难想象,一种不合经济规律的交易行为,仅仅为了客观上所具有的社会功

---

① 例如,杨国桢认为,这种不停"找贴"现象,"不但没有为新的生产方式的诞生提供有利的条件,反而为腐朽的地主制生产方式提供了更生和回旋的余地"。(杨国桢:《明清土地契约文书研究》,中国人民大学出版社,2009年,第200页)周远廉、谢肇华认为,"从表面上看,找价、回赎习俗,对地主阶级颇为不利,对农民阶级有些好处。但是,如果联系清代实际,深入分析,我们便可看出,从根本上说,这种习俗对农民阶级是很有害处的,它不利于农业的进步,不利于社会经济的发展"。(周远廉、谢肇华:《清代租佃制研究》,辽宁人民出版社,1986年,第54页。)

② 例如,卞利:《国家与社会的冲突和整合》,中国政法大学出版社,2008年;春杨:《明清时期田土买卖中的找价回赎纠纷及其解决》,《法学研究》,2011年第3期;尤陈俊:《明清中国房地买卖俗例中的习惯权利——以"叹契"为中心的考察》,《法学家》,2012年第4期。

③ 例如,罗海山:《试论传统典契中的找价习俗》,《文化学刊》,2010年第4期;胡亮:《"找价"的社会学分析》,《社会》,2012年第1期。

④ 该文日文发表时间是1996年,中文译稿《明清时期的找价回赎问题》收录在《中国法制史考证》丙编·第四卷·日本学者考证中国法制史重要成果选译·明清卷,中国社会科学出版社,2003年,第423~459页。

⑤ 例如,杜恂诚在关于道契制度的研究中提到,"'找赎'是中国传统土地交易中的陋习"。(《道契制度:完全意义上的土地私有产权制度》,《中国经济史研究》,2011年第1期。)

能,能在民间自发成长并延续这么长时间。

本书并不打算在评价问题上争论,而是结合学界已有成果,从现代经济学原理出发,基于现有的地契资料和习惯调查,作实证研究。在此基础上,对“找价”的内在逻辑作一探讨,尝试从经济社会融合的视角,对“找价”的功能作用作些初步分析。

一 实证分析:基于交易契约和民事习惯的考察

“找价”,一而再,再而三,令今人困惑,不知道它的终点在哪里,从而产生无休无止的印象。“找价”真是个无底洞,永远填不满,从而使地价高上天吗? 问题的解答,除了发掘昔人记述,还需有更多实例加以验证,需要对原始交易记录加以整理研究。这一部分,笔者根据已出版的相关档案资料,对“找价”发生的实际状况作一考察。

从对交易案例及民间习俗的分析,我们发现,“找价”并非普遍如时人所言“讹找不休,争讼累累”[1],而是有其“边界”和“规则”。

(一)地契研究:以清代上海房地契为样本

现存可见的契约文书档案连续记载多次“找价”的,并不是很多。一些零星案例散见于各地的契约文书汇编。[2]《清代上海房地契档案汇编》是笔

---

① 道光年间,时人陈盛韵在《问俗录》中记录了他在闽为官所见“找价”情形。

② 例如,云南省社会科学院历史所藏“清康熙二十二年南安州苏世茂活卖田收付合同文书”及所附两份找约,载《中国历代契约会编考释》,中华书局 2008 年,第 1165~1168 页;苏州博物馆藏“乾隆五十年苏州闵其昌土地顶契、嘉庆十三年苏州闵云揆贴契、嘉庆二十年苏州闵云揆贴契”,载《明清苏州农村经济资料》,江苏古籍出版社,1988 年,第 175~177 页;《清代以来天津土地契证档案选编》所载一组上海的“卖加绝叹”契(天津古籍出版社,2006 年,第 275~278 页);“苏州周氏文书”“武进朱氏文书”,《明清土地契约文书研究》,中国人民大学出版社,2009 年,第 193~198 页。

者所见难得的、比较系统地呈现了"卖、加、绝、叹"四个环节的房地契资料。

1. 样本介绍

《清代上海房地契档案汇编》由上海市档案馆编(上海古籍出版社,1999年),收录了该馆藏清代上海房地产交易契约共84组,交易的时间跨度从乾隆四十三年到光绪三十四年。笔者整理发现,该书84组交易契约中,房地买卖契有77组,非房地买卖契7组。在这77组房地买卖契中,书明有"找价"情况的70组,不能确认是否"找价"的7组。在出现"找价"的房地买卖契中,有45组包含了完整的卖契、加契、绝契、叹契;由于遗失等原因,有18组包含的是不完整的"卖、加、绝、叹"契;另有7组为"卖、加、绝"合并契。(如下表)

表 7.1　《清代上海房地契档案汇编》收录契约构成情况

《清代上海房地契档案汇编》书中共收录交易契约84组				
房地买卖契77组				非房地买卖契7组
有"找价"的70组			不能确认是否找价7组	
包含完整卖、加、绝、叹契 45组	包含不完整卖、加、绝、叹契 18组	卖、加、绝合并契 7组		

上海市档案馆所藏的这批清代房地产交易契约,从保留下来到各组文书的完整程度,并非人为刻意造成,也没有受周期性因素影响,这种经由历史自然"筛选"的过程,某种意义上具有随机性。我们将包含完整"卖、加、绝、叹"契的45组交易资料作为一个样本,用来分析"找价"趋势和比重,应该说有一定的代表性和科学意义。样本中,一个样本点即一组契约,代表一个交易案例。样本容量大于30,也可谓"大样本"了。

2. 交易概况

根据样本包含的案例内容,我们将研究所需的交易信息整理如下表:①

表 7.2 《清代上海房地契档案汇编》收录契约交易案例价格信息

契号 (原书编排)	契 名	交易时间	货币 (单位)	价 钱			
				卖	加	绝	叹
4	张史氏卖房地契	道光元年十二月	通足制钱（千文）	120	70	80	20
5	孙尚修等卖房地契	道光二年十一月至三年三月	通足制钱（千文）	60	50	40	38
6	张三官等卖粪坑地契	道光三年三月至五年二月	柒折钱（两）	30	3	6	2
8	陈良玉等卖房地契	道光十九年十月至二十年十月	通足制钱（千文）	180	120	90	50
9	李见心等卖房地契	道光二十四年七月至十二月	糖规元（两）	250	100	100	50
11	郑贻茂等卖房地契	道光二十九年十二月至咸丰二年二月	豆规银（两）	50	20 再加 150	35	30
12	黄世昌等卖房地契	咸丰元年	豆元银（两）	50	40	30	20

---

① 对于交易案例中部分出现"卖装修"和"升高起造",有观点认为它们也属于"找价"[朱华、冯绍霆:《试论清代上海地区房地产交易中的加叹》,《近代中国》(第 8 辑),立信会计出版社,1998 年;杜恂诚:《从找贴风俗的改变看近代上海房地产交易效率的提高》,《上海经济研究》,2006 年第 11 期],笔者并不认同。理由如下:(1)"卖装修"的标的与"卖、加、绝、叹"不一致,契中一般注明为"在房一切装修、沿石"等,其内容与该书案例 38"张炳铨卖房料契"(地为凭租得来,所以只能卖房料)的标的内容同,这表明在没有"房地"产权的情况下,"装修"只是一堆"房料",其交易不属"房地"买卖。(2)"升高起造"契中多注明"预支",其性质是否类似于"借"?在其后需不需要偿还?现有材料并不能予以确认。另,在该书第 76 页的契中称"预支升高"为"情借",在第 197 页的契中言明"情不起利,随时归款"字样。由上,笔者以为,第一,"卖装修"不应算作"找价";第二,"预支升高"是否属"找价",存疑。在存疑情况下,笔者不主张将其纳入"找价"分析。即便计算在内,样本资料显示,"找价"占总价比重,通常情况下亦不超过 40%,尚在本书讨论的区间之内,并不影响结论。详细讨论参见笔者另文《清代上海房地买卖的价格构成与特点》。

14	顾炳来等卖房地契	咸丰五年二月至十月	库平纹银（两）	400	300	300	100
17	戴心如卖地契	咸丰六年十月至八年十一月	豆规银（两）	30	30	20	20
18	姚谷香等卖房地契	咸丰七年三月	通足钱（千文）	200	150	350	100
19	曹俞氏等卖房地契	咸丰七年八月至十二月	通足钱（千文）	16	10	10	4
20	黄梁氏等卖地契	咸丰八年十二月	豆规银（两）	50	60	30	20
21	潘紫琪等卖房地契	咸丰九年三月至十二月	银（两）	25	30	30	15
22	陈陈氏等卖房地契	咸丰九年十月	通足纹银（两）	200	300	200	70
23	康文远卖地契	咸丰九年十一月至十二月	银（两）	10	5	15	5
25	汪秋瓶卖地契	咸丰十年一月至十月	价银（千文）	25	13	20	7
26	康王氏等卖房地契	咸丰十年一月至十二月	银（两）	55	35	40	10
27	余文彬卖房地契	咸丰十年闰三月	银（两）	110	70	90	50
28	朱荣魁卖房地契	同治元年十一月至二年一月	足色曹平纹银（两）	700	500	800	300
29	张周氏等卖房地契	同治二年三月至三年五月	豆规银（两）	200	150	100	70

3. 价格特点

清代上海房地契样本反映的"找价"情况呈现出以下六个特点：

（1）房地交易大多依卖、加、绝、叹四个环节进行

房地买卖契构成情况

- ■ 完整卖、加、绝、叹契
- ■ 不完整卖、加、绝、叹契
- 卖、加、绝合并契
- ■ 不能确认是否"找价"

图7.1 《清代上海房地契档案汇编》收录契约构成情况

（2）从"找价"次数看，绝大多数案例的情况是：发生于绝卖前一次（加价），发生在绝卖后一次（叹价）

零星特例：绝卖前出现两次（案例11），绝卖后出现两次（案例52及案例69）。

（3）卖、加、绝、叹价总体呈收敛态势。总体来看，这些交易案例，卖、加、绝、叹各环节支付的价格呈现出收敛趋势。（见下图）

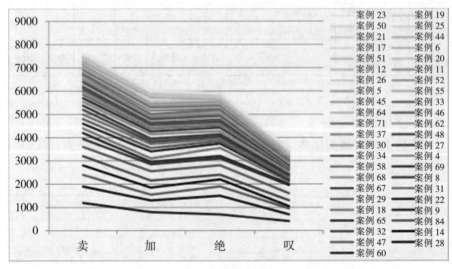

图7.2 《清代上海房地契档案汇编》收录契约交易案例卖、加、绝、叹各环节支付价格

（4）卖价、加价具有灵活性。尽管各环节价格总体看呈现收敛态势，但通过对地契的具体分析发现，卖价和加价表现出很大的灵活性。这也反映在契面文字的表述中：卖契往往在价格前面标示"估价"二字，加契中则有"因思原价不敷"字样。

为什么会这样呢？在绝卖前，业主拥有回赎权，只要不打算真将房地卖"断"，活卖或者典卖事实上可以变为以房地产为抵押的借贷行为——如此，要价高不如要价低，以便将来容易回赎。这种情况下，卖价和加价一般根据卖方的具体需求来定。需求是随机的，要价自然是灵活的。

（5）绝价根据时值议得。当到了绝卖的时候，定价则会慎重许多，常根据时价确定—— 一方面采用房地产交易中惯用的"市场比较法"参照定价；另一方面由买卖双方协商达成合意价格。[1]这在绝契中也有体现——普遍出现"议得时值杜价"云云。

（6）叹价因循俗例，占总价比重多数在20%之内。叹契中，一般都表明乃"因循俗例"，并注明"永斩葛藤"字样。数据分析显示，叹价占总价的比重：最高值为27%，最低值为4%，均值为16%。全部案例中，两成二（10个）在10%以内，六成五（29个）在10%~20%之间，一成三（6个）在20%以上。[2]分布如下图所示：

---

① 据岸本美绪对《世楷置产簿》中的数据分析（该文提到，但中文译稿未见详细数据），土地买卖一般最初的价格比时价便宜，然后通过找价，补足差额和时价上涨部分，杜绝时原价与找价的合计数额基本上与时价差不多。（［日］岸本美绪：《明清时代的"找价回赎"问题》，载杨一凡总主编：《中国法制史考证》丙编·第四卷·日本学者考证中国法制史重要成果选译·明清卷，中国社会科学出版社，2003年，第426页。）

② 样本中有两个"再叹"的案例（案例52及案例69），将"再叹"的价钱一并计入"叹价"，占总价的比重，两者均为30%。正如本书后面将分析到，这两个案例出现"再叹"也事出有因：案例52，卖方家"因葬事急迫"，"再叹"体现了传统社会经济伦理里的"补偿性"特征；案例69乃因交易之前双方凭中达成一付过订金的"成议据"，据中协商要求"如立契，应立五纸"，后来的立契行为只是依"据"行事。

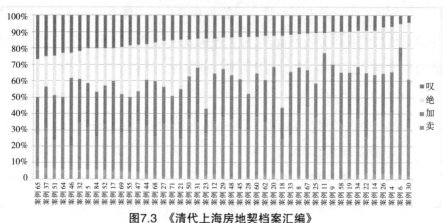

图7.3 《清代上海房地契档案汇编》
收录契约交易案例卖、加、绝、叹各环节支付价格比例图

从清代上海房地交易的情况看,"找价"总体上比较规则,一项交易,各环节支付的价格呈收敛态势,绝卖后的"找价"(叹价)占交易总价的比重大都在20%之内。

(二)惯俗分析:以清末民初"民事习惯"为中心

经验研究,能够呈现我们看到的情况大概是什么样,还难以揭示还没有看到的情况以及可能的情况;规则(律)研究,某种程度能够弥补这一不足。如果能够找到"找价"的规则,并且假定经验世界的案例会循"规则"行事,我们便能推断目前所掌握档案资料尚未"照亮"的情况会如何。清末民初开展的"民商事习惯调查"留下的资料,为我们研究这种"规则"提供了便利。

《民事习惯调查报告录》[①]中的有关调查材料显示,从内容上看,"找价"习惯主要有两大类:一类是关于绝卖前"找价"的,一类是关于绝卖后"找价"的。下面我们列举绝卖前和绝卖后的"找价"习惯,分别加以分析。

___

① 本书依据的是前南京国民政府司法行政部编、胡旭晟等点校的《中国民事习惯调查报告录》,中国政法大学出版社,2000年。以下简称《民事习惯》。

1. 绝卖前的"找价"——有边界

绝卖前的"找价",即典卖后的"找价",一般是因为出典(卖)方在约定的期限内无力回赎,只好通过"找价"走向绝卖。有时找一次价,并不意味着绝卖了,只有到"凑尽"之时,才算真正实现绝卖。凑没凑尽,或曰"找价"之边界,是以"绝卖价"为准,即如果一次性卖绝的话,其可能的价格是多少,常用"时价"作参照。我们看"找价"习俗比较活跃的地方——福建的两则材料:

福建建瓯县:建瓯典卖各业,均得按照时价求找,甚有找至数十次者,其期间多在阴历年底,如有丧葬急需,并可随时求找,但不得溢过时价之额。(《民事习惯》:318)

福建平潭县:平邑不动产典质时,必定回赎年限,届期卖主无力回赎,得向买主找价,加立契约,续议年限,谓之凑尽,如限满仍无力回赎,尚可再尽再凑,甚至叠经先人凑尽之业,子孙有急需,仍得加找,惟不得超过原卖价额。故俗语有"一典九尽"之称。(《民事习惯》:317)

材料显示,在典卖与绝卖之间,"找价"次数是没有限制的,但强调"不得超过原卖价额"或"不得溢过时价之额"。这一点在理论上也好理解:出典时,考虑到将来还要回赎,期初要价便很随意,或仅根据当时所需(主要是对货币的需求)要价,而不是主要根据土地的价值来定价。这样,如若无力回赎,在通向绝卖的过程中,自然可能出现多次"找价"。

福建顺昌县的"找价"习俗为更精细的分析提供了线索:

福建顺昌县:……找价之惯例,首次照原价加一成或加二成,若找价至三四五次,均照首次递次减半,甚至标的物昂贵之时,更可破递减之例,照时价估找,但典主不同意时,亦可外卖,或找至无价可找时,再

另契卖绝。(《民事习惯》:301)

在此,不妨将上述惯例的意思转换为数学语言:设总价为 S_n,原价为 P,找价为 P_j($P>0$,$n \in N$),根据规则,若首次照原价加一成,有:

$S_n = P + P_{j1} + P_{j2} + P_{j3} + P_{j4} + P_{j5} + \cdots + P_{jn}$

$S_n = P$

$+ 10\%P$

$+ 50\% * 10\%P$

$+ 50\% * 50\% * 10\%P$

$+ 50\% * 50\% * 50\% * 10\%P$

$+ 50\% * 50\% * 50\% * 50\% * 10\%P$

$+ \cdots\cdots$

$+ (50\%)n{-}1 * 10\%P$

$+ \cdots\cdots$

$= P + 10\%P * \left[1 + 1/2 + (1/2)^2 + (1/2)^3 + \cdots\cdots + (1/2)^{n-1} + \cdots\cdots \right]$

$$= P + 10\%P * \left[1 * \frac{1 - \left(\frac{1}{2} \right)^n}{1 - \left(\frac{1}{2} \right)} \right]$$

$$= P + 10\%P * 2 * \left[1 - \left(\frac{1}{2} \right)^n \right]$$

两边取极限得:

$$\lim_{n \to +\infty} S_n = \lim_{n \to +\infty} P + 10\%P * 2 * \left[1 - \left(\frac{1}{2} \right)^n \right]$$

$$\lim_{n \to +\infty} S_n = P + 10\%P * 2 * \left[1 - \lim_{n \to +\infty} \left(\frac{1}{2} \right)^n \right]$$

$$\lim_{n \to +\infty} S_n = P + 10\%P * 2 * (1 - 0)$$

$$\lim_{n \to +\infty} S_n = P + 20\%P = 120\%P = 1.2P$$

结果显然:按"找价"惯例,如果首次照原价加一成,后边均照首次递次减半,即使不停"叹气"(加找)下去,"找价"总额不会超出原价的20%。同理,若首次照原价加二成,后边均照首次递次减半,即使不停"叹气"(加找)下去,"找价"总额亦不会超出原价的40%。

2. 绝卖后的"找价"——有规则

前面分析显示,绝卖前"找价"有其边界,进一步思考,自然要问:如果绝卖后还再"找价",它的边界在哪里呢?

下面的民事习惯资料提示了相关规则:

T1[①]江苏省各县:出卖田土房屋,凭中出立卖契,本为通例。但此间习惯,如正契卖价若干,找价则写外有乡例使费,初次加一,二次加一,三次加一,四次八折,五次七折,六次六折,七次加一,抽丰情借,各项使费,总共计钱若干,凭中一概收讫,再照云云。有声明于正契后,有另立一契者,实则所得找价,买者仍核入正价之内。契亦一次成立,卖者亦只知共卖若干亩,得价若干而已。缘社会既有此习惯,非先声明以杜后累不可也。(《民事习惯》:181)

T2 浙江寿昌县:绝卖房屋仍可找价。例如,甲有房屋一所,托中绝卖于乙,设定价洋为五百元,当日凭中收足,契约上亦载明"任凭受买人管业,永不再找"字样,房屋亦完全移转于乙。隔数年,甲可向乙照原价五百元二成找价,计可找洋百元;又隔数年,甲又可向乙照前找百元二成找价,计可找洋二十元;再隔数年,甲复可向乙照前找二十元二成找价,计可找洋四元,买受人不得拒绝,俗称"房屋一卖三找"。(《民事

---

① 为了使下面的表达式在阅读时便于对应,特在每个惯例前分别用T1、T2、T3加以标示。

习惯》:610）

T3 福建霞浦县:写明永断葛藤,不敢言贴业之业,尚得立字找贴一二三次,其第一贴照原断价加一,至二三贴则照第一贴递次减半,但在咸丰间成契者,止一卖一贴,同治后者,乃有三贴,俗例然也。(《民事习惯》:319)

我们将以上材料蕴含的信息,用表达式呈现,并通过计算揭示其中规律:

T1 江苏省各县:

不妨设总价为 S,正价为 P,找价为 P_j

根据习惯意思有:

$S_n = P + P_{j1} + P_{j2} + P_{j3} + P_{j4} + P_{j5} + P_{j6} + P_{j7} + \cdots + P_{jn}$

$S_n = P(1 + a*0.1^n)$ （$P>0, a<1, n \in N$）

$S = P$

$+ 10\%P$

$+ 10\%*10\%P$

$+ 10\%*10\%*10\%P$

$+ 80\%*10\%*10\%*10\%P$

$+ 70\%*80\%*10\%*10\%*10\%P$

$+ 60\%*70\%*80\%*10\%*10\%*10\%P$

$+ 10\%*60\%*70\%*80\%*10\%*10\%*10\%P$

$= P(1 + 0.1 + 0.01 + 0.001 + 0.0008 + 0.00056 + 0.000336 + 0.0000336)$

$= 1.1127296P$

也就是说,如果加找到第七次,"找价"相当于原价的 11.27296%

如果继续按此规则"不停叹气"(加找),相当于有:

$S=P+0.1127296P+a*0.1127296P+\cdots\cdots(a<1)$

显然, $P_j=P_{j1}+P_{j2}+P_{j3}+P_{j4}+P_{j5}+P_{j6}+P_{j7}+\cdots+P_{jn}<12\%P$

即"找价"总额不会超出原价的12%。

T2 浙江寿昌县:

设总价为 S,原价为 P,找价为 P_j

根据习惯意思,"一卖三找"可表示为:

$S=P+P_{j1}+P_{j2}+P_{j3}$

$S=P$

 $+20\%P$

 $+20\%*20\%P$

 $+20\%*20\%*20\%P$

 $=(1+0.2+0.2^2+0.2^3)P$

 $=1.248P$

可以看出,经过"一卖三找",找价总额不会超出原价的25%。

本例中,若将原价P=500代入,可得S=624(元)

T3 福建霞浦县:

同样,设总价为 S,原断价为 P,贴价为 P_j

根据习惯意思,"一卖三贴"可表示为:

$S=P+P_{j1}+P_{j2}+P_{j3}$

$S=P$

 $+10\%P$

 $+50\%*10\%P$

 $+50\%*50\%*10\%P$

195

=(1+0.1+0.05+0.025)P

=1.175P

结果清楚：经过"一卖三贴"，贴价总额也不会超出原价的20%。

通过以上分析处理，可以看到，绝卖后的"找价"也是有边界的——它的边界隐藏在它的规则之中。根据惯例规则，"找价"总额一般不会超过原价的20%；"一卖三找"的情况，"找价"总额不会超出原价的25%。这一点，在前面"清代上海房地契"样本中已经得到了印证。

有些地方习惯，对于"找价"次数及金额的限制很明确，例如：

> 安徽全省：不动产买主于支付价金，领受买得物后，卖业人于正价外，另索找价一次，名曰添，其设立之书据，名曰加添字，一曰增加字，找价之额总以不逾正价十分之一为限。（《民事习惯》：525）

这里需要强调的是，并非所有的绝卖都必然伴随"找价"发生。一些地方出现"找价"习俗，对于当地来说是"惯例"；相对于更广地域的普遍情况而言，可能就是"特例"了。尽管如此，我们看到，即便在绝卖后发生"找价"的地方，也是有规则的。

对民事习惯的考察表明，不论是绝卖前的"找价"，还是绝卖后的"找价"，都并非漫天要价，它们是有限度的。一次，两次，无数次，看似无止境，却有"规"可循。

另外，如果我们将"找价"放在传统人情社会的背景中思考，也能体会到：当每一次"找价"成为一次"面子"上的"磨损"时，"加找"显然不会无休无止。只有万不得已之时，不停"叹气"才可能发生，而这是中国传统人情社会所能接受的，或正体现了传统制度的"弹性"所在。蛮不讲理、刁钻无赖，可能有,但毕竟是少数,这从已有文献留下的记载可以验证。

二　功能探讨:经济－社会融合视角的制度分析

"找价"为什么会出现?

对此问题的回答,陈铿、杨国桢、岸本美绪的研究具有代表性。[①]他们的

---

① 陈铿认为,找价问题既是历史上匿税问题的延伸与发展,也是封建政府沉重赋税压榨下的产物。[陈铿:《中国不动产交易中的找价行为》,《福建论坛(文史哲版)》,1987 年第 5 期。]

杨国桢考察了"找价"的历史发展脉络:土地买卖决定性环节在"推收","推收"之后,买主对所买之地才有合法的、完整的所有权。自东晋以来,"推收"是在投税印契之时完成。金代以前,"推收"大体上是随时进行,金代"典卖事产者,随业推收",元代"依例投税,随时推收",明代政府把推收过割税契的时间和编造黄册统一起来,"总合十年积算","递年置买产地,不论已收未收,总为新收",因而土地交易的时间和推收过户的时间实际上存在距离。当时处理产税脱节的办法是,规定在土地成交到推收这段时间内,实际管业的买主必须津贴粮差,而由卖主输纳,这就使出卖的田地变成一种"活业",卖主在推收之前可以借口"卖价不敷",要求加找田价,或借口"无从办纳钱粮"要求加贴,或者由于经济情况好转要求赎回,而买主在推收之前,又可以把田地转卖给第三者等。实际发生过的买卖行为蜕变为貌似典当、抵押的关系,民间不能不用加找契约来加以补充。到了清代,适应活卖与绝卖分离的趋势,在法律上明确了活卖与绝卖的不同权利与义务,推广使用活卖文契和绝卖文契。土地活卖,既可回赎,又可补价进一步卖出,中间还可"加价"。这些行为约定俗成,变为地方性惯俗,甚至发展为全国性的私约习惯。(杨国桢:《明清土地契约文书研究》,中国人民大学出版社,2009 年,第 19~23 页。)

岸本美绪分析认为:土地买卖犹如从人际网中织出一个新的网眼,"找价"只是从人际关系的契约秩序中派生出来的副产品。"找价"行为与其说是关于土地权利的问题,不如说变成一种以富人为中心的保护性人际关系的问题。"断杜"不过是没有实质性意义的名义上的经费项目。"只要想象一下,年终岁末,人们以'手中不足'、'天年荒歉'为由陆续不断地集中到富裕之家要求加添的状况,这并非个别的交易中对田价高低的意见,而是贫困者利用买卖形成的人际关系要求小费。也可以说是一种敲诈勒索的习惯。""年末的集团性要求小费——与其说是感谢的表示,不如说是救济穷人似的习惯。""由于将予以保护的民间私契秩序受到前所有者和亲属等人际关系的支持保证,而且绝卖后的找价'恶俗'也从人的保证关系中析离出来,所以这种限制的意图只要没有所有权保证的制度框架用以替代人的保证,就不可能彻底切断产生找价回赎惯例的根。""如果从确立明确的土地所有权的发展过程的角度观察明清时代的土地规定,也许可以认为找价回赎的暧昧状况的继续存在证明着试图确立土地所有权的努力的挫折。"([日]岸本美绪:《明清时代的"找价回赎"问题》,载杨一凡总主编:《中国法制史考证》丙编·第四卷·日本学者考证中国法制史重要成果选译·明清卷,中国社会科学出版社,2003 年,第 423~459 页。)

解释从不同角度说明了"找价"发生的原因。现有研究的弱点在于,并没有对"绝卖"后的"找价"作深入考察,因而对"绝卖"后"找价"解释乏力。

清楚中国传统土地交易类型的人,对"绝卖"前的找价其实并不难理解——之前交易环节的要价还没有达到交易物的实际价值,因而需要补足实价。难点在于,当"绝卖"后还发生"找价",该如何理解呢?如果说"活卖"之后的"找贴"有其历史原因——政府的外部行为使得从土地成交到推收过户之间存在时间空档,诱发了民间的"加找"行为,那么"绝卖"之后——在政府三令五申严禁"找赎"的情况下,为什么民间仍自行其是屡"加"成俗呢?

笔者尝试从功能角度作一解释和探讨。

(一)"找价"反映出传统土地交易价格形成过程与机制的特点

如果"找价"不是"敲诈勒索",也不仅仅是"富人救济穷人的习惯",那么"找价"在经济交易系统里面处于一个什么样的地位呢?

抛开"活卖""绝卖"这些概念术语,我们看到,在中国传统地权交易中,民间土地买卖发生后,客观存在一个不停"加找"的过程,这个过程是整个交易活动的有机组成部分,是土地价格形成的必要机制。不论时间上它出现在"活卖"之后还是"绝卖"之后,或是交易序列的其它环节。

> 福建闽清县:业产虽经立契断卖,数年之后,业主尚得向买主要求找贴,谓之"洗断",并附洗断契为凭。(《民事习惯》:304—305)
>
> 安徽当涂县:卖买产业,卖主于立契成交后,得于三、五月至年余之期间内,向买主要求增价一次,其所增额数,每亩少则四五角、一元,多则二三元不等,由卖主另立增找字,给买主收执为据。(《民事习惯》:560)

　　浙江青田、乐清县:每有一业向买主找价二、三次或四、五次不等。

(《民事习惯》:617)

　　上述材料反映出,在传统社会的土地交易中,"找价"成为了一个必需环节。从交易角度和理论看,"找价"的必要性在哪里呢?这是我们接下来要分析的。

　　如果从更大的背景和框架审视,"找价"有它的功能和意义的话,便有必要跳出"加找"本身,去理解并把握它所反映的整个机制了。通过系统分析包括"找价"在内的整个地权交易及地价形成机制,既可窥探到土地经济学里的一般规律,也会深刻感受到其与现代的不同之处——传统土地交易所展现出的特殊性。

(二)"找价"促使了交易发生

　　埃里克·弗鲁博顿(Furubotn,E.G.)和鲁道夫·芮切特(Richter,R.)在梳理阿罗(Arrow)和威廉姆森(Williamson)研究的过程中,讨论了"交易费用太高以至于阻碍了交易的情形"[1],科斯(Coase)在《企业的性质》一文中也谈到,任何一项经济交易的达成,都需要进行合约的议定、对合约执行的监督、讨价还价以及要了解有关生产者和消费者的生产与需求的信息,等等。由此所产生的费用不仅存在,而且有时会高到使交易无法达成。正是由于交易费用的存在,才需要相应的制度安排。[2]

　　传统农业社会,交易信息不顺畅、交易设施不完备、制度环境不成熟等状况显得更为突出, 由此产生的交易费用可能远超过交易带来的收益,从

---

　　① [美]埃里克·弗鲁博顿、[德]鲁道夫·芮切特:《新制度经济学:一个交易费用分析范式》,上海人民出版社,2006年,第84~85页。

　　② See R. Coase,"The Nature of the Firm",*Economica*,Nov.1937,4.

而阻碍交易发生。价格习俗作为交易体系中非正式制度的一部分,正是用于克服交易费用过高的制度安排。某种意义上,找价习俗使交易双方能够找到合理预期,战胜由信息不对称、机制不完善、未来不确定带来的恐惧,使交易得以发生。

对于"找价"现象,人们直观看到的是它增大了交易费用,[①]因为它增添了合约的订立和执行成本——"一而再,再而三",却有可能看不到它对交易障碍的克服。"障碍"产生的费用可能远远大于"找价"带来的费用。"找价"促使交易发生,使地权交易市场得以形成,从而使得当时的人们能够享受到市场交换带来的便利和收益——诸如生产要素有效配置、金融需求及时满足等。

我们接下来详细探讨"找价"是如何促使交易发生的,而将"找价"引发的市场和社会效应("找价"的经济社会功能)放到后面讨论。

1. 绝卖前"找价"——促进了典卖交易

我们先从理论和逻辑上作一分析,再看实际案例。选择典和活卖的业主,一般都是日常生活中遇到了一些不时之需,或赶上婚丧嫁娶等大事,急需现金周转,但又不愿从此失去长久耕种的土地,期望以后还能再赎回来。在很多情况下,是业主将田土典卖出去后,又紧接着租回来依然由自己耕种,名义上"权利"所属发生了转移,但实际耕作并未改变。

在这种情况下,我们不妨设想,该如何定价才合理或至少容易为双方接受呢?面对当时的交易环境,这是很困难的一件事情。因为这涉及对权利(回赎权)进行定价的问题。如果不能定价,或者产生的价格难以被交易双方认可,交易便难以及时顺利完成。

"找价"的出现,至少在两方面克服了典卖出现的困境,而且极大地方

---

① 例如,杜恂诚:《从找贴风俗的改变看近代上海房地产交易效率的提高》,《上海经济研究》,2006 年第 11 期。

便了交易双方,让典卖变得灵活、易行——

第一,"找价"让原主在典或活卖之初,可以根据实际需要任意出价。"实际需要"可以是当时的资金需求,也可以是以后的回赎能力,甚至其它。

第二,"找价"使原主可以灵活处理约定的"回赎"权。在回赎期限到了之后,原主可以根据自己的实际需要,决定是否回赎,因为他不必担心不及时回赎会对自己造成多少损失。这里的"实际需要",可能是自己的资金能力,也可能是对于土地权利的真实需求。比如,有些田主因为劳动力短缺或迁移等各种原因,不需要再完全拥有该土地了,有些田主认为租田种比回赎合算。"找价"为交易双方提供了选择的空间。

下面两则材料反映,由于"找价"存在,典当(活卖)具有巨大的灵活性,交易方可根据实际需要"定价",再根据变化了的需要"找价"。

> 甘肃平凉县习惯:"死价活业"
>
> 甲将所有地出当于乙,议定当价若干,书交当约。嗣甲或因地价日昂,或因境遇艰窘,可向乙请求续价,再立续约,续价数次毫无限制。至当续各价与卖价相等时,乃改立佃约,以后即不能再行加价,故名曰"死价活业"。(《民事习惯》:395)
>
> 甘肃镇番县习惯:典当田地可数次加价增约
>
> 田地有典当时,其价照卖者或半数或过半数不等,取赎年限亦不拘定。倘地主遇紧迫时,又可向承典人索加价值,立给增约,竟有至数次者,但取赎时仍须按典增各价交还。(《民事习惯》:404)

"找价"的存在,大大促进了典卖交易的发生,这在某种程度上也能说明为什么典卖——这一极具中国特色的交易方式在传统社会长期盛行。

201

2. 绝卖后"找价"——促进了绝卖交易

绝卖,在当时的交易条件下,同样面临估价的困境。本来传统社会人们就认为绝卖(断根)是一件极不光彩、且不愿发生的事情,由于估价上的困难,绝卖交易更是难上加难。"找价"在绝卖后出现,某种程度上,是为该交易行为开了一道"后门"—— 一方面,让价差太大显失公平的交易有了一个弥补的机会;另一方面,让失地、失业、生活无着的原业主得到一些合乎中国传统社会"人情"的补偿。这道"后门"并不一定是必须的,但它的出现,确实符合中国传统社会的人情土壤(这层土壤构成交易的外部环境),它让绝卖做得并不那么"绝"——要知道,在中国人心里,凡事千万不能做绝。

这一点,在前文提到的《清代上海房地契》中那则"再叹"的特别案例"顾德骅等卖地契"中有鲜活反映:内书"得过卖、加、绝、叹各契银两,实属无可生言,今因葬事急迫,万不得已,复央原中再四相劝到煤炭公所再叹钱……"。该例在半年后,还因"葬用不敷,又加年近岁逼"立"借据"一纸;五年后,再因"孀居孤苦"又立"借据"一纸。①一般叹契中都流于形式地只写"正用"或"要需"等原因,在"再叹"契中却详书具体原因,"再叹"不够继续"借",这些都说明,原业主确实是万不得已,实在没办法才为之的。在乡土社会,彼此熟悉,经济状况和地块一样,其实都摆在那儿,一般要伪装是很难的。民间习俗承认"找价"的正当性,并为买卖双方所接受,这是传统社会经济伦理的体现,也是人情互助的表现。

类似因"家贫无措"加上"年尽岁暮"或"葬事急迫"等缘故苦劝得业者"再叹"的案例,其他地区也屡有出现。②一些地方的民间习惯也支持"产业卖断后,卖主如果贫不聊生,仍得向买主索钱若干,名曰尽卖"。(《民事习惯》:295)

---

① "借据"中所借款项有没有还,难以知悉,但契中注明"情不起利,随时归款",表明是要归还的。

② 参见《明清福建经济契约文书选辑》等档案资料中有关"找贴"的地契。

绝卖后作为补偿的"找价",可以说既是经济方面的,也可以说是道义方面的。正因为二者难以区分、难以割裂,才形成了具有浓厚中国特色的经济社会一体化现象。从这个角度,我们便不难理解,为什么有些地方会出现这样的习惯:甲卖田与乙,业经立契,杜绝价已付清,而卖田人甲往往向受田人乙一再找足,乙视之亦若应负之义务者然。(《民事习惯》:221)

其实,从前文所引"江苏省各县习惯",我们也看到,无论买方还是卖方,心里都很清楚,"找价"只是总价的一部分。"实则所得找价,买者仍核入正价之内,契亦一次成立,卖者亦只知共卖若干亩,得价若干而已。"显然,对于买方而言,"找价"打入成本;对于卖方来说,"找价"则计入收入。由此,双方自然形成一种"预期"——可以预见到现时和将来可能发生的。这种预期是建立在民间习俗("加找"规则)之上的"理性预期":对卖家,降低了由于市场信息不发达和不对称,以及未来不确定性带来的风险,从而减少了对市场和交易的恐惧;对买家,能够预见到"找价"的"顶端",对"最大成本"心里有个估量,从而建立起交易的基本"底线"。如此,便极有力地促成了交易的发生。

综合以上分析,不论是"绝卖"前的"找价",还是"绝卖"后的"找价",这些通过民间惯俗形成的安排,都从制度层面,降低了由于信息不对称带来的不确定性,有助于克服不确定性造成的交易障碍和恐惧心理,从而促进了交易的发生。

(三)"找价"发挥了积极功能

功能包括经济功能和社会功能。新近研究讨论了"找价"的社会内涵,而对于其经济方面却仍然是否定的。[①]如果在经济上持否定态度,却认为其

---

① 例如,胡亮:《"找价"的社会学分析》,《社会》,2012年第1期。

有社会价值,岂不意味着"找价"在不计成本地发挥其社会功能?"找价"的存在是扭曲的——经济价值与社会价值背离。笔者认为,对于"找价",不仅要从"社会"的角度探讨其社会意义,还应回到"经济"本身思考其内在逻辑。从经济学角度看,"找价"是传统地权交易机制的一部分,是地价形成机制的一个环节。理解局部现象,有必要将其置入整个链条与机制之中考察。

1. 作为地权交易机制的一部分,灵活实现了不同交易类型的转换

适应不同的交易目的, 中国传统社会的土地交易产生了多种交易类型,如抵、押、典、当、活卖、绝卖等。这些不同的交易方式各有其自身独特的功能,满足不同的交易需求。由于人们需求的多样性以及动态性,需要有更多个性化的交易方式来满足具体的需求。由此,中国传统的土地交易在方式多样性的基础之上,出现了组合化和个性化。而连接这些不同交易方式之间的纽带,除去具体的协商、谈判和对话外,"找价"是其中之一。

"找价"为不同交易类型实现转换提供了可能和渠道。"找价"表面上是价钱多少的变化,其背后与之相对的是权利多寡的变换。"找价"通过让价钱在买卖双方之间流通,实质是让"权利"在不同主体之间流动,从而实现了土地在不同农户之间的流转和配置。

徽州歙县丁世臣先年将祖遗分授田卖与堂兄荣宗为业,乾隆十三年第一次加添时议定"自加之后,永不言加,只许赎取,不得调卖",两年后,因为"年歉",情愿永不归赎,得受加添银后,将其绝卖。[①]使用典和活卖的交易者,一般是有资金需求却不想彻底失去土地的业主。即便如此,随着时间的推移,原业主仍有可能由于能力和需求等各方面发生变化而不再想赎回土地,这时,他需要将典卖转为绝卖。"找价"为这种转换提供了可能和便利。福建瓯宁 75 岁的老妇人周邱氏,儿子身故后,无依无靠,年老穷苦。在来日

---

① 安徽省博物馆:《明清徽州社会经济资料丛编(第一集)》,中国社会科学出版社,1988 年,第 418~419 页。

无多,对未来没有太多期盼的情况下,将土地绝卖,显然是一种较为理性的选择。[1]类似卖田做生意的事例,[2]在历史上也多有记载:巴县"土著子弟鬻田宅为资本"[3]以经商;厦门海商"有倾产造船者"[4];江西出现"尝以祖田百亩为本殖具息"[5]等。

已有研究和讨论更多强调了这样一种情况:从典卖到绝卖的迫不得已,即"找价"在"无力回赎"的无奈情境中发生;而忽视了另一种情况:由于客观条件的改变,原业主主动放弃回赎,也就是说"找价"是原业主的理性选择,是自愿的和期望的。

通过"找价"实现交易方式转换的过程是:(典)活卖—加找……—绝卖—加找……

2. 作为地价形成机制的一部分,激发了效率也兼顾了公平

与交易过程相对应,地价的形成要经过以下环节:(典)活卖价—找价……—绝卖价—找价……

"找价"成为整个地价形成机制的有机组成部分。

考察一套制度机制,人们一般从公平、效率的维度作评价。总体来说,传统土地交易过程中的"找价"机制,既照顾了效率,也兼及了公平。

说它效率,某种程度上,它解决了地权交易(转"业")时过度的讨价还价,以及由于信息不对称而可能对交易失去信心或过于恐惧的问题。尽管从长时段的交易过程来看,讨价还价的过程由于"找价"的不断出现而拉长了,但至少在地权交割、管业转移的一刹那,它是有效率的——它保证了急

---

[1]　参见中国第一历史档案馆、中国社会科学院历史研究所:《清代地租剥削形态》,中华书局,1982 年,第 392 页。

[2]　参见封越健:《论清代商人资本的来源》,《中国经济史研究》,1997 年第 2 期。

[3]　乾隆《巴县志》卷十,《风俗》。

[4]　道光《厦门志》卷十五,《风俗志》。

[5]　乾隆《浮梁县志》卷八,《人物志·义行》。

需资金的卖方满足迅速融资的需求;它也使人地关系在紧张时,土地资源的配置在高度讲究农时的行业得以合理实现。

说它公平,因为"找价"避免了绝卖时的估价与实际情况差距过大。某种意义上,它也让作为资本增值部分的地价在不同时期的土地拥有者之间得到较为合理的分配。随着人口增长与经济发展,土地价格上涨,土地的增值收益不仅由当时业主享有,通过找价,还使原业主分享了。出于各种原因对原业主的补偿,客观上实现了另一种类型的社会公平。

清康熙年间南安州的一组卖地文书显示,土地在出卖 25 年后,仍发生找价的行为。原业主于康熙二十二年(1683)将地活卖出去,于康熙四十七年(1708)找贴(绝找)一次,于康熙四十九年(1710)再找一次。[1]这还不算长,闽侯县杨成侯祖上曾于康熙年间将田卖给连姓人家为业。连家后来将田转手,前后历经江、周、陈三姓人家。杨成侯于乾隆三十二年(1767),向接手的四户人家都索取了"找价"。[2]值得指出的是,发生"找价"这一年(乾隆三十二年)已经是《大清律例》颁行 14 年后了。[3]

上述案例体现出传统土地交易价格形成机制中"共享性"的一面,它与前文具有"补偿性"特色的案例一道,反映了某种意义的社会公平。"找价"在发挥经济功能的时候,使传统地价形成机制具有了鲜明的社会性。

"找价"既是一个经济机制,也是一个社会机制:作为传统地权交易机制的一部分,"找价"极大促进了土地生产要素的流动,及时满足了当事人资金融通的需求;在此过程中,兼顾了社会公平,体现了传统经济内含的一种社会特性。

---

① 原契由云南省社会科学院历史所藏,参见《中国历代契约会编考释》,北京大学出版社,1995年,第 1165~1168 页。

② 参见周玉英:《从文契看明清福建土地典卖》,《中国史研究》,1999 年第 2 期。

③ 参见前注"乾隆十八年定例",政府严厉规范"找赎"行为。

以往关于"找价"的社会功能分析,倾向于认为"找价"是一种"不经济"行为,或仅承认"找价"的社会属性。我们认为,"找价"有其重要社会功能,但其实现,并非以经济效能为代价,而是通过一定的经济机制来完成。在此,与其说经济与社会并不对立,毋宁说经济与社会本为一体。

三　小结

通过对交易案例和民事习惯的考察分析,以及关于功能的探讨,我们得到三点可能还不成熟的结论:一是"找价"并非如人们想象的无休无止、率性随意,而是具有很强的收敛性和规则性;二是"找价"并非简单如看上去那般增大了交易成本,而是作为一种制度安排促使了交易发生;三是"找价"并非如以往指责的那样是"恶习""陋俗",而是发挥了积极的经济社会功能。

当然,实际发生的交易并不会全按规则这么顺当,现实情况也不会如逻辑结论那般果断。《刑科题本》里呈现了一些因为"找价"而闹出人命的案例。[1]但如果从另一个角度思考,或许正是由于"找价"没有循着"递减"的规则办,才使其无法顺利进行,最后酿成悲剧。[2]

关于"找价"具有边界和规则的判断,我们的材料主要来自清末的交易案例和清末民初的习惯调查,还无从考证惯俗规则的具体形成时期,但至

---

① 参见中国第一历史档案馆、中国社会科学院历史研究所:《清代的土地占有关系与佃农抗租斗争(乾隆刑科题本租佃关系史料之二)》,中华书局,1988年。

② 由于历史资料所限,今人多用"刑科题本"案例作论据。有必要强调的是,能上题本的事例,毕竟是少数,属极端情况,更多时候应作"反面"材料用。也就是说,分析"刑科题本"案例可能有两种思路去探寻发生刑案的原因:一种是制度路径,认为"加找"这一民间"恶俗"导致了刑案的发生;另一种是具体因素分析,从具体情况、从"反面"角度去看,哪些方面应该补充完善。从"刑案"出发否定"加找",这在逻辑上是站不住脚的——为了应对"恶俗"出台的官方制度并未能够扼制"加找",而民间的照旧行事,不仅是对律例的蔑视,更是对原有"加找"机制的支持。

少从逻辑上，我们可以合适地认为，"递减"和"不超出时价"原则，是对"找价"机制的完善。正如官方律例作出规定①是对民间"加找"产生讼案的回应一样，"递减"原则可以看作是民间俗例对"找价"纠纷的一种非正式制度回应。也正是从这一更深层面，我们看到，"找价"发生的内在必然性及其深厚土壤——合理存在且难以替代。而从正式制度与非正式制度的不同回应，我们也看到，官方采用的方式是通过"规范""限制"的手法，希图禁止绝卖后的"加找"；民间俗例则依靠"忍让""调整"以应对。在此，"强制性"变迁与"诱致性"变迁的效果，亦一目了然。惯俗规则在何时形成，其实已经不重要了。重要的是，这种规则能够灵活适应，并对现实世界作出调节。从真实的历史状况看，它也确实这么实现了，从而促进了"找价"的延续：在它的调整下，"找价"并没有出现如官府担心的那样引发太多治安事件；依例行事，习俗规则在现实交易中得到遵行，使之不同于官方律令，而成为实际发生作用的鲜活制度。

本书研究，一则强调用现代经济学的理路和方法考察"找价"现象，另则指出需将"找价"发生放入传统社会的背景氛围和制度环境中讨论。

当我们将"找价"放入传统社会的背景氛围，将传统地权交易价格形成机制放入传统社会的制度环境中加以考量时，我们便能够更好地理解不停"叹气"现象中凸显出的传统地价形成机制的合理性：一方面，它深深根植于传统农业社会及其秩序土壤中，从而看似脱不了封建的、落后的外衣；另一方面，它却包含或者反映了现代土地交易机制的科学要素和合理精神。

当我们俯首重新审视现代社会土地交易及其价格形成机制——作为一个独立的经济部门，耗费了巨额社会成本支撑着的土地估价制度及其人

---

① 如"五年规定""雍正八年例""乾隆十八年例"等，参见［日］岸本美绪：《明清时代的"找价回赎"问题》，载杨一凡总主编：《中国法制史考证》丙编·第四卷·日本学者考证中国法制史重要成果选译·明清卷，中国社会科学出版社，2003年，第423~459页。

力,土地估价的结果仍不过是"以少数交易案例的价格为基础而标定"①,我们便能更深刻体会到传统地权交易价格形成机制的奥妙。

第二节　透过"找价"看传统社会土地交易价格形成过程

一　形成过程

由于传统社会土地交易在多数情况下存在找价,因而地价计算必须考虑找价情况。加入找价因素后,地价形成过程的一般模式为:典(活)卖—加找……—绝卖—加找……

相应地,各环节的价格为:典(活)卖价—找价……—绝卖价—找价……

一块土地的价格自然包含了各环节支付的价格,地价即为它们加总的价格:地价 = 典(活)卖价 + 找价……+ 绝卖价 + 找价……

从找价形成的历史过程和实际交易发生的可能看,并非每次交易都必须走完全过程,而是可能只包含其中的某一环节或几个环节,比如一次交

---

① 现代社会,一般商品的价格是其实际交易价格,而土地的价格却不是这样。如中国城市每年交易的土地数量非常有限,但城市没有交易的土地仍以这些少数的交易案例的价格为基础标定价格。因此,在城市土地市场上,极少数投机者的投机行为便可以引起地价的大幅度波动。(参见卢新海、黄善林:《土地估价》,复旦大学出版社,2010 年,第 44~45 页。)日本的情况也表明了这一点:1985年末,日本的土地资产总额大约是 1000 兆日元,用 1987 年公布的地价作价,就变成了 1800 兆日元,两年间其增加超过国民生产总值的增加量。日本著名经济学家野口悠纪雄分析指出,由于价格的"虚构性",事实上被交易的量,仅仅是整个资产的极少一部分,而不可能作为交易对象的土地占多数,因此把交易实例价格应用于整个土地,巨大"泡沫"及随之而来的问题由此产生。(参见[日]野口悠纪雄:《土地经济学》,汪斌译,商务印书馆,1997 年,第 52 页。)

易有可能在典（活）卖以后就完结了。但这并不妨碍我们在作研究的时候，将一个完整的链条都考虑进来。

二　案例分析

现存完整的包含卖契和找契的案例并不多见。即使有找契，若不是绝卖，也较难知晓其后的实际回赎情况。但基于地契资料，我们仍能从现存信息中找出其中逻辑，做些大概的计算。

通过下面的案例分析和简单计算，期望表明笔者对于传统地价的理解及态度。

表 7.3　包含不同环节价格的土地交易（案例）

编号	契约名称	立契年月	立契人	亩数	卖、找价	契约规定事项
L1	卖契	乾隆五十九年（1794）十一月	陈袁氏同子凤高	平田2亩2分	26两4钱	三年之后对月取赎
	找契	嘉庆二十五年（1820）一月	陈凤高	平田2亩2分	6千文	三年之后对月取赎
	找契	道光十一年（1831）十一月	陈凤高	平田2亩2分	5.8千文	三年之后对月取赎
L2	卖契	嘉庆六年（1801）十二月	管纪宗	平田2亩3分	27两6钱	三年之后对月取赎
	卖契	嘉庆十年（1805）十一月	管纪宗	沙田2亩	24两	三年之后对月取赎
	找契	嘉庆十四年（1809）二月	管纪宗	4亩3分	23两5钱	三年之后对月取赎
	找契	嘉庆二十四年（1819）十一月	管纪宗	4亩3分	4千文	可找赎
	卖契	嘉庆六年（1801）十二月	曾天福等	沙田2亩	24两	三年后取赎

L3	卖契	嘉庆六年 （1801）十二月	曾天福	平田 2 亩 5 分	36 两 2 钱	三年后取赎
	找契	嘉庆十七年 （1812）二月	曾天福	4 亩 5 分	19 两 3 钱	三年后取赎
	找契	嘉庆二十一年 （1816）十月	曾孝瑞	4 亩 5 分	33 千文	可赎不找
	杜契	嘉庆二十四年 （1819）十一月	曾盈舟	4 亩 5 分	15 千文	杜绝

资料来源：杨国桢：《明清土地契约文书研究》，中国人民大学出版社，2009 年，第198页。（原表内容出自"武进朱氏文书"中的卖、找契。编号为笔者所加。）

以上案例反映的信息有这么四个情况：

第一，并非每组交易都走完了"全程"。L3，通过杜绝，完成并退出了该组交易。L1 和 L2，只到找价为止，其后有两种可能：一是通过回赎后，完成并退出了该组交易；二是该组交易只进行到找价，便停了下来，既没绝卖，也还没有回赎。契纸内容尚不能看出后来发生的实际情况。

第二，并非约好取赎，便一定发生取赎，后来的情况由实际需要和条件决定。

第三，找价呈"收敛"趋势。

第四，该表需注意价格对应的具体地块。

根据各个案例的实际发生情况，各组交易的价格应为（在此，不考虑实际兑换，粗略按照 1 两 =1000 文计算）：

P_{L1}=卖价+找价+找价

=26.4+6+5.8

=38.2（两）

P_{L2}=卖价+找价+找价

=（27.6+24）+23.5+4

$$=79.1（两）$$

$$P_{13}=卖价+找价+找价+杜价$$

$$=（24+36.2）+19.3+33+15$$

$$=127.5（两）$$

三　呈现特征

与现今相比,传统土地交易价格的形成呈现出以下三个显著特性:

(一)补偿性

传统土地交易中,"加找"体现了鲜明的补偿性。这里的补偿,既有对正价(收益)不足的补偿,也有对未来不确定性(风险)的补偿;既有经济方面的补偿,亦有道义方面的补偿。这一点在以下几则案例中有鲜活反映。

在要求找价的文契中,多数写着"贫苦难度""岁底乏用"等描述因变卖田地后处于困境的语汇。这里面,有的是为养老,有的是为送终,还有的是"为子娶媳,无钱使用"。例如,乾隆三十一年侯官县时砥卖田愿契显示,叔时砥的父而坦原有民田一号,卖在伯而赞处,"其价已足,其田已断",但因"而坦身故,棺裳无出",所以前往"求撮",得制钱乙千八百文正"以为棺衾之资"。(《福建文书》:250)乾隆年间,侯官县民刘天良的父亲曾将田卖给汤院郑家为业,到乾隆三十四年,刘天良"因天晴凶荒,再向郑家三面言议,撮出制钱贰千文正"。(《福建文书》:251)下面这则地契反映了多次找价后,仍由于特殊窘境要求再凑的现象:

嘉庆二十年闽清县陈焕彩等典田凑断契

立凑断契陈焕彩同堂兄焕文,原祖上阿分有民田数号,坐产闽清县六都李厝炳地方，土名水井垅里门前洋麻土乾等处。共受种贰石柒斗伍升，年载租谷叁千陆一百陆拾肆斛，折米壹拾陆石肆斗捌升伍合。经曾祖鼎手于乾隆贰拾年间典与谢处为业。得讫价银壹百柒拾两纹广。嗣于乾隆贰拾捌年间经曾祖手又向谢处凑出纹广银肆拾两。乾隆叁拾肆年间经曾祖手又向谢处借出制钱陆千文。乾隆叁拾捌年间经父诸绅即梅官同祖母罗氏叔祖母蒋氏又向谢处凑出制钱陆千文。乾隆肆拾叁年间经祖道起同叔祖道谋又向谢处尽出制钱肆千文。先后典凑借共得过价银贰百叁拾两纹广，钱壹拾陆千文。时价已经过浮，本无可凑，奈因彩等葬柩无资，托友再向谢处凑断出制钱壹拾肆千文，其钱即日收足，其田听从谢家永远管业。陈家向后永不得言凑言赎以及别生枝节。但此田系彩兄弟自己祖遗物业，与别房伯叔兄侄无干，如有来历不明系彩同文出头抵当。至伯祖道亨早故无嗣，向后如有子孙再出言凑言赎，亦系彩同文抵当，俱与谢无涉。今欲有凭，立凑断契乙纸为照。

嘉庆贰拾年肆月日　　　　　　　立凑断契陈焕彩（花押）

　　　　　　　　　　　　　　　同兄焕文（花押）

　　　　　　　　　　　　　　　中友何逢源（花押）

　　　　　　　　　　　　　　　在见族伯华实（花押）

（《福建文书》：281—282）

（二）共享性

这里的共享主要指不同时期的前后业主对土地增值的分享。随着人口与经济的发展，土地价格上涨，土地增值的收益不仅由当时的业主享有，通过找价，还使原业主分享了土地的增值收益。《民事习惯调查报告录》记录了有些地方"买地久不丈割，至后卖主转卖得高价时，原业主可分其增价一半"的习惯。（民事习惯：111）在许多绝卖，甚至转卖后仍以"原价不敷"要求找价的情况亦属此类。例如，侯官县人黄启尚的祖上，曾于康熙伍拾玖年叁月，将祖有祭田壹号安与黄仲商、仲周耕作，到了乾隆伍拾捌年，黄启尚同他的几个弟弟，以"时价不足"为由，再向黄仲商、仲周的后人黄作任、作和处凑出制钱肆拾仟文正。（《福建文书》：268—269）

当然，也有要求分享地价上涨好处不成或愿望不达而酿成命案的。如前文述及，我们今天作研究，相当多利用"刑科题本"提供的材料，题本记录的是一些极端的少数情况，因而可当作反例使用。从案例的供词我们可以感受到当时的原业主对分享增值收益的要求及其心态。

　　"刑科题本"里河南息县的一件案子中，供词提到"讯俱谭绍思供：小的与傅良卜是邻居，平日并无仇隙。小的有四亩多地，乾隆二年间，卖给傅良卜，价钱是两千四百文。今年（乾隆十四年）十二月里，傅良卜托王尚珍说合，把地转卖与小的族间侄子谭德盛，照时价议了七千五百文钱。到二十四日，谭德盛请小的到家立约，小的原向傅良卜说：你今日卖地，比我当日卖地价钱多了好些，我是原业，年近了，我家里穷苦，你借给我几百钱罢"。卖主知道其上手现在借钱其实就是以地价上涨为由要求加找，肯定是有去无回，所以拒绝了，并由此酿出了一起人命案子。（《刑科题本二》：320—321）

　　广东龙川县邹立坤，康熙五十五年将亚公坪等处田三亩，"绝卖"与曾玉登，价钱三十千文。乾隆十三年，曾玉登将地转卖与叔伯兄弟曾玉堂，"因田价渐贵"，议增二十二千，共得钱五十二千文，邹立坤之孙邹癸生知悉后，"想起近来田地甚贵"，以其"转卖多钱，复要找价"，乡老谢德捷劝令曾家出钱一千二百文，邹癸生收后嫌少，仍然"希图找贴"与曾家相吵，殴死一人。（刑科题本，乾隆十四年二月初一日岳浚题。）①

———————————
①　转引自周远廉、谢肇华：《清代租佃制研究》，辽宁人民出版社，1986年，第51页。

（三）跨期性

正如前引案例显示，"找价"不仅在同一代人时隔几年、几十年后发生，甚至在跨越好几代后仍会出现。这种跨期性既是传统土地交易的特色，也是过去乡土社会的需要，是补偿性和共享性特点得以实现的条件。有些地方，"买卖土地，契约内仅书卖字者，无论远年近月，卖主仍可向买主回赎，必至同中人说，令买主找价若干，再立杜卖契据，然后始断葛藤"。（《民事习惯》:105）在福建的地契文书里，跨代进行找价的现象并不鲜见，兹再举两例:陈道辉的父亲曾在乾隆年间将垦园一号内栽橄榄树十几株，典到郑姓人家为业，嘉庆九年，陈道辉的母亲身故，陈道辉到郑家后代那儿，尽断出价钱叁千文正。（《福建文书》:420）侯官县民许而远，曾将自家民田卖给何家，何家又将田转到张世美家为业。雍正元年，许而远"因无谷食用"，托中在张姓人家处尽出谷子壹千贰百斤正。（《福建文书》:219—220）

第八章 传统社会土地交易价格形成机制

第一节 传统社会土地交易价格形成的基本机制

一 地价是土地的权益对价

按照土地经济学的一般理论,地价是若干年的土地纯收益即地租贴现值的总和。由于土地能向人类永续提供产品和服务,在一定的劳动条件下,土地本身能产生纯收益,谁拥有了土地,也就拥有了土地纯收益。由于土地功能的永久性,这种地租也是一种恒久的收益流。土地买卖实质上是一种财产权利的买卖,人们购买土地是购买获得土地收益的权利。这样,土地收益现值的总和就表现为土地价格,即地价。土地的二重性,决定了地价也具有二重性:资源性地价和资产性地价。"资源性地价取决于未来土地资源利用的收益,其大小等于未来土地利用收益贴现值之和;资产性地价主要取决于土地资产转让收益,其大小等于未来土地转让收益的贴现值。"[1]

在传统地权交易中,土地的价格由"正价"和"找价"两部分组成。通过对一些土地买卖的案例研究,我们发现,土地的"正价"大致由土地未来利用收益的贴现值确定,即体现的是土地的资源性价格。土地的资产性价格则通过"找价"的方式来实现。

> 广东大埔县,李心正的父亲于顺治十四年将田十亩卖与李君干为业,"契载回赎",价银五十三两,两次找贴银十二两六钱九分,已经找绝。其田向系李心正家佃耕,"每年输租三十石",从未拖欠。乾隆八年,李心正备价回赎,知县以"卖业年久,找贴两次,照例批回,不准收赎"。(刑科题本,乾隆十四年九月二十七日阿克敦题。)

根据材料里的数据以及当时的实际情况,可大致作一个折算:此田每年交租谷三十石,按时价一石折银六钱计,约合十八两银;再根据当时的法定利率——年率36%贴现,此田的价格应在五十两,与实际价银五十三两相去不远。[2]

通过与现代土地交易基本地价的形成相比,可以看出,传统交易土地正价的估算法,本质上也是一种"收益还原法",即地价由地租确定,受利率影响,具体可用公式表示为:地价 = 地租 / 利率;而"找价"体现的则是"市场比较法"——从已有交易中寻找范例,"找价"以不超过"时价"为限。

我们可以设想,当李心正的父亲因"手乏",急需钱用时,他心里有两个

---

[1]　卢新海、黄善林:《土地估价》,复旦大学出版社,2010年,第33~34页。

[2]　借一两银,每月交利银三分,是清政府规定的合法利率(相当于年率36%)。但实际上,债主放利,每月每两取银利四分、五分、六分、七分、八分、九分的,相当多。还有更高的利率,即所谓加一、加二、加三,即每月一两银取利银一钱、二钱、三钱。(参见周远廉、谢肇华:《清代租佃制研究》,辽宁人民出版社,1986年,第62~63页。)

路子可供参照和选择：一是以 36% 甚至更高的利率向钱庄或他人借贷；二是将自家田亩典卖于人，获取价银。本来，在相同交易成本的情况下，这两条路子应该是一样的，即资金成本应当相等。但当时的情况是，通货不足，直接获得借贷资金的利率往往超过政府规定的法定利率，有些甚至大大超过。[①]在这样的情况下，经过合理的盘算和权衡，选择第二种融资方式，显然是更为理性的。

值得提出的是，在传统农业社会，由于人们对土地有一种习惯性偏爱，借由土地获取资金的借贷，在利率方面显然会更合理些。这在经济学上的解释，可以理解为，以土地作为抵押进行借贷（典当的实质），对贷方来说资金风险较小，利率自然也就较低了，因而相较于高利贷，其利率能够合理地落到官方规定的区间内。

我们看到，资源性地价，大致可按地租和当时的法定利率进行估算，农民心里有个谱：急需钱用时，是从高利贷那儿借钱划算，还是通过典卖土地融资合算。而资产性地价，即未来土地转让可能带来的收益，心里没个谱，不知道未来地价会怎么个涨法，因此通过"加找"向新业主或将来的买主索取价钱，在事实上成为一种可行的办法。

正如前文相关案例显示，当土地多次转手后，原业主向新买主索取"找价"被认为是合乎情理的。已成民间"俗例"的"脱业钱"[②]更可看作是上首业主要求资产性地价的非正式制度性安排。

---

① 参见周远廉、谢肇华：《清代租佃制研究》，辽宁人民出版社，1986 年，第 62~63 页。

② 买主在交清田地正价，付出画字银后，还得拿一笔钱给与这份田地的上首业主。这种乡俗，流行地区相当广泛，名目不一，已成俗例，一般必须付给，不给不行。湖北襄阳、江陵及湖南安化县称这种钱为"脱业钱"，安徽寿州及霍邱叫"喜礼银"，湖南平江称"酒礼银"，江西弋阳、湖南湘潭、江苏泰州叫"画字银""画押银"，安徽六安及河南固始叫"贺银""赏贺银"。在一些地区，田地转卖时，上首的原业主所得的脱业钱，并不是新买主付给，而是由转买田地时的卖主交纳。（参见周远廉、谢肇华：《清代租佃制研究》，辽宁人民出版社，1986 年，第 40~43 页。）

安徽寿州方冠，曾将父亲遗下的五斗种的一块田卖与无服叔祖方子玉。乾隆七年，方子玉将此地与张世明的一块基地对换，方冠因"寿州俗例：产动，原业有分喜礼"，就向方子玉索要"转业喜礼"，方子玉许给二两银子。方子玉将地丈给张世明时，方冠为之书算，得了两石稻谷，方冠认为是"丈田谢仪"，方子玉却说这就是转业喜礼银，争吵后，方子玉被方冠之子方连扎死。（刑科题本，乾隆九年五月十六日来保题。）

湖南湘潭县张开源曾买邱再阳家田亩，乾隆五十六年转卖与陈芳桂。"湘潭俗例：出卖田产，原业向有画字银两。"邱再阳索讨，张开源答应给银三两，邱再阳嫌少，争闹互殴，邱再阳重伤而死，张开源被处绞刑。（刑科题本，乾隆五十七年十二月初五日阿桂题。）

对于那些在活卖之初，由于期望将来回赎时容易些，因而刻意（主观）将土地价格压低的情形，在迫不得已作出绝卖时，通过"加找"的方式，让土地的正价回归到正常水平，那是再自然不过的事情。而即使在绝卖时，地价仍有可能被低估，此后，再次"找价"也是不可避免的。由于在现实中，情况异常复杂，此后的追加索价可能出于各种不同的原因，只要是在正式立契成交后，索要价钱的行为都可被称之为"加找"，但这并不妨碍我们在理论上将"正价"和"找价"分别对应于"资源性地价"和"资产性地价"。[1]

在这里，核心要义是：地价是土地的权益对价，是土地纯收益即地租贴

---

[1]　具体来说，"找价"可分为两种情况：绝卖前找价和绝卖后找价。绝卖前找的是由于主观因素刻意压低了的价，是原本就应算上的资源性地价；绝卖后找价有两种类型：一种是认为原价甚轻，被低估了价钱，要求找回原价，这里找的仍然是资源性地价；一种是因田价渐贵，要求与时价看齐，此番找的是资产性地价。

现值的总和。这不仅是理论中抽象出来的一个公式,而且是实际土地交易的基准,也是买卖双方心里的一杆秤。当契约成交时的地价偏离了这个基准时,实际"找价"的行为就会发生。正是在这个意义上,"加找"("叹气"),"不停加找"("不停叹气"),是地价作为土地权益对价,以及维护这一基本规则的一个机制。它是传统地权交易系统的一个有机组成部分。

二　土地市场价主要由需求决定

普通商品的市场价格,一般是由该商品的市场供给和需求共同确定,而土地有所不同。土地是自然资源,它的自然供给在一定的时间内可以看成是完全缺乏弹性的,其数量不随价格变动而变动,因而可以将土地的自然供给曲线画成一条垂线(S),它与需求曲线(D)相交于 E 点(见图 8.1),土地价格的高低主要由需求决定。

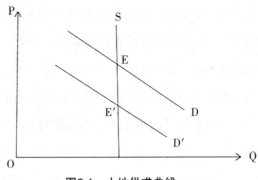

图8.1　土地供求曲线

有关传统地权交易的研究发现,在传统社会,农民一般将出卖土地当作是"辱没祖宗""败家子"的事情,不到迫不得已,是不会轻易变卖自家田产的。[①]笔者通过对所掌握的原始地契资料的检阅,所得亦支持上述结论。

---

① 参见赵晓力:《中国近代农村土地交易中的契约、习惯与国家法》,《北大法律评论》(第 1 卷第 2 辑),法律出版社,1998 年,第 456 页。

我们发现,出卖土地的缘由多数出于"手乏"等外因。以宁波土地契约文书为例(见表8.1),可以看出,在传统社会,土地的经济供给在一段时间内是外因给定的,迫不得已的情况下才拿出来卖,引发卖地行为的因素主要是随机的外部风险导致对资金的需要。市场上的土地供给主要不是由价格因素决定,体现出缺乏弹性的特征,因而在一定时间内,也可以将土地的经济供给曲线近似画成一条垂线(S),图8.1对传统社会土地市场的经济供给也是适应的。而在需求侧,一些地区在一定的时间范围内,买方往往只有少数的几家。同样以宁波土地契约文书为例,下表数据(见表8.2)反映出传统社会土地交易市场买方的情况,买方往往具有价格影响力。

表8.1 清代浙江宁波地区土地出让的原因

急用乏用、钱粮无措、病丧欠债等		管业不便、另置别业等		未注明		合计	
数量	占比	数量	占比	数量	占比	数量	占比
381	92%	10	2.4%	24	5.8%	415	100%

资料来源:根据《清代宁波契约文书辑校》[1]整理。

表8.2 清代浙江宁波地区土地交易的买主

毛坤山及其兰、芝二房名下		其他买家		未注明		合计	
数量	占比	数量	占比	数量	占比	数量	占比
392	94%	16	3.9%	7	1.7%	415	100%

资料来源:根据《清代宁波契约文书辑校》[2]整理。

三 地价随人口和经济增长呈上升趋势

现代土地经济学的实证研究揭示了地价随人口和经济的增长呈现出

---

[1][2] 王万盈辑校:《清代宁波契约文书辑校》,天津古籍出版社,2008年。

上升趋势。①这一趋势在中国传统社会是否也发生呢？借助已有研究成果，我们选取传统社会的某段时期为例，分别考察这一期间的地价、人口和经济增长，以及它们的关系。

关于明清时期的地价，由于受数据资料的限制，研究得还不够深入。在此主要参照了章有义、周远廉和谢肇华、彭超、李文治的研究成果，②将人口、经济增长与地价关系的探讨限定在较为典型的康熙、雍正和乾隆朝时期。③

彭超的研究显示，康雍乾时期，地价几乎成倍增长；④李文治的研究认为，从清初到嘉庆朝，各地地价不同程度地上涨了数倍，他列举了休宁县的情况。⑤由于土地的时价受区域地段、田土类型、交易方式等多重因素影响，笔者认为，通过比较同一地块在不同时期"转卖"的价格（交易的标的物相同，交易方式相同，只是交易发生的时间不同），来研究不同时段的地价变动，更为可靠。因而，此处我们更多采用了周远廉和谢肇华的研究成果。他们的结论是："从康熙中叶以后，到乾隆六十年，地价的基本形势是在不断增加，有的是成倍增长，有的涨了好多倍。"笔者根据《清代租佃制研究》⑥一书中的"地价简表"作了进一步整理，希望对此段时期地价的趋势能有一个更为直观的显示。

① ［日］野口悠纪雄：《土地经济学》，汪斌译，商务印书馆，1997 年，第 15~38 页。

② 参见章有义：《明清徽州土地关系研究》，中国社会科学出版社，1984 年；周远廉、谢肇华：《清代租佃制研究》，辽宁人民出版社，1986 年；彭超：《明清时期徽州地区的土地价格与地租》，《中国社会经济史研究》，1988 年第 2 期；李文治：《论清代鸦片战前地价和购买年》，《中国社会经济史研究》，1989 年第 2 期。

③ 已有的研究成果，主要采用了时人笔记议论，对刑档、地契记录的地价加总平均的方法。尽管在资料方法和精确度方面还可进一步深入（例如，由于受多重因素影响，能否对不同区域、类型的地价进行简单加总平均，还值得商榷），但对于清初地价较低，康雍乾时期地价呈不断上涨趋势的判断，学界还是较为认可的。

④ 彭超：《明清时期徽州地区的土地价格与地租》，《中国社会经济史研究》，1988 年第 2 期。

⑤ 李文治：《明清时代封建土地关系的松解》，中国社会科学出版社，1993 年，第 271~273 页。

⑥ 周远廉、谢肇华：《清代租佃制研究》，辽宁人民出版社，1986 年，第 75~80 页。

表 8.3 清代徽州地区歙县西乡的地价变化

项目 朝代	地价（两）			
	契约数	田亩	总价	亩价
顺治年间	4	11.501	140.00	12.17
康熙年间	98	174.85443	1392.14	7.96
雍正年间	50	55.62704	733.20	13.18
乾隆年间	108	303.79805	7031.434	23.15
嘉庆年间	27	124.50831	2604.652	20.92

资料来源:彭超:《明清时期徽州地区的土地价格与地租》。

表 8.4 新老契对照反映的地价变动

土名	老契		新契		新价对 老价百分比	备考
	年份	价格（两）	年份	价格（两）		
陈家坞	1641	13.3	1707	8.0	60.2	田租1.233亩
白石坞	1673	5.5	1790	24.0	436.4	佃皮3亩
山九坞	1696	4.0	1725	7.0	175.0	田0.795亩
田坞	1697	6.52	1729	8.0	122.7	佃皮1.6亩
坑底	1716	2.5	1750	6.2	248.0	佃皮0.8亩
砖坞口	1727	4.5	1799	5.0	111.1	田租0.785亩
思贤岭里山	1734	14.74	1739	12.0	81.4	佃皮2.5亩
观音亭	1801	8.0	1804	8.0	100.0	租佃0.4亩

资料来源:章有义:《明清徽州土地关系研究》,第105页。

表 8.5　康雍乾时期各地地块转卖后的价格变动情况

时间	地点	交易类型	地价（单位：两/亩）	地价变动情况
1716	广东龙川县	绝卖	10.00	
1748	广东龙川县	转卖	17.33	↑
1718	湖南平江县	绝卖	1.00	
1745	湖南平江县	转卖	15.43	↑
1741	直隶丰润县		0.57	
1753	直隶丰润县	转卖	0.73	↑
1747	湖南攸县		6.60	
1753	湖南攸县	转卖	9.00	↑
1756	河南息县		0.60	
1760	河南息县	转卖	1.88	↑
1762	江西弋阳县		1.75	
1770	江西弋阳县	转卖	3.75	↑

资料来源：根据周远廉、谢肇华《清代租佃制研究》第 75 至 78 页整理加工。

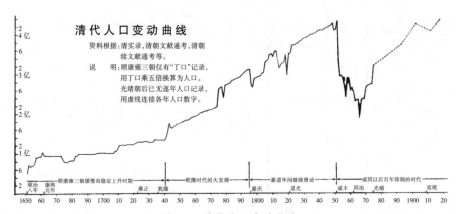

图8.1　清代人口变动曲线

资料来源：周源和《清代人口研究》。

关于清代人口发展情况,已有较多研究。[①]虽然在具体的估算方法、人口数以及增长率等方面学界还存在很大争议,但对于康雍乾时期人口基本呈上升趋势却是一致的。以下是笔者从研究成果中选取的比较直观的一张图(见图 8.1)和一张表(见表 8.6),能够大体反映此段时期人口的增长趋势。

表 8.6　1700—1850 年中国的人口变动

年份	《清实录》人口数	推测人口数
康熙三十九年（1700）	2010 万	1.5 亿
乾隆六年（1741）	1.4 亿	2 亿
乾隆五十五年（1790）	3 亿	2.8 亿
嘉庆二十五年（1820）	3.5 亿	3.5 亿
道光三十年（1850）	4.1 亿	4.27 亿

资料来源:张岩:《对清代前中期人口发展的再认识》。

已有研究成果显示,康雍乾时期的经济取得了长足发展。[②]前述材料和数据表明,康雍乾时期的人口、经济、地价都获得了较大增长。虽然条件所限,在此无法作一个回归模型,通过计量来检验人口、经济增长与地价之间的关系,但并不妨碍得到一个粗略的估计(或者说在数据支撑下定性地认为):地价随人口和经济增长呈现出上升趋势。一些研究已经注意到,随着

---

① 参见全汉昇、王业键:《清代人口的变动》,《中央研究院历史语言研究所集刊》(第 32 本),1961 年;北京大学经济系清代经济史研究组:《清代历朝人口、土地、钱粮统计》,《经济科学》,1981 年第 1、2、4 期;周源和:《清代人口研究》,《中国社会科学》,1982 年第 2 期;何炳棣:《中国人口研究》(1368—1953),葛剑雄译,上海古籍出版社,1989 年;葛剑雄:《中国人口发展史》,福建人民出版社,1991 年;高王凌:《明清时期的中国人口》,《清史研究》,1994 年第 3 期;张岩:《对清代前中期人口发展的再认识》,《江汉论坛》,1999 年第 1 期;曹树基:《中国人口史》(第五卷),复旦大学出版社,2001 年。

② 参见许涤新、吴承明:《中国资本主义发展史》,人民出版社,1985 年;李伯重:《江南的早期工业化》,社会科学文献出版社,2000 年;[美]彭慕兰:《大分流:欧洲、中国及现代世界经济的发展》,江苏人民出版社,2003 年;[美]王国斌:《转变的中国:历史变迁与欧洲经验的局限》,江苏人民出版社,2008 年;[英]安格斯·麦迪森:《中国经济的长期表现》,上海人民出版社,2011 年。

人口的增长,由于人多地少的矛盾,土地价格呈上升趋势。[1]康熙五十二年(1713)皇帝上谕也认为:"前因人少田多,一亩之田值银不过数钱;今因人多价贵,一亩之值竟至数两不等。"[2]

在此,着重指出地价上升的另外一个因素——经济发展。经济发展与土地的关系,一方面体现在经济发展—人口增长—土地需求增加的逻辑之中;另一方面,在土地可以自由交易的市场社会中,土地既作为一种资源和场所发挥着生产的功能,还作为资产、财产承担着财富积累和社会稳定的功能。土地对于经济体而言,不仅具有贡献经济增长的一面,还有维护经济持续稳定的一面。由于传统社会人们对土地的偏爱,官员发达、商人赚钱、农民富裕后,普遍有"增产置地"的习惯,[3]"田之一物百年十年常新","不忧水火盗贼"[4],"凡置产业,自当以田地为上"[5]。这些反映出传统农业社会人们的认识。当和平稳定的经济社会发展到一定阶段后,土地作为资产"蓄水池"的功用愈来愈明显。由于土地供给缺乏弹性,地价的上升便不可避免。地价上涨了,这是"找价"不停出现的一个重要原因。一是助长了卖方认为当年"原价轻浅""土地贱卖"了;二是在"找价"不过"时价",以"时价"为限的情况下,自然水涨船高,助推了不断向"时价"看齐,从而"叹气"不停的情况。地价长期上升的趋势,亦成为"找价"在长时间后甚至跨代出现的根源。

---

[1] 参见彭超:《明清时期徽州地区的土地价格与地租》,《中国社会经济史研究》,1988 年第 2 期。

[2] 《清文献通考》卷二,《田赋考》。转引自李文治:《论清代鸦片战前地价和购买年》,《中国社会经济史研究》,1989 年第 2 期。

[3] 参见李文治:《论清代鸦片战前地价和购买年》,《中国社会经济史研究》,1989 年第 2 期。

[4] 张英:《恒产琐言》卷三。

[5] 钱泳:《履园丛话》卷七。

四　地价呈现出强烈的地域特征

现代土地经济学揭示,土地是不动产,其位置具有固定性,它无法像其它产品那样随意流动。这使土地市场呈现出强烈的地域性特征,难以形成一致的市场价格。各地域性市场之间,土地价格较难互相影响。这一特征,在传统社会的地权市场也呈现出来。以下材料显示,即使在同一年份,不同省州县的地价也差异显著,甚至悬殊。[1]

表 8.7　相同年份不同地区的地价对比

时间	地点	地　价 （单位：两/亩）	交易类型
1721	江苏镇洋县	5.43	卖+找
1721	江苏武进县	8.33	卖+找
1723	山东巏山县	0.60	活卖
1723	湖南祁阳	20.00	
1727	河南新乡县	0.63	
1727	湖北江陵县	4.33	
1734	江苏铜山县	0.56	
1734	河南登封县	3.30	
1734	四川高县	6.36	
1734	江苏镇洋县	1.64	活卖
1734	江苏镇洋县	5.00	找绝
1744	浙江江山县	12.00	一次性绝卖
1744	江南淮宁县	2.79	

---

[1]　即使考虑其它可能影响地价的因素,表中数据显示出的地域差异仍十分显著。

续表

1744	江苏常熟县	2.95	活卖
1747	广东化州	2.66	
1747	湖南攸县	6.60	
1753	直隶丰润县	0.73	转卖
1753	湖南攸县	9.00	转卖
1753	陕西郃阳	11.82	
1753	湖南茶陵	10.77	
1753	广东永安县	5.00	活卖
1755	山西忻州	3.33	一次性绝卖
1755	山东潍县	11.67	一次性绝卖
1755	安徽霍丘县	3.33	
1755	安徽合肥县	4.62	
1755	安徽寿州	10.00	
1756	山西汾阳	7.89	
1756	河南息县	0.60	

资料来源:根据周远廉、谢肇华《清代租佃制研究》第 75 至 78 页整理加工。

第二节　习俗与市场:
共同决定传统社会土地交易价格形成

约翰·希克斯在《经济史理论》中,把非市场经济的两种典型经济形态特征称为习俗和指令性。他说,看来我们要循着这一路线来建立我们的叙述所由开始的最早的非市场经济模型。"习俗"经济或多或少与这一描述相符……新石器时代的或中古初期村社的经济以及直到最近在世界许多地区仍残存的部落共同体的经济,都不是由社会统治者组织的,而是建立在传统主体之上的。个人的作用是由传统规定的,而且一直如此。①在这里,值得指出的是,传统交易体现出的"传统经济"并非希克斯意义上的"习俗经济"。中国传统社会的经济形态有其复杂性和特殊性,它有些方面运用了市场的手段,但与成熟的现代市场经济相比又有不同之处,显然不能简单将之归结为封建经济,也非习俗经济。正如傅衣凌所指出:"中国历史的发展具有东方社会的某些特点,是既早熟而又未成熟……"②

笔者不赞同将现代市场经济之前的经济形态统称为习俗经济,至少在中国传统社会的土地交易中,习俗与市场并非相互对立的两种价格形成机制。习俗与市场并不矛盾,相反,它们常常结合在一起,共同决定着土地交易的价格形成。以下从习俗与市场的角度,对传统社会土地交易作一总结。

一　习俗与产权——传统社会地权的构造

本书花了相当的篇幅讨论中国传统社会的地权现象,指出传统社会土地交易中权利自由切分与交换的状况,这是进一步探讨传统社会土地交易价格形成的基础。本书论述到的传统社会的"权利",不是现代意义上的"法权",不是依靠国家正式的法令制度构建起来的法权体系,它是通过习俗、习惯搭建起来的,在习俗、习惯的框架下,社会自然、自发形成的,权利切分和交换的具体内容和形式由交易双方自由协商、协议建立。这里的权利,仅仅意味着可以做什么,与之相对的是不可以做什么。在其背后,并没有一套现代意义上的国家法律设施加以强制和固化,也没有一套现代法学意义上的概念体系予以支撑和形式化。它背后的力量,是习俗,是习惯,是一定范

---

① 参见[英]约翰·希克斯:《经济史理论》,商务印书馆,1987年,第15页。

② 傅衣凌:《明清社会经济变迁论》,人民出版社,1989年,第3页。

围内的人们自发形成并予遵守的规范,它通过类似案例的"复制",得以延续和传承。如果一定要用一种现代性的术语加以对应,它便是"非正式制度"。

这里之所以用"权利"表达,实在是因为没有更好的概念了。且我们是在更宽泛的意义上来使用"权利"一词。康德讲"所有人的意志心照不宣的联合",在中国传统社会主要是通过习惯性的力量予以实现,从而使"有保证的占有"变得可能。换句话说,中国传统社会的地权,虽然是自由的、自发的,却不是暂时的、任意的。说它有保证,不仅因为它有交易的契约——协议的力量,还因为它深入人心——惯俗的力量。它在人们默认的前提和过程中,实现了规范,达到了保证。

尽管中国传统社会并非没有强制性力量,但这种强制性力量仅仅是作为一个外在的暴力纠纷的解决机制。注意是"暴力纠纷"的解决机制,而非"产权纠纷"的解决机制。这样说并非没有产权纠纷,而是说,外在的强制性力量,不是作为产权的保障,它的存在只是为了克服暴力,解决暴力纠纷——维持秩序。很显然的一些例子和证明是:产权纠纷发生时,要么通过已有的习俗性规范在社会内部解决,当借此无效时,只好诉诸暴力。诉诸暴力有两方面的原因和后果:一是(为了)直接通过当事人自身的强力解决;二是(为了)引起官府的注意,在官府的审判中获得一个有利的位置。正是在此逻辑和冲动下,传统社会出现了诸多民不畏死的例子。[①]《刑科题本》呈现的案例,尽管有相当多是所谓"过失杀人"[②],前面指出的原因亦同样显然。

---

① 为了争地、争水,力量上处于优势的一方(家庭、家族、村落)悍然发起攻斗,力量上处于弱势的一方(家庭、家族、村落)毫不示弱,常常以牺牲个体的生命,来换取官府的有利判决。(《刑科题本》案例显示,不论前边的原因如何,致人性命的一方总要受到严厉的惩罚,相应地,付出了"牺牲"的一方总有可能在判决中获得便利。)

② [美]步德茂:《过失杀人、市场与道德经济——18世纪中国财产权的暴力纠纷》,社会科学文献出版社,2008年。

二　习俗与价格——传统社会地价的构成

谈论地价，需要注意三点：一是观念上，注意区分理论地价和实际地价（交易价格）；二是组成上，注意地价是各部分权利对价之和；三是形成上，注意地价应包含不同时点上的支付价格。第二点和第三点是第一点的展开，地价的组成，在理论逻辑上，便应明确包括哪些部分；地价的形成，在实际交易过程中，具体包含了哪些环节的价格，即使其发生支付在时间坐标上被拉长了。

(一)地价由各部分权利对价组成

地价是土地的权益对价，因为土地上的权利可以自由切分和交换，因而各部分地价是切分出的相应的权利对价。一块土地的价格是其切分出的各部分权利对价之和。

事实上，权利的切分，乃一发现价值的过程，新发现（或者产生）的价值，通过交换后，为社会所承认，成为地价的一部分。例如，田面权和田底权的分离，一块土地上切分出两项权利，便是社会发现和承认田面价值的过程。这里所谓发现，有两层含义：一是包括相关主体在内的社会开始认识到了田面的价值；二是田面的价值本身是由于工本的投入带来土地产出的增加，而增添了的价值被呈现了出来。田底的价值，本质上就是收租权利的对价，即常说的所谓地租的资本化。在田面和田底尚未分离时，地价呈现出来的就是这部分价格。当田面和田底分离之后，田面的价格从何而来呢？这是理论需要解决的问题。本书通过考察后提出，田底的价格是固定收益的权利对价，田面的价格是增值收益的权利对价。

（二）地价包含各环节的支付价格

前文已经讨论,传统社会的土地交易具有不同的类型,包含了不同的环节。由于找价的存在,地价形成过程的一般模式为:典/活卖(卖)—加找(加)……—绝卖(杜)—加找(叹)……

相应地,各环节的价格为:典/活卖价(卖价)—找价(加价)……—绝卖价(杜价)—找价(叹价)……

经由交易实现,一块土地的价格为:地价=典/活卖价(卖价)+找价(加价)……+绝卖价(杜价)+找价(叹价)……

地价形成,即是以上价格实现的过程。形式上为不同环节的支付,实质上是同一交易在不同时段的展开。

地价的组成和形成,与习俗有什么关系呢?

（三）地价构成状况主要源于习俗

我们讲,地价构成状况主要源于习俗,包含两层含义:一是地价构成源于习俗,二是地价构成的具体状况源于习俗。

从前面的讨论,我们已经了解,所谓构成,包括组成和形成。前者从静态的角度描述构成部分,后者从动态的角度描述构成过程。为什么说地价的组成和形成源于习俗呢? 因为地价的产生和呈现,实质上是社会承认的结果。不仅由交易双方认可——通过达成协议并成交的方式,而且得到社会共同体认可——经由对双方交易正当性的默认以及交易后权利的认同。地价,一方面是交易双方合意的产物,另一方面是市场竞争、社会认同的结果。正因为交易双方的意愿能够置于社会认同的背景之中,才有公平可言,才有交易动机和需求得到实现之外(后)的满足感和安全感。显然,在传统社会,交易的背景、社会认同的基础主要是习俗。习俗为地价的构成提供了社会背景。

说地价构成的具体状况源于习俗,相对好理解些。我们已经知道,传统社会地价构成的具体状况主要有两个方面:一是组成上,包含了田面价和田底价;二是形成上,包含了交易过程各环节支付的价格。同一块土地上切分出了不同类别各自独立的权利,田面与田底的分离,这些都是习俗的产物;交易过程在时间坐标上被拉长,中间存在找价环节,这也是习俗的结果。传统社会习俗的状况决定了地价构成的具体状况。

基于上述理解,我们说,地价构成状况源于习俗。

三　习俗与规则——传统社会市场的构建

中国传统社会存在地权市场吗? 在什么意义上存在? 它是如何运转和构建的? 它与现代社会的地权市场有何不同?

基于前面章节的探讨和理解,在此作些粗略(可能也是不成熟)的勾勒。从前文,我们看到,传统交易中的习俗,在市场环境不完善的情况下,形成一定的交易设施,经由市场配置资源,具有相当的意义。这里所谓"经由市场配置资源",还不是完全的市场机制,但它与完全没有市场相比,通过交易的方式也能够更有效地使资源流转到需求方;与非交易的资源分配方式相比,它也显得更加公平,因为这是在双方合意的情况下实现的。

(一)与市场经济中法律规范的不同

传统交易中的习俗与市场经济中的法律的共通之处在于,它们都是作为交易设施为保障交易的顺利进行而发挥作用。它们的不同之处在于,前者是"自发"生成的"制序"①,后者是"自觉"形成的"规范"。因而,前者属于非正式制度范畴,后者属于正式制度范畴。虽然"法律的每一次放宽都会变成一项惯例,每一项惯例都会变成一项权益"②,但二者还是有显著区别的:在正式的制度安排中,规则的变动和修改,需要得到受它所管束的一群(个)人的准许;非正式制度安排中,规则的变动与修改完全由个人完成。③习俗,某种意义上也是人们关于世界的一套信念和行为参照,是个人与其环境达成协议的一种节约费用的工具。而"法律被描述为一种系统化了的习俗,它连接行为方式与已经感知的规律性,因此以影响习俗的同样的方式影响行为"④。法律的遵守依靠的是强制性执行力,习俗的遵从仰仗的是依赖和认同。

(二)与计划经济中行政强制的不同

计划经济中的政府职能同样具有某种程度的强制性。市场经济中规范的强制性运用的是法律手段,计划经济中的强制性规定运用的是行政手段。计划经济中政府职能的理论基础或前提预设是一种过度自信的"全能理性",而作为"自发制序"的市场习俗并没有这么一种抱负。虽然也有学者将习俗当成是"集体理性"的产物,认为其离不开自我意识的作用,但习俗作为主体的一种反映形式,却是一种不自觉的心理活动,哲学家们便常将习俗当作社会文化无意识、集体无意识行为。⑤

---

① 借用韦森教授对 institution 的翻译,参见《文化与制序》,上海人民出版社,2003 年。

② [英]穆勒:《政治经济学原理(上)》,商务印书馆,1991 年,第 271 页。

③ 参见林毅夫:《关于制度变迁的经济学理论:诱致性变迁与强制性变迁》,载《财产权利与制度变迁》,上海三联书店,1994 年,第 371 页。

④ [德]埃克哈特·施里特:《习俗与经济》,长春出版社,2005 年,导言第 5 页。

⑤ 参见张雄:《习俗与市场——从康芒斯等人对市场习俗的分析谈起》,《中国社会科学》,1996 年第 5 期。

（三）与规制经济中政府管制的不同

传统交易中的俗例原则与规制经济中的政府管制，都是在市场机制力所不逮的地方发挥作用。但价格规制常常是在市场经济已经较为成熟、市场效能正常运作的情况下，由于市场失灵的原因，作为市场机制的一种补充手段发挥作用。①而传统交易中的价格俗例则是一个混合体，它一方面要在正常市场机制的领域发挥作用，另一方面也在市场机制失灵的领域发挥作用，前一方面既有可能促进也有可能替代市场机制作用，后一方面则是作为市场机制之补充。

土地的交易和配置，事实上是土地权利的交易和配置，在市场中，地权的交易和流动是借由通货来实现的。因而，本质上，地价是土地的权利对价。通过土地来满足资金的需求，由资产到资本，资金需求量的大小、价钱的多少，不是通过切割土地大小、产量多少来实现，而是通过切分权利多寡来实现，这是一个巨大的飞跃，也是中国传统社会土地交易的特点。而在交易的过程中，价格的获得、价格的形成借助了习俗的力量，由习俗和市场共同决定，则是中国传统社会土地交易价格形成机制的鲜明特征。

---

① 参见马云泽：《规制经济学》，经济管理出版社，2008年，第61页。

第九章 传统社会土地交易的历史启示

第一节 地权交易的金融功能：
对化解农村借贷难题的启示

权威部门调查显示，现阶段中国农户普遍存在融入资金的需求，融入资金最主要的形式是借款，但由于种种原因，农户贷款难的问题相当突出：一是农户用于扩大生产经营规模和调整农业产业结构的贷款难以获得，二是生活消费性贷款难，三是贫困家庭贷款难，四是经济金融环境差的地区和偏远山区的农民贷款难。[①]从已获借款的农户特征看，从正规金融获得贷款的农户主要是比较富裕、拥有较高社会资本的农户，而贫困农户则主要从非正规渠道获得借款，而且农户用于生活性消费的强烈金融需要也主要

---

① 参见韩俊等:《中国农村金融调查》,上海远东出版社,2009年,第11页。

是由非正规金融满足。①

解决农民借贷难的问题，完善农村金融体系，需要从多个角度加以研究。为突破当前农村金融的困境，学界和实务界开展了大量的调查和研究。土地抵押借贷作为一种重要的农村金融工具，国内目前已有研究涉及，多为规范性、呼吁性表达，或只是基于零星经验的检讨，实证类研究显得有些不足。

关于传统社会的地权分配、地权交易的多样性及其功能，近年来史学界已有了一些新的认识和突破。②近世中国地权具有多层次的权益与功能，以土地为中介的多样化交易形式具有跨期调剂的金融属性，满足了农民的融通需求。③传统社会活跃的地权交易及其功能，为思考当下中国的问题提供了有益借鉴，有关农地抵押借贷方面的经验，也需要学界作更多的讨论和发掘。

制度主义认为，现实世界中经济现象包括价格形成是多样化的制度过程，经济行为受社会习俗影响，由习惯所强化，并嵌入特定的制度之中。④中国人对交易、借贷、土地等存有一些特殊的社会心理和习惯（如对借贷的恐惧及抵触、对土地的偏爱与依恋等），这些特有的社会心理习惯该如何把握？单纯从当下的社会经济状况出发，恐怕还不够。一国居民的社会心理习惯、习俗（包括消费习惯），既受当前的经济状况影响，也受长期传统的影响。从研究的角度，就有必要考察社会心理习惯的历史传承，着眼于更宽阔的经验视野讨论消费习惯和交易行为。

① 参见叶敬忠等：《社会学视角的农户金融需求与农村金融供给》，《中国农村经济》，2004年第8期；韩俊等：《中国农村金融调查》，上海远东出版社，2009年，第9页。
② 参见赵冈：《中国传统农村的地权分配》，新星出版社，2006年；龙登高：《地权交易与生产要素组合》，《经济研究》，2009年第2期。
③ 参见任志强等：《近世中国农地产权的多重权能》，《中国经济史研究》，2010年第4期。
④ 参见王立宏：《演化经济学主要研究领域的理论分析》，《辽宁大学学报（哲学社会科学版）》，2008年第3期。

一 传统农村借贷方式总体考察

本书中的传统农村泛指解放前的农村社会,主要用于强调这样一种状况:在实行集体土地所有制之前农村土地可以自由交易,并充分运用自唐宋以来(尤其是明清以来)形成的传统土地交易方式,在土地交易过程中实现生产要素配置、满足包括金融在内的各种需求。因而,这里的传统农村主要还是一个分析性概念,在转化为操作性定义时,虽有一定难度,但并不妨碍我们对总体状况作一粗略估量,以及下文将要进行的对土地抵押借贷的比较优势作出分析。过去所作的一些调查以及已有的研究成果,[①]为我们了解传统农村农民的借贷方式提供了便利。以下材料为笔者从中撷取的部分,透过这些数据,对总体状况能够产生一个大致认识。

(一)传统农村借贷方式中,抵押借贷[②]比例最高。

前南京国民政府中央农业实验所 1934 年编的《农情报告》显示,在调

---

① 参见由于本书重在考察传统农村土地抵押借贷的种类和形式,并探讨其盛行的原因,因而对于传统农村借贷方式的确切状况并非研究要点。但首先指出土地抵押借贷在传统农村盛行却是阐明本书意义之前提,因而是必要的。基于此,这部分数据材料主要来自学界已有的研究成果。

② 以前的文献以及本书中所用的"抵押借贷",与今日法律严格界定的概念,同今人脑海中的印象,可能会有些出入。但作为一种金融工具,讨论起来还是有共通的基础。本书旨在从经济实质出发,考察传统社会抵押借贷的多样性,发掘历史资源,以为今日服务。某种意义上,正因为传统抵押借贷的灵活性,其形式大大超出今人的想象,才有可能从另一个视野为我们提供思考和借鉴的空间。大体上,本书中的"抵押借贷"指借方以某物或以某物为媒介的某项权益作质向贷方借款的方式。"土地抵押借贷"是以土地(权利)为质发生的借贷行为,其形式多样,涵括中国传统社会以土地为媒介的抵、押、典、当等。由于在传统社会,各地交易和契约中对这些概念(毋宁说语汇)使用起来会有差别,因而需要具体分析。例如,"抵",就有两种用法,一种是事前行为,即以某物作抵去借款;一种是事后行为,在借款没法偿还的情况下,以某物作抵"抵还旧欠"。(参见方行:《清代前期的土地产权交易》,《中国经济史研究》,2009 年第 2 期。)这一点,在文章相关部分会有具体展示和阐述。

查的三种借贷方式中,抵押借贷所占比例最高。①同年,由全国土地委员会对 6 省 55 县的统计也表明,农民各种借贷方式中,抵押借贷所占比例超出信用借贷 20 个百分点。②

中央农业实验所 1942—1947 年对乡村私人借贷方式所作的调查统计进一步显示,抵押借贷所占比例有上升的趋势。③

(二)抵押借贷中,土地抵押最盛行

据 1934 年全国土地委员会的调查,在长江中下游六省农民抵押借贷中,土地抵押占 64.3%,房屋及其他不动产抵押占 19%,物品抵押占16.7%;又据中央农业实验所的统计,1934 年、1935 年,长江中下游六省土地抵押农家分别占总农户的 41.8%、49.7%。④

有些地方甚至借银必写田作抵,如湖南沅州府芷江县"凡借银子,都要写田作抵"⑤;广东香山县"借银立约之外,必另写田契作抵"(《刑科题本二》:175);陕西西凤县也需"指地借债"⑥。

(三)各地借贷习俗中,"指地借款"最普遍

清末民初,兴起了波及全国各地、规模巨大的民商事习惯调查运动,由这些调查所得资料形成的《民事习惯调查报告录》,是我们今天研究传统社

---

① 详细数据列表参见冯和法:《中国农村经济资料续编》,黎明书局,1935 年,第 815~816 页。严中平等:《中国近代经济史统计资料选辑》,科学出版社,1955 年,第 347 页;李金铮:《民国乡村借贷关系研究》,人民出版社,2003 年,第 115 页。

② 据《中华民国史档案资料汇编》计算,转引自李金铮:《民国乡村借贷关系研究》,人民出版社,2003 年,第 116 页。

③ 详细数据参见《民国乡村借贷关系研究》,第 117 页。

④ 参见《民国乡村借贷关系研究》,第 121 页。

⑤ 中国第一历史档案馆、中国社会科学院历史研究所:《清代的土地占有关系与佃农抗租斗争(乾隆刑科题本租佃关系史料之二)》,中华书局,1988 年(以下简称《刑科题本二》),第 138 页。

⑥ 方行:《清代前期的土地产权交易》,《中国经济史研究》,2009 年第 2 期。

会民商事习惯最有力的材料。笔者对由胡旭晟等点校、中国政法大学出版社,2000 年的本子进行了研究,发现各地有关借贷的习俗中,"指地借款"最普遍。①

二 为什么土地抵押借贷最盛行

为什么土地抵押借贷最盛行? 已有的研究并没有作更深入的探讨。②本书尝试对这个问题作一回答:一方面,我们讨论抵押借贷与个人信用、保证信用相比,所具有的一般优势;另一方面,考察土地抵押借贷的比较优势,也就是土地抵押不仅与个人信用、保证信用相比具有优势,与一般抵押相比(动产与不动产比)也有优势。总体来说,在各类借贷可获得的情况下,抵押借贷和保证信用比个人信用更具偿债约束力,抵押借贷比保证信用更简便易行,土地抵押比一般抵押更适用。

(一)抵押借贷具有的一般优势

关于借贷类型,一般分类方法是将其划分为个人信用、担保、抵押,对应于前引民国时期调查中的"个人信用""保证信用""抵押借贷"。个人信用指不需要任何其他保证,完全依靠个人信任关系发生的借贷行为。它一般建立在个人资产和还贷能力的基础上, 同时与个人信誉和信任程度有关。保证信用指凭靠第三方担保发生的借贷行为。担保,有的仅凭第三方信誉,有的则须承担连带责任;有的责任重,有的责任轻,各地习俗不一。抵押借

---

① 参见前南京国民政府司法行政部编、胡旭晟等点校:《中国民事习惯调查报告录》,中国政法大学出版社,2000 年。(以下简称《民事习惯》)

② 例如:李金铮(2003)感叹"究何原因,不得而知";吴承禧(1935)在当时所作的《中国各地的农民借贷》调查报告中评论到:信用方式之重抵押而不重个人,在这儿是很显然的。个人方面,假如没有土地或没有其他绅商来作保的话,那当然也就别想借钱了。

贷,指以某物或以某物为媒介的某项权益作质,发生的借贷行为。如果说保证信用依赖的第三方是某人的话,抵押借贷则是某物(动产或不动产)或者某项能够界定清楚的权益。

显然,这三种借贷类型中,在约束力上,抵押借贷和保证信用要大于个人信用。对贷方而言,保证信用尚需通过第三方的力量才能对借方构成约束,而抵押借贷无需寻求第三方支持便能直接对借方形成约束,因此相对而言,抵押借贷比保证信用更具约束力。从便利程度看,抵押借贷明显要优于保证信用,因为后者需求助于第三方,毫无疑问增添了交易成本。个人信用的便利程度则要看具体情况了:如果关系活络,自然是最便捷的途径,但其前提条件必须是告贷有门;如果需求金额超出借贷能力范围,无法满足,便无便利可言了。在借款额度上,相关调查和研究显示,个人信用(亲友借款)多为数额小、期限短的借贷,其中有契约的借贷一般比口头借贷借额稍大、期限稍长;保证信用比个人信用借额大、借期长;平均来看,抵押借贷的额度要大于保证信用。[①]有的地区甚至借钱一律要有抵押。[②]就成本而言,明地里,个人信用不需要利息,保证信用和抵押借贷的利息都是大于零的,但事实上,个人信用借款并非没有成本,只不过它消耗的是人情面子。有的地方,即便是个人信用也需要请上一些酒席的,这些并非没有花费。

根据以上讨论,抵押借贷的优势可用下表(见表9.1)反映:一个符号代表一个等级,符号越多等级越高。这是一种"定序测量"式的表达,不能简单赋值计算,但从综合比较看,抵押借贷显然还是具有优势的。

---

① 参见李金铮:《民国乡村借贷关系研究》,人民出版社,2003年,第118~132页;韩俊等:《中国农村金融调查》,上海远东出版社,2009年,第90页。

② 参见中共中央文献研究室:《毛泽东农村调查文集》,人民出版社,1982年,第145、201页。

表 9.1　抵押借贷的优势

	个人信用	保证信用	抵押借贷
偿债约束	A	AA	AAA
便利程度	***	*	**
借款额度	￥	￥￥	￥￥￥
借款成本	0^+	+	+

（二）土地抵押借贷的比较优势

前面我们从一般意义上讨论了抵押借贷所具有的优势,接下来,我们基于相关材料,着重考察土地抵押借贷的比较优势。所谓比较优势,就是土地抵押借贷,与个人信用、保证信用、一般抵押相比,所拥有的优势。为了更好地认识,我们从贷方、借方、社会等多个角度,加以考察比较。

1. 从贷方角度看,土地抵押偿债约束更有力

第一,"软"约束与"硬"约束。从还款约束来看,无非有两类:一类是"软"约束,一类是"硬"约束。在传统社会,尚未建立起一套正式健全的经济法律制度,个人信用借款靠的便是"软"约束。这种信用主要是熟人社会里在了解、熟悉的基础上建立起来的信任关系,并通过人情面子、道德习俗加以约束。相对于有直接"硬"性执行力的机制,这种约束可谓是"软"的。

第二,传统习俗对偿债的"硬"约束。传统社会中,尽管尚未建立起一套正式健全的经济法律体制,依赖习俗对偿债进行的约束并非没有"硬"的方面。据笔者对民商事习惯的研究,这类习俗主要有三种:抵押、担保、第三方执行。以山西为例,在祁县,"借贷,必须以产作抵,倘到期未偿,债权人即同中证将抵押物品经业","如债务者无相当质物时,须有代还或垫还保人,如日后债务者无力还钱时,则责成代还保人还钱一半;若系垫还保人,则须全数清偿"。(《民事习惯》:484)在蒲县,有所谓"黑字寻人"的习惯,"倘至期不付,即由债权者写一字据,觅人执据寻讨,所有旅费由债权者自由指定数

目,书于字据之上,债务者对于执此字据之人,即应照数给付,分文不能减少。债务者因受有此习惯上之严重拘束,且防再觅人来寻,多出旅费,故无论如何,总不敢逾期"。(《民事习惯》:484)

第三,土地抵押偿债约束更有力。既然有抵押、担保、第三方执行三种"硬"约束,何独土地抵押偿债约束更有力? 其中原因主要有二:其一,抵押只需借贷双方合意,无需借助之外的力量。从三者比较来看,抵押最简便可行,其他都得求助于借贷双方之外的力量。寻找保人担保相对困难,第三方执行的社会成本高、冲突大,质物抵押具有便利的实施条件。其二,土地是农民的主要财产,其价值最受社会认可。"田之一物百年十年常新","不忧水火盗贼"。①土地因其"摆在那儿""看得见摸得着""搬不走跑不掉",相较于一般的抵押物,具有明显优势。而且土地的价值也为社会公认,较之一般物品在评估上更易获得共识。正如本书后面将要讨论到,以土地为抵押,债主看重的不仅有土地本身,还包括其上的产出。

综上所述,土地抵押最可行、最具操作性、最适应传统社会环境。

2. 从借方角度看,土地抵押借款成本更低廉

由于现存可见的有关传统社会利率方面的系统性资料不足,我们主要通过价格习俗和具体案例来对借贷利率进行考察和比较。

第一,传统习俗中反映出的借贷利率信息。安徽当涂县,"债利按月加原本十分之二"(《民事习惯》:559);陕西长安县,小押当"每日取利百分之二"(《民事习惯》:366);甘肃大通县,"以不动产作抵借债,每两银月利二分半或三分"(《民事习惯》:397);江苏武进县,"民间贷借款项,均以田单或房屋契据为抵押品,其利息自一分至二分为止,约定若干年为清偿期间,载明契约,并另立付息手"(《民事习惯》:519)。

---

① 张英:《恒产琐言》卷三。

这些习俗基本反映了这么一个状况:有不动产作抵押的借贷利率要小于没有抵押或以一般物品小押进行借贷的利率。像江苏武进的习俗还反映了一个情况:有些地方没有不动产作抵是借不到款的。类似俗例还有我们前面提到的湖南、广东、陕西等地。

没有地产,承受高利只是其一,更苦的可能还在于急需时却告贷无门。可能正由于这个原因,才使得那些需钱之人,愿付重息,高利求贷。例如,江苏江北各县,"稍有资产或负有名望之人,若急迫需款,挪借尚易,而一般谋食小民,既无资产可向债权人抵借,又乏身份足以坚债权人信用,故每欲借债,恒苦告贷无门,于是穿凿营利之徒,遂乘此机会,以微细金钱,名为信用借贷,实则从中取利甚大"。(《民事习惯》:504)

过去的一首三字民谣表达出"印子钱"等借贷形式是何等状况以及字间透出的恐慌:"驴打滚,印子钱。高利贷,利加利。一还三,年年翻。一年借,十年还。几辈子,还不完。"[1]

第二,具体案例中反映出的借贷利率信息。乾隆刑科题本租佃关系史料之二——《清代土地占有关系与佃农抗租斗争》一书中汇集了一批高利贷案例,从里面反映的情况看,在有土地作抵时,出现过"议定银子(每月)三分起息"的记录;在没有土地作抵时,则出现过"每月五分起息""按月八分行利"的记录。由于不同时期、不同地方、不同需求情境下发生的借贷,利率不一,有时,以租代息的方式其利率也较难折算,因而在没有调查统计数据可用的情况下,要通过案例反映的零星数据进行对比,存在一定的难度。发生于山西阳曲县的一则"贷银典地"案,却从反面说明了通过典地借贷的成本(价格)要大大低于直接借贷:苗光富系苗光荣缌麻服弟,乾隆十六年间,苗光富向苗光荣借银一十二两,典得苗世禄地亩,耕作度日。追乾隆二

---

① 李金铮:《民国乡村借贷关系研究》,人民出版社,2003 年,第 189 页。

十一年,苗光富欠银无偿,苗光荣即将苗光富所典地亩夺种,苗光富恳求还地未允。嗣苗光富因无豆种,又向苗光荣借豆,苗光荣耻辱不给,苗光富已怀忿恨。更兼告贷无门,饥饿难忍,皆因苗光荣夺地所致,顿起谋心……(《刑科题本二》:160—162)

苗光富"贷银典地"的做法,实际上相当于,他向银主苗光荣直接借贷,再用借来的钱通过土地抵押的方式放贷给了地主苗世禄,其目的是为了获取土地用于己耕。如果年景好加上勤劳,是有可能实现的;如果运气不好,中间稍有疏忽,便难以维系。这不,乾隆十七、十八两年的利钱还勉强凑够能交上,十九、二十年就还不清了。于是,发生了不堪的一幕。试想,如果典地借贷的成本(价格)和直接借贷的成本(价格)大致相同的话,怎么会导致贷银典地难以为继呢? 它们之间的差距一定不小,因为在"典地"和"贷银"之间还贴补了耕作者苗光富的劳动投入。如果二者利率一致的话,应该能够在均衡的水平上维持下去。而实际情况是,即使加上劳动投入的价值,二者也难以均衡。这表明通过典地借贷的利率要小于直接借贷的利率。佃农苗光富对土地着迷,却走错了路子,通过"贷银典地"的方式,在二者存在利差的情况下,怎么可能不落得个被逼活不下去呢? 当然,此等情况是在佃农对自己的劳动能力过于自信的预期下发生的。

民国时期的调查也反映:借款利息因贷款数目、有无抵押及借款者的经济状况而有不同。普通借贷多者,即经济状况较好或有地契抵押的农户,则利息较少,且多为年利。反之,如借款愈少,则利息愈大。[1]

3. 从社会后果看,土地抵押借贷冲突更小

步德茂在《过失杀人、市场与道德经济——18 世纪中国财产权的暴力

---

[1] 参见李树青:《清华园附近农村的借贷情形(一九三三年下半年调查)》,《清华大学清华周刊(第四十卷第十一、十二期)》,载《中国农村经济资料续编》,黎明书局,1935 年,第 839~851 页。

纠纷》①一书中,通过年份抽样的方式考察了清代刑科题本里"土地财产权"类命案与"债务及其他"类命案的发生变动情况。该书旨在探讨经济变迁与社会冲突之间的关系,其中整理的相关数据亦可以用于本书分析,从中能大致看出土地抵押借贷冲突的变化趋势。中国的档案学家一般将刑科题本分成 4 类:斗殴、土地债务、婚姻奸情以及其他。步德茂从土地债务类中抽取数据,再将抽取的案件分为:土地财产权利、债务、其他土地、借贷、工钱、其他。根据步德茂的划分依据②以及相关讨论③,显然,他将与土地有关的典当借贷案件放入了"土地财产权"类。从下表中(见表 9.2、表 9.3)我们看到,尽管"债务及其他"类命案包含了"其他"案件,但债务借贷相关的案件仍占多数,④是主体。因而,通过比较"土地财产权"类命案与"债务及其他"类命案的发生变动情况,我们也可大致看到土地抵押借贷纠纷与其他债务借贷纠纷的发生情况。由于土地抵押借贷纠纷在"土地财产权"类命案中所占比例并不高,因而可以认为土地抵押借贷引发的冲突要大大小于其他债务借贷纠纷。⑤

---

① [美]步德茂:《过失杀人、市场与道德经济——18 世纪中国财产权的暴力纠纷》,社会科学文献出版社,2008 年。

② 步德茂的划分依据是:土地财产权利案件是与土地权属有关的纠纷,包括田界、水权、回赎、欠租、撤佃等纠纷。"借贷"案件主要是指以现金或实物形式发生的案件,但也包括一些货物或工具的租借案件。"债务"案件是指赊购商品而发生的钱债案件,但也包括一些个别的、基于其他类型的现金债务而发生的命案。"其他土地"案件包括与财产权利问题没有直接关系的一些杂事而发生的案件,例如,所谓的破坏了风水以及大量的关于放牧牲畜啃吃相邻地上农作物等类似小事而引发的案件。"工钱"案件包括因打短工和打长工两种情况都在内的未付工钱而引发的案件。"其他"案件包括那些差别太大而难于分类的案件。(《过失杀人》:131—132)

③ "广东省的回赎纠纷揭示出,人们典卖土地有时是为了积聚资金以投资商业或从事贸易。""这些案例确实表明,土地所有者们利用回赎担保物的权利从土地上获得的收益以积累资金从事商业贸易是可能的。"(《过失杀人》:95—96)

④ "工钱"案件实质上也属于债务类。

⑤ 步德茂在《过失杀人》中未列出案件详细资料,但从该书第 130~167 页图表仍能看出大体趋势。

表9.2 广东省取样年份中现存的与土地和债务相关的命案分类统计

案件性质	命案数量	案件性质	命案数量
土地财产权利	251	工钱	50
债务	253	其他	71
其他土地	176	总数	958
借贷	157		

资料来源:步德茂:《过失杀人》,第132页。

表9.3 广东省取样年份中土地及债务命案

年份	总数	土地财产权	债务及其他	财产权在总数中所占百分比
1736	31	9	22	29%
1737	54	14	40	26%
1740	41	16	25	39%
1745	49	19	30	39%
1750	52	22	30	42%
1755	52	18	34	35%
1760	65	18	47	28%
1765	83	25	58	30%
1771	67	13	54	19%
1775	91	22	69	24%
1780	99	17	82	17%
1785	72	21	51	26%
1791	95	17	78	18%
1795	100	20	87	19%

资料来源:步德茂:《过失杀人》,第151页。

由上分析,我们看到,传统农村土地抵押盛行的原因在于其比较优势。到目前为止,我们还只呈现了现象:比较优势只是从逻辑上看与前述状况具有因果关系的另一状况。真正内源性的原因(或者说内在因素),还在土地抵押自身。正是由于土地抵押借贷自身的灵活性,才有了这些比较优势。

它们之间的逻辑关系如图：

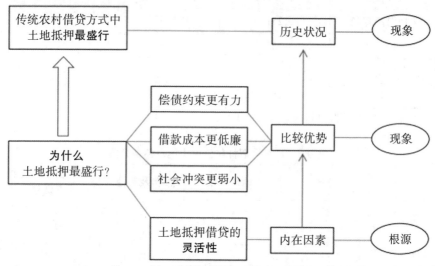

图9.1　为什么农村土地抵押借贷具有比较优势

因而，接下来我们有必要进一步分析探讨土地抵押借贷自身的灵活性。

三　农村土地抵押借贷的灵活性

通过对土地抵押借贷种类形式的考察，我们将看到其灵活性。①形式的

---

①　这部分内容的考察，我们使用的是原始地契资料，由于篇幅所限，只能概述而未能列出原貌。需要说明的是，以土地契约文书为主，并不表明其它资料缺乏，例如下文将要讨论的情况，《西江政要》(卷2)中也提到："江右民人往往因一时急需，无处借贷，将田质与人。……嗣后凡系借贷将田宅质当者，将实借银数写典契。其管业者，银不起息，业不起租；不管业者，只许照当利二分行息，多则不过三分，年月虽远，不得利过三分。"民国时期所作调查"清华园附近农村的借贷情形"表明，农民借债方法之一的"典地"有两种：一种系将地契押出，仍由业主耕种，按年交纳一定租粮，是和借债纳租者相同。另一种系地归债权者耕种，钱无息，地无租粮，即以该地所出之粮，作为租息。以后债务者可以备价取赎。(《中国农村经济资料续编》，第839~851页)《湖南省例成案》刑律卷11反映：湖南浏阳县卢行三将田1亩，向邓绶侯家押银40两，每年交租10石作利等。

248

多样化满足了借贷双方需求的多样性，土地抵押借贷的灵活性是其具有竞争力和比较优势的内在原因。

由于各地习俗关于土地典当在具体权利方面的安排各有不同、形式多样，在此不打算沿用已有学者将土地抵押借贷分为"一般土地抵押借贷和典当土地两类"的做法①，而是根据其实质内容来进行划分。

(一)抵押的土地，既可交贷方处理，亦可由借方管业

1. 仍由借方管业

(1)土地作押，业不转手。此处，有两种做法：一种是以田契作押，另一种是在立借约的同时再立一典契。第一种情况如道光十七年南平县吉宣借贷，以"大小苗田契壹张，立字交与棰侄过收执为当"(《福建文书》:591—592)，②第二种情况如道光十五年闽清县贤孝借贷，"立借约一纸，并缴祖茂典契一纸，统付为照"。(《福建文书》:590)

(2)出当后，再佃回耕种。此处借方管业采用"当+转佃"的形式，即先将田地当与银主，再佃回原地主耕种。例如，乾隆三十四年，冉广道因"缺少用度"，将先年祖父所置田业出当，议定"自当之后，佃转耕种"(《巴县档案》:121)。嘉庆十二年"何月清佃约"，内容即为"佃转耕种李星华得当己名下地名新房子田地一份"。(《巴县档案》:71)

2. 交由贷方处理

田土归贷方处理，既可由贷方自己耕种，也可招第三方佃耕。由贷方自

---

① 参见李金铮:《民国乡村借贷关系研究》,人民出版社,2003年,第122页。

② 本书地契实例主要选自《明清福建经济契约文书选辑》(福建师范大学历史系编,人民出版社,1997年,以下简称《福建文书》)、《清代乾嘉道巴县档案选编》(四川省档案馆编,四川大学出版社,1989年,以下简称《巴县档案》)、《明清徽州社会经济资料丛编(第一集)》(安徽省博物馆编,中国社会科学出版社,1988年,以下简称《徽州文书》)。由于篇幅所限,在论证相关内容时,只选用了同类材料中的一条,用作证据,更多类似案例参见所引文献。

己耕的,如乾隆二十年,彭良臣将己名下受分田宅出当给牟尚朝名下耕种,议定当价铜钱一十六串整,"其钱无利,田无租","不拘年限,照日钱退田回"。(《巴县档案》:120)招第三方佃耕的,如乾隆三十九年,胡彩鳌将本名下园土出当给胡圣章,"任从招佃耕种"。(《巴县档案》:122)出贷方为非自然人时,一般都采用放佃给第三方耕种的形式,如道光二十五年,周子万因负债,将己名上受业的房屋、柴山、竹木等,出当给帝君会"招耕放佃"。(《巴县档案》:141)

(二)土地抵押借贷,既可直接还利,亦可以租代息

1. 直接还利

这种形式比较贴合人们一般观念和印象中的抵押借贷。例如,嘉庆十一年,刘忠臣将名下分受田土、山林、竹木等,出当到刘世德名下,得价九六色银八十四两整,"原议世德不耕,忠臣认干利息,每两每月加二分利息"。(《巴县档案》:131)

2. 以租代息

以租代息分两种情况:一种是土地由贷方耕种,言明"钱无利,田无租",以租代息,互相抵充(如前例"彭良臣当约");另一种是土地由贷方处理,但贷方并不自己耕种,而转佃他人,由转佃的租金抵充利息(如前例"周子万当约")。贷方自己不耕种转佃他人时,正如我们前文已经讨论到,也有两种情况:一种是将土地佃给第三方耕种,由佃农支付租金(如前例"胡彩鳌当约");还有一种是佃回原地主(借方)耕种,由借方支付,其名义上为租金,实质上亦是所借银钱的利息(如前例"冉广道当约")。有些地方干脆称之为租利。转佃时,所收租,如常情,有实物租(如前例"何月清佃约"),也有货币租(如前例"冉广道当约")。

民国时期有关农村金融的调查报告,总结了民间借贷的四种付息方式:按月付息,到期还本;先扣利息,到期还本;分期还本利;分租合利,到期还本。①它们大体分属于直接还利和以租代息。

(三)抵押的土地,既可约定日期回赎,也可随时取赎

土地抵押,约定日期的,如嘉庆二十三年,歙县人鲍宁胜因正用,将己业田地出当到许姓名下,言定"得受当价大足钱九千文整,其钱当即亲手收足,其地即交管业,其地十二年之内不准取赎,十二年之外听凭早晚取赎"。(《徽州文书》:410)随时取赎,如乾隆二十四年,歙县人吴根汉,将田塘立契当到许荫祠名下,得当本九五平足纹银四十两整,议定"取赎不论早晚,银到契还,无得阻滞"。(《徽州文书》:402)

(四)以土地为媒作抵,既可是田底,也可为田面,还可是某项权益

以往关于农地抵押借贷的研究,存在一种观念,认为只有土地所有权才能用作抵押,在此方面有所突破的是,从物权的角度,提出完整的土地物权应包括用益物权和担保物权,因而农村土地使用权也应该可用作抵押借贷。当我们将目光投向历史经验时,发现传统社会的实践却展示了更多的可能性。

在传统农村的实践中,以土地为媒介,用作抵押的既可以是拥有完整产权的"大小买"("大小苗")田,也可以是"大买"(田底)、"小买"(田面)分

---

① 按月付息,到期还本,如言明借款百元,一年为期,每月付利息三元,至年终还本;先扣利息,到期还本,如言明借款百元,年利三分,在借款时,即扣去利息三十元,借款者实得七十元,至年终,仍归还一百元;分期还本利,如言明借款百元,一年为期,分四期还毕,每三月一次,每次还款三十五元,至年终完全还清。分租合利,到期还本,如言明借款百元,用田地五亩作押,一年为期,本年内该田地所出产之农产物,由债主分去几分之几,作为利息,至年终再还本。(参见高向杲:《河北省农业金融概况》,《中央银行月刊(第四卷第二号)》,载《中国农村经济资料续编》,黎明书局,1935年,第833~839页。)

别作抵,还可以是与土地有关的某一项"权益"。①"大小买"田,如咸丰十七年,歙县人姚瑞过"因欠少正用",将"大小买"地托中立契出当给鲍名一为业,得受当价后,其地即交割管业,钱不起利,地不交租。(《徽州文书》:414)②"大买"田,如光绪十九年,歙县人许永根将遗受的"大买"田,共计田、塘税五亩四分七厘四毫二丝,凭中出当到荫祠名下,"得受时值当大买田价鹰洋五十四元七钱四分"。(《徽州文书》:415)③"小买"田,如光绪二十一年,歙县人许联顺"因正用",将遗受小买田一丘,出当给叶桂财名下为业耕种,得受当价鹰洋二十元整,议定十二年期满后任凭原价取。(《徽州文书》:416)④某项权益,如嘉庆六年南安县文伦等四人借银,将"应分成斋公交轮租佃田三斗"作抵"向英老边借出银十大圆"。(《福建文书》:577—578)这份"轮租佃田"就是拥有四年一次耕作的权益。

类似情况并不鲜见,清末民初的民商事习惯调查反映:江西南昌、新建等县有"公田之轮收租谷为典当目的物"的习惯,"民间共有田亩之管业,恒分户轮值,按年收租,以供祭祀祖先之资。然祭费无多,恒有赢余,每到轮值之年,该户即不啻得一宗资财,故平日每于银钱缺乏时,即预指其轮收可得之租谷为目的物,以典当银钱"。(《民事习惯》:261)这种情况用作典当的抵押品,类似于会钱,都是未来可能的收益。①

田底和田面的划分以及它们各自独立运行,显然已经超越我们今天意义上的所有权和使用权;以土地为媒介用作借贷抵押的权利束,也比大陆法系里的物权观念更为灵活。这是值得我们深入研究的、具有中国特色的制度(习俗)安排和实践。

---

① 例如:道光四年侯官县郑国枝当会钱契。立会当约郑国枝,自己加有会壹场,共计会友壹拾贰名,每名会资钱壹千文。今因要钱急用,托首会都向郑宗子处,三面言议,当出本制钱陆千文正。面约期至本年十一月会摇收之日,每千文的利钱一百五十文算。倘本年十一月未摇收,其钱来年面约每千文透年行利加三算。来年三月内摇收,面允半年利。七月内摇收,月利算。倘中途而废,系是首会都之事。赔还摇收之,预先报知钱主收回。立当约一纸为照。(《福建文书》:588)

总结以上类型，土地抵押借贷的多样性与灵活性体现在下图展现的具体形式之中：

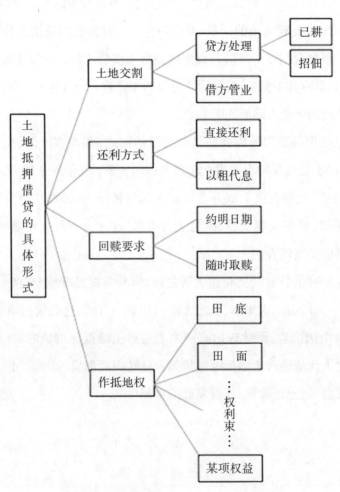

图9.2　土地抵押借贷的多样性与灵活性

土地抵押借贷种类和形式的多样，有助于其因时、因地、因借贷双方的条件不同而灵活实施，满足借贷双方不同状况下的不同需求——对于借方来说可以满足资金融通需求，对于贷方来说可以满足土地要素融通的需求，甚至可以兼顾土地与资金、当前与未来的需求。比如，贷方有资金剩余却缺乏土地耕种时,可以采取贷方管业的形式;如果借方既缺乏资金,又需要土地耕种时,可以采用借方管业的形式。当贷方预计借方未来在现金流丰富的情况下,可以约定一次性偿还货币本利;反之,可以分期偿还实物租。如果借贷双方对未来有较明晰的预期,可以约定一个具体的回赎偿还日期,反之,可以灵活模糊合约。如果借方对土地拥有完整的产权,可以凭借其作抵借款,如果只具有其中某项权益,同样可以约明借款。所有这些,都已为中国传统社会长期的历史实践所证明了的。

土地抵押借贷之所以能够采取灵活的形式,兼顾多方面,关键不在于形式,而在于通过某种形式建立起来的信用关系。凭借一定的形式,能够为社会所接受,能够在供求双方之间建立起某种纽带,能够在借贷双方间搭建一个桥梁,最终实现交易,满足各自需求,这才是一种交易制度、形式或者说工具的要义所在。

土地抵押借贷有其便利和灵活之处,但其前提是有地、有产,或至少有权,对于一无所有的人来说,自然无法利用这一方式,这是我们须看到的。[1]前引材料中的内容,既体现出有产之人通过土地抵押借贷的取向,也反映了无产之人无法通过土地抵押借贷而只好转向高利贷的无奈。但这也从另一个角度启示:土地确权、还权赋能的重要性。

---

① 有研究表明,一无所有的人在传统中国的比例始终极低,雇农大约占农业人口的1%~3%。即便一无所有的劳动力,在传统社会,地权交易也提供了一种"类金融机制",让未来的劳动收益变现,经由获取土地(佃权或田面),实现经营,进而改变经济状况。(参见龙登高、彭波:《近世佃农的经营性质与收益比较》,《经济研究》,2010年第1期。)

四　历史借鉴与启示

（一）今昔对比看农村借贷难题

由于农业社会先天的不足,农村借贷难题自古及今都存在。为克服难题,不同时代作出的努力和安排不一样。在前文中,我们基本呈现了传统社会农村的借贷模式,接下来,我们通过引述,看一下当前的状况。朱守银等发现,民间借贷是满足农户借贷资金需求的主要渠道,它们大都发生在社区内亲朋好友和邻里之间。[1]孙学敏、赵昕提到,农户普遍通过亲戚、朋友或邻居等融入资金,借贷行为主要依托血缘关系和地缘关系。[2]《中国农村金融调查》的材料显示,农户有很强的资金融入需求,贷款需求以小额贷款为主,大额借贷需求不易获得满足,亲友借款是农户最主要的贷款渠道,信用社是农户最期望的信贷渠道,但事实上却不能成为农户的首要选择——信用社借款存在资金成本高、程序繁琐、申请周期长、还款约束强以及需要抵押担保等问题。[3]

通过今昔对比,我们不作今昔何如、谁优于谁的价值判断。研究只是找出其中的不同——孰有孰无。对于今天没有的,考察其在历史上发挥过的作用,看是否有助于现今问题的思考。对比中,我们至少看到,在传统社会,解决农村金融难题方面多了一种选择,而这种选择,从历史经验来看,是较

---

① 参见朱守银等:《中国农村金融市场供给和需求——以传统农区为例》,《管理世界》,2003 年第 3 期。

② 参见孙学敏、赵昕:《经济不发达地区农户借贷行为的调查研究》,《农村经济》,2007 年第 8 期。

③ 参见韩俊等:《中国农村金融调查》,上海远东出版社,2009 年,第 47、65 页。

优的选择。①

(二)重视地权交易的金融功能

传统社会土地抵押形式的丰富多样性和灵活性,不仅从实证的角度验证了农地抵押借贷的可行性及比较优势,也大大拓宽了我们今天的研究视野,有助于思考当前农村的借贷难题,为相关解决方案提供思路和参考。

满足农户的金融需求,资金来源可以是专门的金融机构,也可以是非金融机构的农户或其他组织。完善农户借贷体系,一方面,需有效发挥专业金融机构的作用,处理好其与农户之间的借贷关系;另一方面,要充分运用专业机构之外的融资方式,协调好农户与农户或非金融机构之间的关系。地权交易正是利用好这两条路径的重要纽带。发挥地权交易的金融功能,一则可以使专业金融机构的借贷更具保障和约束力,从而强化其性能;二则可以让农户之间自主实现其日常的金融需求,农户可以结合具体情况选择合适的融资方式。

另外,从系统角度看,克服金融难题,既要着手解决金融制度方面的不足,也要跳出金融制度本身,解决金融机制发挥作用的前提条件。从土地入手,还权赋能,完善相关法律体系,既为现有的金融机制发挥作用创造了条件,也能有效运用地权交易自身内含的金融功能。具体来说,可从传统经验出发,实现农村土地抵押借贷的多样性。比如,充当抵押的,既可是某一件

---

① 在已有研究中,无论是国务院发展研究中心等政府部门组织的农村金融调查,还是高校学术机构开展的相关调研,多数以正规−非正规框架作为农户借款选择模型结构的。我们认为,无论在理论上还是实践中,这样的框架缩小或者说限制了农民的融资选择。从历史经验,我们看到,一是农民融资,可以通过借贷方式,也可以通过地权交易方式实现,二者的界限并非那么分明,甚至可以有机结合。二是在借贷方式中,农民也具有多种选择。以正规−非正规框架进行研究和探讨问题,固然有助于以政府为本位的制度建设,却摆脱不了"中心−边缘""中心−依附"的视角和思路。在这样的框架视野中,容易忽视解决农村借贷难题的其他思路和途径。而在这些被忽视的路径中,有些为历史或者其他地方的实践证明是行之有效的。在这个意义上,思考和解决农村借贷难题需要新的角度和路径。

物品,也可是以某物为媒介的权利束。土地权利的设置划分,既可基于所有权–使用权维度,也可基于用益–担保物权维度,还可基于无差异的权利束维度。再比如,对抵押品的交割处理方面,也可灵活多样。就土地而言,从传统社会管业的角度视之,更能表达和实现其灵活性。

(三)以历史为鉴完善相关机制

以历史为鉴,思考完善的机制包括:借贷机制、还贷机制、由借贷所形成权利义务的流转机制,与前述机制相关的信息机制、激励机制和调控机制等。

在此,我们还强调继承和运用传统社会已有的,并为历史证明长期有效的金融工具。比如,"典"作为一种地权交易方式和金融工具的价值。

"典"的创设和运用在传统中国已有上千年的历史,在地权交易和借贷实施中发挥了独特的功能与作用。但正是这一独特的交易制度却在当下中国遭遇了尴尬:法律学理上被误解,制度安排中遭弃用。当前,我们思考土地抵押借贷机制的完善,绕不开对"典"的理解和运用,这有待于我们进一步探讨和研究。

实践的灵活源于制度的弹性。因而,在制度设计上,要重视发掘传统社会资源,注重从中国特色角度创新和使用交易设施,完善相关机制,而不仅仅从西方学理出发按图索骥,更不宜简单拿西方的制度逻辑框画剪切中国历史上传承久远的交易工具,当然也不宜用一种历史逻辑去否认或附庸另一种实践经验。处理好这些层面的关系,集中体现在如何认识和继承"典"这一中国特色的交易方式上。

第二节　传统社会的交易习俗：
对失地补偿问题的启示

随着中国工业化、城市化的进一步深入，失地及其补偿①仍将是长期需要面对的一个问题。如何使征地和谐有序地进行，如何让失地得到公平合理的补偿？不仅考验政府与当事各方的互动协调能力，也考验整个社会的智慧。以往相关研究注重从财产权角度为失地补偿提供论证，忽视其它理论资源的运用；注重从其它国家寻求实践经验，忽视对自己传统历史资源的发掘利用。社会问题的深入理解和解决，需要全方位的理论分析和指导，但也离不开历史视野的考察和观照。失地补偿问题的解决，同样需要历史高度的定位和思考。基于此，本书从中国历史传统出发，对失地补偿问题加以研究，希望为构建具有传统社会理念、符合国人公平合理取向的失地补偿标准，提供参考和借鉴；也希望借此抛砖引玉，能有更多的深入发掘和研究。

一　关于失地补偿已有研究的局限

关于农地征用和失地补偿问题，我国的理论和实践工作者做了大量调查研究，普遍认识到目前的失地补偿存在补费太少、标准过低、范围偏窄、

---

①　本书之所以用"失地"补偿，而不是如已有的诸多研究那样用"征地"补偿，是因为除了政府行为的"征地"外，还有许多"巧取豪夺"的方式以各种名义让农民"失地"。这类现象在历史上有，在实行"集体所有制"的当下仍有（比如各种强租强占，甚至也有以"市场"的面孔出现）。我们相信，即使政府行为退出之后，研究"失地"补偿问题仍有其意义。

操作失当、安置滞后等问题,主张对失地补偿制度加以完善。①研究者从多个学科视角,运用不同的理论和方法对此问题加以探讨。就补偿方面研究而言,总体呈现以下两个特点。

(一)从理论资源看,注重从财产权角度论证,忽视运用其他权利理论

研究者普遍认为农村土地产权制度存在的缺失是产生失地农民问题的根源,解决失地农民问题的关键在于重构农地产权关系,全面保障农民的土地财产权益。②

在重构农地产权关系方面,有学者主张还权赋能,增加农民和农村分享工业化、城市化进程中土地收益的份额;③有学者主张赋予集体建设用地与国有建设用地平等的权利,允许农村集体土地直接进入城市土地的一级市场;④也有学者提出设立"土地发展权",重构农地增值收益分配机制,保证农民在土地征收中的权益。⑤

不可否认,研究当前中国农地改革、失地农民保护问题,农地产权是关键。但就失地补偿而言,其理论资源,就不仅在(财)产权理论了。可以想见,不论产权制度怎么重构和完善,无论在哪种产权制度安排下,仍会有失地问题出现。只是在不同的制度框架下,其补偿机制是不一样的。但涉及补偿

---

①　参见国土资源部征地制度改革研究课题组:《探索建立适合我国国情的新型征地制度》,《红旗文稿》,2004 年第 3 期;国土资源部征地制度改革研究课题组:《征地制度改革研究报告》,《国土资源通讯》,2003 年第 11 期;唐健:《征地制度改革的回顾与思考》,《中国土地科学》,2011 年第 11 期。

②　参见廖小军:《发达国家土地征用补偿实践及启示》,《地市县领导论坛》,2007 年第 10 期。

③　参见北京大学国家发展研究院综合课题组、周其仁:《还权赋能——成都土地制度改革探索的调查研究》,《国际经济评论》,2010 年第 2 期。

④　参见陶然、汪晖:《中国尚未完成之转型中的土地制度改革:挑战与出路》,《国际经济评论》,2010 年第 2 期。

⑤　参见吴郁玲、曲福田、冯忠垒:《论我国农地发展权定位与农地增值收益的合理分配》,《农村经济》,2006 年第 7 期;藏俊梅、王万茂:《农地发展权的设定及其在中国农地保护中的运用——基于现行土地产权体系的制度创新》,《中国土地科学》,2007 年第 3 期。

的一些基本原则和内容还是有共通性。另外,失地补偿不仅是个技术问题,也是个价值判断问题。不论怎样的技术解决,总要面临公平、正义、合理的拷问。这就不单是产权研究能够解决的了,甚而产权重构的思路探索本身也需在更高的理论和原则指导之下进行。因而,有必要在(财)产权理论之外,发掘更多的理论资源和支撑。

(二)从实践借鉴看,注重从国外寻求经验,缺乏发掘利用传统资源

在对失地补偿进行探讨时,不少研究者将视野投向了域外,寻找他山之石。例如,有研究认为,如何完善我国现有的征用补偿制度,使之与宪法修正案的内容和精神符合,需要借鉴国外的相关经验。[1]世界上经济发达国家在土地征用过程中遇到的问题比中国要早,并通过不断发展完善土地征用补偿制度得到较好解决。比较研究发达国家土地征用补偿赔偿程序、方式、标准以及纠纷处理等方面实践,对于进一步完善中国土地征用制度,做好土地征用工作,推进小康社会、和谐社会建设具有重要的借鉴意义和参考价值。[2]研究借鉴发达国家在土地征用补偿方面的有益经验,对我国土地征用补偿制度的完善有着极其重要的意义。[3]

文献回顾发现,在已有关于土地征用(收)、失地补偿、失地农民问题研究中(包括专著和论文),对传统历史资源的发掘和利用几乎是空白。笔者并非否认已有研究的价值和贡献,也非全不赞同已有研究的构想,而是在思考失地补偿问题的过程中,始终感到如果没有对中国历史传统中固有的一些资源进行发掘利用,或者说在探讨失地补偿问题时,如果没有历史传

---

① 参见张韵声、王锴:《比较法视野中的征用补偿——兼论我国征用补偿制度的完善》,《法学家》,2005 年第 6 期。

② 参见廖小军:《发达国家土地征用补偿实践及启示》,《地市县领导论坛》,2007 年第 10 期。

③ 参见王金洲、颜秀金:《发达国家土地征用补偿实践经验及其借鉴》,《广东土地科学》,2010年第 5 期。

统的维度"在场"的话,总是缺少点什么。以借鉴国外补偿的实践和理论为例,国际上补偿标准大致分三类:完全补偿(complete compensation)、适当补偿(appropriate compensation)和公正补偿(just compensation)。[①]这三类补偿分别对应着一些具体的需要考虑的补偿因素、补偿基础和计算公式。尽管这些不同类别的补偿有相应的具体标准,但何为公正?何为适当?依然存在争议。

众所周知,作为价值判断的公正和适当,始终是和一个国家的历史传统、民众的心理习惯联系在一起的。不同的文化,其对公正和适当的具体把握与认知是不一样的。即使在中国历史上,官府和民间对公正与适当的认识也是不同的——官府律例认为是"恶俗"并严加禁止的"找价"在民间却行之久远。正是在这个意义上,研究中国传统历史上的补偿现象,研究民间习惯里的补偿行为,不可或缺。

二　中国传统社会的失地补偿

研究中国传统社会的土地及补偿问题,首先需特别留意和理解一个重要观念——业。传统社会的"业"含义丰富:既有财产方面的意义——如产业、事业、永业,也有今天一般工作(经营)上的含义——如从业、管业、主业,还有生活层面的意义——如生业、以……为业。

往来转徙,时至时去,此胡人之生业,而中国之所以离南亩也。——(汉)晁错:《守边劝农疏》

男耕女织作生业,版籍不是秦家民。——(元)萨都剌:《桃源行题赵仲穆画》

---

① 参见陈莹:《土地征收补偿及利益关系研究——湖北省的实证研究》,华中农业大学博士学位论文,2008年。

〔嘉靖九年〕九月，说与百姓：各务生业，不要游手好闲。——（明）沈榜：《宛署杂记·宣谕》

可以看出，在古人的世界里，财产、工作、生活是融会在一起的，并且有一内涵足够丰富的语汇来表达。当谈到业时，常常传递出的是一幅幅生产、生活与生存方式交织在一起的场景和画面。其实，在今人的世界里，财产、工作、生活客观上也是联系在一起的，但我们已然习惯于将它们割裂开来看待，区分开来表达，往往导致只顾一点而不及其余。

在传统社会，财产（权）①以某一具体的物为依附，工作和生活需要在一定的空间和场所里展开，因而业和地不可避免地联系在一起。至少在农业层面，地和业是载体与被承载的关系。②失地往往意味着失去了可以管业的根基，从而失去生业。在此意义上，失地等同于失业。

尽管土地是农民的命根子，具有"不忧水火盗贼""百年十年常新"③的品质，却常常由于"手乏缺用""无银用度"，不得不变卖。即使是在两厢情愿、立契有凭的情况下，对于失地一方，买方也是需要给予补偿的（或情愿，或无奈，或沿于惯俗，或出于同情）。

从补偿的内容和缘由看，大体有两类：一类是对失地的补偿：补偿地价上涨后土地带来的收益，即与原业主分享土地的增值收益；还有一类是对失业的补偿：补偿失地后造成的无所依靠、生活困顿、贫苦难度。这些补偿常常是通过找价来实现的。找价是民间的惯俗，是得到包括买卖双方在内

---

① 财产是在一定法律秩序里的一个概念，谈财产，其实就是谈财产权。

② 关于"业"，已有较为深入的研究和阐述，但存在争议（参见李力：《清代民法语境中"业"的表达及其意义》，《历史研究》，2005年第4期；[日]寺田浩明：《权利与冤抑——清代听讼和民众的民事法秩序》，载《民清时期的民事审判与民间契约》，法律出版社，1998年；吴向红：《典之风俗与典之法律》，法律出版社，2009年）。笔者看来，无论业是一种权利，还是生存资源与人之间的生存性关系，抑或仅指一种"能够"（可以做某事），地与业的关系，都是载体与被承载的关系。

③ （清）张英：《恒产琐言》卷三。

的传统社会认可的。

（一）对失地进行补偿

传统社会买卖田地有交"脱业钱"的习俗：买主在交清田地正价，付出画字银后，还得拿一笔钱给予这分田地的上首业主。这种乡俗，流行地区相当广泛，名目不一，已成俗例，一般必须付给，不给不行。湖北襄阳、江陵及湖南安化县称这种钱为"脱业钱"，安徽寿州及霍邱叫"喜礼银"，湖南平江称"酒礼银"，江西弋阳、湖南湘潭、江苏泰州叫"画字银""画押银"，安徽六安及河南固始叫"贺银""赏贺银"。在一些地区，田地转卖时，上首的原业主所得的脱业钱，并不是新买主付给，而是由转买田地时的卖主交纳。[①]清末与民初的民商事习惯调查也反映了这一情况：

> 和县习惯：不动产之买卖，除正价及中用外，尚有各项费用，照正价加一，名曰"使费"，如田土则有折席费、画字礼，房屋搬家费、香火礼。折席费尚有亲房折席费、上业折席费之二种，其额数照正价加一，以为各项费用分配之用。此项费用，即为预杜后累起见。有此分润，庶使亲房上业，均经到场，不致另生枝节。本无害于善良风俗，相习成风，由来已久。于立契时随正价交兑，买卖双方均乐于从事，毫无留难。（《民事习惯》：526—527）

> 巢县、南陵县习惯：不动产卖买，契约成立时，上业主对于买主得请求"上业礼"之支付，上业主收受上业礼之价金后，书立字约，交与买主收执为据，名曰上业礼字。其支付之多寡，则以该不动产现在买卖之价额而定，有十分之一与二十分之一之不等。（《民事习惯》：536）

> 来安县习惯：不动产卖买契约成立时，须将上首卖契出业人邀请

---

① 参见周远廉、谢肇华：《清代租佃制研究》，辽宁人民出版社，1986年，第40~43页。

到场,商明界线,有无错讹,凭中画字,由买主送给银洋,谓之"上业礼",其额数多寡并无一定。(《民事习惯》:544)

在一些原始地契上,我们看到,田土在转手买卖多次后,原业主仍得向现买主追取"找价"的情况。以下契文反映的就是福建闽侯县一处田土,从康熙以来先后转卖连、江、周、陈四姓,中间找价三次,至乾隆三十二年,原业主的子孙向现买主要求找价:

立归断契人杨成侯,承祖顶有屯田二号,坐产本县二十三都马坑地方,其田土名、租额、粮色载原契明白。于康熙年间已卖本都连家为业,历掌无异。(连家)将田于乾隆年间典卖与水口江良佐为业。良佐将田于乾隆年间又典卖与福(州)城周姓为业。周又于乾隆年间典卖与在闽二十三都北垅陈则义为业。而侯今因无钱安祖骸,致赖连家凑尽钱文,但连家所说此田经典四姓,年久难以凑尽,且侯求托亲友进前劝谕,其田系连、江、周三姓相议,会归与现业陈则义,归断得价钱七千文正。其钱即日系侯收足埋葬祖骸归土,其田自归陈姓久业,且杨、连、江、周四姓无干,向后永不得生端枝节等情。两家情愿,今欲有凭,立归断契一纸,并连、江退还契一纸,又及杨家原尽契,又及江、周原尽契一并缴付陈家为照。(福建师范大学历史系藏契,第0661号。[①])

清朝刑科题本中有一些案例[②],记录了要求分享地价上涨好处不成或

---

① 周玉英:《从文契看明清福建土地典卖》,《中国史研究》,1999年第2期。

② 以下刑科题本案例转引自周远廉、谢肇华:《清代租佃制研究》,辽宁人民出版社,1986年。1963年至1965年,由原中国科学院哲学社会科学部与历史档案馆合作,组织查阅了馆藏乾隆朝刑科题本土地债务类五万八千余件档案。参加此项工作的周远廉在这些资料的基础上,完成了《清代租佃制研究》一书。

愿望不达而酿成人命官司的情况。由于命案在一个社会中属少数极端情况，我们可将之当反面材料使用。案例的供词让我们从侧面感受到当时原业主的社会心理，以及他们对分享土地增值收益的要求。

　　湖南安化县民李祥一，将夏家冲田地卖与李彩槐后，迁往湘乡县居住。李彩槐又转卖与李茂柏，"乡间俗例：凡是卖田，上首业主原有脱业钱"，因李祥一不在，当时没有付给。后李祥一回籍查知，托李彩槐告诉李茂柏：他是"老业主，要讨脱业钱"。李茂柏未给，双方争吵斗殴，李祥一被李茂柏之子李高桐打死，官府判处李高桐死刑。（刑科题本，乾隆四十五年十二月十三日英廉题）

　　霍邱县汪登，曾将庄田三斗与汪让相换。乾隆二十年十二月，汪让凭中人汪月江卖与汪凡机，议定价钱十千文。汪登是原业主，因"乡间俗例：凡田地转卖，原业主该有喜礼钱的"，便到汪凡机家索要喜礼钱文，凡机未允，争吵互斗，汪凡机伤重殒命，法司判处汪登绞监候。（刑科题本，乾隆二十一年十月初五日高晋题）

　　安徽寿州方冠，曾将父亲遗下的五斗种的一块田卖与无服叔祖方子玉。乾隆七年，方子玉将此地与张世明的一块基地对换，方冠因"寿州俗例：产动，原业有分喜礼"，就向方子玉索要"转业喜礼"，方子玉许给二两银子。方子玉将地丈给张世明时，方冠为之书算，得了两石稻谷，方冠认为是"丈田谢仪"，方子玉却说这就是转业喜礼银，争吵后，方子玉被方冠之子方连扎死。（刑科题本，乾隆九年五月十六日来保题）

　　湖南湘潭县张开源曾买邱再阳家田亩，乾隆五十六年转卖与陈芳桂。"湘潭俗例：出卖田产，原业向有画字银两。"邱再阳索讨，张开源答应给银三两，邱再阳嫌少，争闹互殴，邱再阳重伤而死，张开源被处绞刑。（刑科题本，乾隆五十七年十二月初五日阿桂题）

(二)对失业①进行补偿

传统社会,由失地部分致使失业——无所事事,生活无着,境不如前。这时,出于多重原因,买主对原卖主加以补偿。这类补偿,既是经济方面的,也是道义方面的。

以下档案资料生动地反映了这一情况:

乾隆二十二年闽清县黄天策卖田断契

立洗断契黄天策,原父有民田数号,坐产闽清十五都白汀地方。雍正年间,父手已典与张弘盛处为业,其土名租石银两,俱载原尽断契明白:于乾隆十九年二月,策托亲向张处尽断出价银拾两正纹。价足心愿。已立尽断契一纸付张永远管业,永不得言取赎字样,殊难求尽。但策父柩暴露已久,母亲日薄西山,其坟墓寿具,家贫无措,再已托亲友向张处洗断出价银捌两正,纹广,准为造坟寿具之资。其银随文交足,其田永付张家管业收租,理纳粮差。向后永不敢别生枝节。如敢再生枝节,愿蹈覆灭之灾。两家允愿,各无反悔。今欲有凭,立洗断契一纸,永付为照。

乾隆贰拾贰年拾贰月日　　　立洗断契黄天策(花押)

公见亲友陈士锵(花押)

刘承良(花押)

(藏契号 01886)

(《福建文书》:244)

---

① 这里的"业"是古人世界里的"业",包括工作和生活,区别于第三部分。

乾隆四十五年瓯宁县康文宾贴断田契

立贴断字人康文宾,情因先年自手将小苗田一段,坐落冲村,土名寺前珑,出卖与陈华樟边为业,先年找贴已过,理无可言,因年尽岁暮,托亲苦劝得业者,再向业主边贴出纹银叁两叁钱正。成贴之日,一顿交讫,无欠分厘。自贴之后,再不敢言找言贴。此系先言后定,恐口无凭,敬立贴断字为照用.

今交得所贴前小苗田价银叁两叁钱正纹,交收。再照。（花押）

乾隆肆拾伍年十二月日　　　　立贴断字人康文宾（花押）

　　　　　　　　　　　　　　劝谕亲陈文乾（花押）

　　　　　　　　　　　　　　在见弟文亮（花押）

　　　　　　　　　　　　　　见交弟文福（花押）

　　　　　　　　　　　　　　代笔人康其炜（花押）

（藏契号:03466）

（《福建文书》:257）

张文均呈控叶天如纵妾妄加找房价等情

同治六年（1867）十一月,后山二十发都后五图杨湾张文均凭中契买叶天如住房一所,"言明一卖永绝, 一切乡例贯入价"。同治十一年（1872）六月,叶天如妾恃迓加找,经同乡说合"付洋八元劝伊回山寻原中说话"。八月,张文均返山,经契中劝谕,嘱帮贴天如钱一百千文。天如妾不从,到契中家肆闹,硬要加找钱二百千文,否则就要拼命。张文均于九月十六日呈控,后理民府讯明:"绝卖本无加找,怜生（叶天如）迓贫,断给钱捌拾文。"

（日本国立国会图书馆藏太湖理民府档案文件,

转引自《明清土地契约文书研究》,第200页。）

此外,清末与民初的民商事习惯调查资料也记录了一些地方"将产业卖断后,卖主如果贫不聊生,仍得向买主索钱若干"的习惯。(《民事习惯》:295)

从发生在传统社会的这些失地补偿案例中,我们可以获知什么呢?

在关于公平合理的社会心理方面,首先,在失地者看来,如果获地者因为他家的地获得了增值收益,他就"应该"分享其中一部分;如果失地者因失地从此穷困潦倒、难以度日,他就"应该"从获地者那里得到一些救济。这两类收入都是"应得"的。从"找价"的后果看,显然,失地者的要求得到了"中人""获地者"的支持和认可。尤其在那些形成了俗例和惯习的地方,这些心理和行为是得到社会承认的。值得注意的是,"找价"被官府律例认为是"陋习""恶俗",并明文禁止。①但如果民不告,官也不究,民间依然自行其是。如若真要闹出了官司,只要不是命案,主判官员还是会找一个折中的方式默许"找价"发生——"绝卖本无加找,怜生迈贫,断给钱捌拾文。"这里面,政府官员或许是出于同情弱者,或许是出于稳定和谐,或许是出于别的考虑,毕竟在一些判例中,官员并非严格依律判案,而是某种程度认同了民间自发的行为。不应忘了,统治者制定律例严禁"找价",最初动机是担心多次找价,易生纠葛,引起治安案件,企图通过禁律减少讼累,维系地方安靖。②官方意图很明确:维系地方安靖。在实践中,哪种方式更可行,哪个道理更合适,便顺其自然了。

我们看到,失地者和获地者本无牵连,只因有了地而使他们瓜葛在了一起:获地者得利不能忘了原业主;失地者家贫无措、贫不聊生,获地者也

---

① 如清代《大清律例》规定:"嗣后民间置卖产业,如系典契,务于契内注明回赎字样,如系卖契,亦于契内注明永不回赎字样。其自乾隆十八年定例以前,典卖契未明,(追溯同年)如在三十年以内,听其按例分别找赎。若远在三十年以外,契内虽无绝卖字样,但未注明回赎者,即以绝卖论,概不许找赎。如有混行争告者,均照不应重律治罪。"(乾隆六十年刊,卷九)

② 参见赵晓力:《中国近代农村土地交易中的契约、习惯与国家法》,《北大法律评论》(第1卷第2辑),法律出版社,1998年,第462~464页。

不能置之不顾。尽管地契上白纸黑字写明"两厢情愿,各无异言""杜绝之后,与失业者永不干涉""永斩葛藤"。

这反映了中国历史传统中什么样的社会理念呢?笔者无法由"找价"——失地补偿这些微小的案例简单概括出宏大的社会理念。但在阅读历史中,我们能够切实感受到一些即使在今天看来也是鲜活的东西。至少我们知道,在中国传统社会,曾经发生过失地补偿,不仅补偿土地现时收益,还共享增值收益;不仅对失地补偿,还对失业(工作和生活)补偿。

三 从历史经验看失地补偿问题

从历史事实和观念出发,我们非常清楚地看到,失地补偿的内容应当包含:①失地补偿——对失去土地收益进行补偿;②失业补偿——对失去谋生手段进行补偿;③失常补偿——对失去日常熟悉的生活方式进行补偿。如果要用现代权利理论加以论证,它们分别对应于:土地财产权、生存发展权、生活选择权。如图所示:

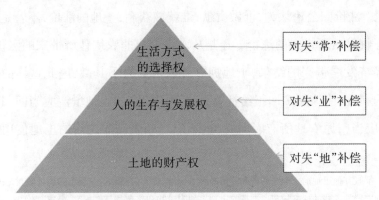

图9.3 补偿结构:不同补偿内容对应于现代权利类型

根据以上认识,我们认为,当前的失地补偿不仅要补偿土地现时收益,还需共享增值收益;不仅要对失地补偿,还需对失业补偿;不仅要补偿物质损失,还需考虑精神损失。

(一)不仅要补偿土地现时收益,还需共享增值收益

2004 年修改后的《中华人民共和国土地管理法》规定:"征收土地的,按照被征收土地的原用途给予补偿。征收耕地的补偿费用包括土地补偿费、安置补助费以及地上附着物和青苗的补偿费。征收耕地的土地补偿费,为该耕地被征收前三年平均年产值的六至十倍。"①根据法律,征地补偿是有上限的;按征收前原用途补偿,不涉及增值收益问题。虽然 2004 年发布的《国务院关于深化改革严格土地管理的决定》规定:"土地补偿费和安置补助费的总和达到法定上限,尚不足以使被征地农民保持原有生活水平的,当地人民政府可以用国有土地有偿使用收入予以补贴。"这一规定打破了征地补偿的上限,但仍未涉及共享增值收益。另外,"使被征地农民保持原有生活水平"是一个无法量化的指标,对征地补偿标准的提高没能起到很好的促进作用,征地补偿标准过低的问题一直没能得到有效解决。②

关于土地增值收益的分配,学术界展开了"涨价归公"还是"涨价归农"的争论。涨价归公论认为,谁做贡献,谁就该获利,土地的涨价,不管是城市中被征收以后所带来的涨价,还是从农地变成非农用地所带来的涨价,是整个经济发展带来的结果,土地拥有者的贡献微乎其微,因此这样的涨价所获的利益,应该更多回报给社会;③来源于社会的土地增值应当回归于社会,不应当归原农地所有者所有,也不应当归农转非之后的土地使用者所

---

① 征收其他土地的土地补偿费和安置补助费标准,由省、自治区、直辖市参照征收耕地的土地补偿费和安置补助费的标准规定。被征收土地上的附着物和青苗的补偿标准,由省、自治区、直辖市规定。征收城市郊区的菜地,用地单位应当按照国家有关规定缴纳新菜地开发建设基金。

② 参见张金玲:《土地征用补偿及失地农民安置问题研究》,吉林大学硕士学位论文,2007 年。

③ 参见林毅夫:《工业化、城市化与土地权益》,载《中国城市化:农民、土地与城市发展》,中国经济出版社,2004 年,第 3~7 页。

有。[①]涨价归农论认为,农民应当拥有完整的农地产权,包括农地开发权,由农地非农开发形成的涨价应当归农;[②]农地开发需以农民放弃原来的使用和收益为前提,涨价归农就是让农民放弃农地的代价;[③]所谓"自然增值""外力增值",按外部性理论看来,不过是外部经济收益,经济活动中的外部性到处可见,这类收获外部经济收益的例子比比皆是,而这些外力增值都没有归公,为什么农民土地获得的外部收益就要涨价归公呢?[④]

　　笔者认为,学界关于涨价归公还是归农的争议,多从某一抽象原则和理论出发,推导涨价应该归公还是归农。从理论的内在逻辑看,均没有问题——都是按照设定好的理论进行逻辑推演得出的必然结果。问题在于,应当归公还是应该归农属于价值判断,价值判断不应仅从理论推演得出,而更多应基于历史状况作出。已有研究的最大缺憾在于:缺失历史分析——缺乏对农民历史状况的考察,缺乏对农民历史贡献的关注,缺乏对农民由历史而至现实处境的观照。马克思主义历来重视理论与历史的结合,中国共产党历来重视从历史的高度建立正当性与合理性。因而,对土地增值收益分配问题,对农民的失地补偿问题,同样有必要进行历史高度的定位。从历史看,让农民获取一部分增值收益,不仅是应该的,而且是必要的。对农民补偿一定的增值性收益,不仅是集体土地所有权的内涵,也是土地发展权的体现;不仅符合党的十八大提出的"多渠道增加居民财产性收入""实现发展成果由人民共享",而且彰显执政者基于历史关怀在现实中对公平正义的理解和取向。

---

①　参见周诚:《"涨价归农"还是"涨价归公"》,《中国改革》,2006 年第 1 期。

②　参见黄祖辉、汪晖:《非公共利益性质的征地行为与土地发展权补偿》,《经济研究》,2002 年第 5 期。

③　参见周其仁:《农地产权与征地制度——中国城市化面临的重大选择》,《经济学季刊》,2004 年第 1 期。

④　参见郑振源:《征用农地应秉持"涨价归农"原则》,《中国地产市场》,2006 年 8 月号。

（二）不仅要对失地补偿，还需对失业①补偿

对失业补偿问题，现有《中华人民共和国土地管理法》规定："征收耕地的安置补助费，按照需要安置的农业人口数计算。需要安置的农业人口数，按照被征收的耕地数量除以征地前被征收单位平均每人占有耕地的数量计算。每一个需要安置的农业人口的安置补助费标准，为该耕地被征收前三年平均年产值的四至六倍。但是，每公顷被征收耕地的安置补助费，最高不得超过被征收前三年平均年产值的十五倍。"2006年国务院发布的《关于加强土地调控有关规定的通知》规定："征地补偿安置必须以确保被征地农民原有生活水平不降低、长远生计有保障为原则。做好被征地农民就业培训和社会保障工作。被征地农民的社会保障费用，按有关规定纳入征地补偿安置费用，不足部分由当地政府从国有土地有偿使用收入中解决。社会保障费用不落实的不得批准征地。"强化了政府对失地农民的就业培训和社会保障职责。规定及现实显示：一是国务院"通知"的地位远不如立法机关通过的"法律"，二是实际操作方面失地农民的安置并不如意。这类安置，政府和现有理论的考量主要是社会和政治稳定，而没有从补偿"应得的权利"角度加以考虑。在失地这件事上，有必要认识到，在农民"应得的权利"方面，不仅有财产权，而且有发展权；不仅是土地的发展权，而且是人的发展权。

正如人们已经看到的，农村的征地费补偿远远低于城市。这里不仅有一个城乡补偿水平的公平性问题，更重要的还需认识到，在城市，多数失地涉及的是生活问题；而在农村，失地涉及的则是生产和生活问题。换言之，在城市，土地更多的是作为生活性资料，而在农村，土地更多的是作为生产

---

① 这里的"业"，因为是面向今天谈论，因而仅作"工作"的意义，区别于第二部分。

性资料。这是有本质区别的：一个是居住资料，一个是谋生资料。就影响来说，后者大于前者。前者仅涉及居住的重新安置，后者涉及生产生活的重新安置。正如许多城市实行的"禁摩"政策，摩托车对于多数市民是代步工具，而对于一部分市民却是谋生工具，对二者进行补偿是要区别对待的。[①]因而，笔者认为，对失地补偿，不仅要考虑城市与农村的差别，即使城市内部也得区分生活资料与生产资料的差别。只有对失地后果以及由此给相关人员造成的影响方面有一个清晰的判断和认识，对于失业补偿才能有一个清晰的把握。

（三）不仅要补偿物质损失，还需考虑精神损失

对于完全失"地"的农民来说，不仅面临失"业"的威胁，还要面对失去日常生活的困扰。祖祖辈辈留下的历史痕迹，朝朝暮暮形成的日常生活，如今将随着土地征用而灰飞烟灭，逝去的不仅有生产方式，还有生活模式……那一声声亲切的牛叫犬吠[②]，那一缕缕朦胧的袅袅炊烟，那一幕幕熟悉的田前屋后……一切将不再往复，或者，一切将不再习惯。这种物理空间的转移，随之而起的是生活空间的变换，必然造成心理空间的影响。这种影响，有可能是积极的、美好的，也有可能是消极的、黯淡的。对于当事者来说，对于原来的土地主人而言，无论如何，毕竟是少了一种选择，少了一份拥有何种生活方式的可能。这种"可能"的丧失，在一个一切都可以用货币来衡量的市场社会，加以精神方面的补偿，一点也不为过。尽管如何补偿、补偿多

---

① 事实也证明，"禁摩"政策的效果很大程度也取决于对谋生工具类摩托车主的补偿安置上。（参见广州市公安局交警支队委托广州社情民意研究中心调研完成的《广州"禁摩"政策实施公众评价调查报告》）

② 那是一种满含本地口音、农民听得懂的亲切叫声。那牛儿，是承载希望、任劳任怨，吃的是草、挤出来的是奶的"老伙计"；那狗儿，是会看家，会摇尾巴，会和孩童玩耍的"好伙伴"，可不是城里意义上的"宠物"。

少可以商议,但这却是必须的——必须在补偿的内容中体现这一块,在补偿的结构里包含这一类。

第三节 押租制的经济功能:
对完善农地流转风险保障金制度的启示

近年来,在农村土地流转中,工商资本下乡租赁农地呈加快发展的态势。工商资本进入农业,可以带来资金、技术和先进经营模式,加快传统农业改造和现代农业建设,但另一方面,工商资本无序进入农业领域,也会造成很多风险隐患,甚至严重损害农户利益。早在 2014 年,"中央一号文件"便提出,要发展多种形式规模经营,鼓励有条件的农户流转承包土地的经营权,"探索建立工商企业流转农业用地风险保障金制度"。2016 年 12 月,国务院办公厅在《关于完善支持政策促进农民持续增收的若干意见》(国办发〔2016〕87 号)中,再次强调要"加强对工商企业租赁农户承包地的监管和风险防范,建立健全资格审查、项目审核、风险保障金制度"。此后,多地试点农地流转风险保障金制度,探索如何在农地流转、农业适度规模经营的情况下,保护土地流出方农户的利益。①

从各地试点情况看,农地流转风险保障金的出台,意义是很明显的。它能够防范农地在流转过程中出现的流入方改变用途,或因各种主客观原因导致的中途退出可能带来的损害农户权益的现象。农地流转风险保障金制度不但有助于解决土地纠纷,减少社会矛盾,而且对推进我国农村一二三

---

① 事实上,从各地出台的办法看,农地流转风险保障金制度适用于农户委托(入股)形式进行承包土地经营权流转的风险保障,也就是说,经营主体(流入方)不限于工商企业,还包括家庭农场、种植大户、农民合作社等。

产业融合发展也有重要意义。[1]从农地流转风险保障金制度设立的意图,以及各方面报道讨论看,对农地流出方农户利益的保护已经强调很多了。相对而言,对于交易的另一方——农地流入方(经营者)受到的影响,讨论得还较少。作为一项制度安排,农地流转风险保障金制度需要综合考虑到多方面影响,才能更好地促进农业农村的发展,才能更好地实现制度出台的初衷。因而,本书在强调农地流转风险保障金制度对于流出方以及促进农地流转具有重要意义的前提下,着重探讨其对流入方经营者的经济效应。目前,学术界有关这方面的研究还很少,[2]以下通过对农地流转风险保障金的经济分析,结合历史经验研究,为相关制度的完善提供参考。

一 风险保障金的正面经济效应

(一)筛选优质企业

农地流转风险保障金制度要求土地流入方拿出一定数额的资金作为保证金,如果履约顺利的话,一般在土地租赁合约完成之后返还。这不仅加大了企业的机会成本,还占用了一部分生产经营的资金,对企业形成不小的负担。但正是由于农地流转风险保障金的这一特性,能有针对性地缓解当前工商资本投资农业领域的乱象,使得农业技术缺乏、资金实力薄弱的企业主动退出农地流转市场,从而筛选出真正能形成农业适度规模经营的企业。

---

① 参见国家发展改革委宏观院和农经司课题组:《推进我国农村一二三产业融合发展问题研究》,《经济研究参考》,2016 年第 4 期。

② 以"农地流转"及"风险保障(证)金"为主题,在中国知网及百度上搜索,几乎找不到相关的理论探讨文章。

　　下面以技术约束条件下的生产函数模型分析农地流转风险保障金的筛选功能。假设企业作为"理性经济人",即企业追求利润的最大化。同时,假设企业技术约束下的生产函数为 $y=f(k,x)$,k 为企业投入的资金,x 为除资金之外企业投入的其他生产要素,p 为产出品价格,w 为生产要素 x 的价格,则企业的利润为 $\pi=py-k-wx$,结合图 9.4,企业的利润最大化点为生产函数曲线与等利润线的切点。所以企业的利润主要取决于投入的生产要素和所拥有的技术水平。

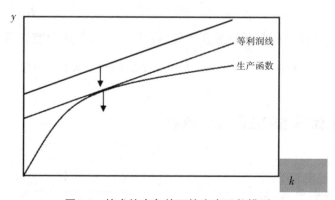

图9.4　技术约束条件下的生产函数模型

　　在模型中引入农地流转风险保障金,假设农地流转风险保障金给企业增加的成本为 c,企业利润函数变为 $\pi=py-k-wx-c$,导致原本的等利润线下移,企业能够获得的最大利润下降。对于技术水平较低的企业,其在农业生产中所获得的投资收益可能会低于其机会成本,使农业投资无法成为其最优选择;对于资金实力较弱的企业,在缴纳农地流转风险保障金之后,可能就没有足够的可用资金投入生产,以达到利润最大化点,甚至陷入亏损。因此,农地流转风险保障金能筛选出技术水平较高、资金实力较强的优质企业,优化土地流转需求市场的结构,降低农户流转土地的信息搜寻成本。

(二)促进后续投资

　　一旦企业缴纳了农地流转风险保障金,它与土地就会建立更强的联系,即使存在其他收益率更高的投资项目，它也不得不考虑过去发生的成本，使它无法轻易放弃当前的项目，即沉没成本效应，从而降低农户流转土地的风险，减少农户的监督成本。沉没成本效应的原初定义为"如果人们已为某种商品或劳务支付过成本，那么便会增加该商品或劳务的使用频率"[1]，这一定义强调的是金钱及物质成本对后续决策行为的影响。此后，又有很多学者对"沉没成本"效应的成因进行了更加深入的研究，Brockner 认为，由于人们存在自我申辩的倾向，不愿承认自己以往的决策失误，因而总是希望与先前的选择保持一致；[2]Arkes 和 Blumer 对沉没成本效应的解释为"先前投入的时间、金钱或其他资源会影响个体其后的决策"，同时他们认为个人在作决策时之所以考虑沉没成本，是由于个人通常不愿意去接受先前投入的资金被浪费掉的事实；[3]Whyte 提出，迫于以前计划或行动的不良结果责任，个体继续执行计划或行动，即沉没成本效应；[4]汤吉军认为，沉没成本效应的形成机理与信息不完全、资源或财务约束、委托代理关系相关。[5]

以下从资源限制和代理问题两个角度剖析农地流转风险保障金对于企业的沉没成本效应。

1. 资源限制

由于企业自身规模限制，或是为解决委托代理问题而对代理人施加财务约束，使得企业可用于投资项目的资源有限，导致较大的过去支出会使

---

① Thaler, R., Toward a Positive Theory of Consumer Choice, *Journal of Economic Behavior and Organization*, 1980(1).

② See Brockner J., The Escalation of Commitment to a Failing Course of Action: Towards Theoretical Progress, *Academy of Management Review*, 1992(17).

③ See Arkes, H.R.& Blumer, C., The Psychology of Sunk Ccost, *Organizational Behavior and Human Decision Processes*, 1985(35).

④ See Whyte, G., Escalation Commitment in Individual and Group Decision Making: A Prospect Theory Approach, *Organizational Behavior and Human Decision Processes*, 1993(54).

⑤ 参见汤吉军：《交易成本视角下的沉没成本效应研究》，《管理世界》，2009 年第 9 期。

未来支出能力减弱,从而企业只能坚持当前正在执行的非最优项目。

假设企业可用于投资项目的资源问题为 B,当前投资于项目 1,其中,需要支付固定成本为 $S_1>0$,已经投入项目 1 的沉没成本为 S,对于大于 S_1 的单位资源收益率为 $R_1>0$。再假设企业有一个更好的投资机会意外地出现,即项目 2,需要支付固定成本 S_2,但收益率 $R_2>R_1$。企业是继续投资项目 1,还是转而投资项目 2,需要比较项目 1 和项目 2 预期收益之间的大小。当且仅当项目 1 的预期收益仍大于项目 2 的预期收益, 即满足不等式 (1.2.1),企业就会放弃项目 2 而继续投资项目 1。

$$(B-S_1)R_1>(B-S-S_2)R_2 \tag{1.2.1}$$

将不等式进一步转化,可得

$$S>\frac{B(R_2-R_1)+S_1R_1-S_2R_2}{R_2} \tag{1.2.2}$$

如果企业已经沉没项目 1 的数额足够大,不等式(1.2.2)恒成立,说明企业就会继续投资项目 1。反之,如果企业投入项目 1 的沉没成本较小,则企业会放弃当前项目而转向更优项目。

农地流转风险保障金制度意味着中途放弃投资的沉没成本大幅度上升,所以即使农业企业面临收益率更高的投资项目时,也不得不衡量当前项目与更优项目的预期收益大小。在沉没成本显著增大的情况下,农业企业选择坚持当前农业项目而放弃最优投资项目的可能性也会增大。

2. 代理问题

企业内部存在着委托–代理关系,在能力不可观察的情况下,委托人无法完全获知代理人能力的完全信息, 对代理人的评价只能通过企业经营效益的指标来进行,而沉没成本可以发送代理人能力方面的信号,沉没成本越大,委托人对代理人会作出越消极的评价。所以一旦投资项目失败,代理人可能会被视为"很差的预见者",从而影响其在代理人市场上的评价和声誉。[①]

当委托人和代理人存在信息不对称时,代理人更倾向于谋求自己的私利而不是委托人的利润最大化,即代理问题。因此,在对失败的项目停止投资会使委托人作出消极的主观判断的情况下, 为隐藏行为和能力信息,追加投资才符合代理人的利益追求,如果委托人没有这部分信息,那么代理人就会理性地追加投资,即使项目并不能创造利润,代理人依然希望可以减少损失或拖延委托人的评价。

在企业对农业项目的投资中,由于农地流转风险保障金的存在,会产生更多的沉没成本,这意味着一旦项目失败,企业所有者对代理人的评价会更加消极。因此,代理人不会轻易放弃当前的农业项目,一方面代理人想隐藏自己的能力信息,另一方面代理人希望能通过追加投资提高生产效率以改变经营现状。所以农地流转风险保障金的存在激励代理人对农业项目追加投资,完成土地租赁合约。

二　风险保障金的负面经济效应

各地有关农地流转风险保障金的规定,企业承担的保证金部分数额不一,对于一个中小农场来说,保证金的数额也要在数万元之间。本书认为,农地流转风险保障金的存在,尤其当数额较大时,会对农业企业的成本、规模、经营风险、投资积极性等方面产生负面效应。

(一)成本上升

由农地流转风险保障金给企业带来的成本增加主要有两个方面:一是

---

① 参见汤吉军:《交易成本视角下的沉没成本效应研究》,《管理世界》,2009 年第 9 期。

如果风险保险金的数额超出企业流动资金的可承受范围,那么企业在寻求外部资金支持时必须要支付一定的资金成本,即利息;二是风险保障金即使最终能够返还,其被锁定期间也并未产生收益,那么由此产生的机会成本损失将由企业自身承担。

假设农业企业租赁 l 单位土地,而土地流转合同签订时确定的每单位土地预付金额为 q,租金为 p,则在无需缴纳农地流转风险保障金的情况下,企业对于农地的初始投资成本为

$$C_1=lq \tag{2.1.1}$$

再假设企业在经营期内能以自有资金负担土地租金,其每年土地的租赁成本为

$$C_2=lp \tag{2.1.2}$$

在此基础上,引入农地流转风险保障金制度,假设每单位土地要求缴纳金额为 k,且企业现有资金所能负担这笔额外支出的份额为 α,其余部分需要以 r 的价格贷入资金进行支付,则初始投资成本变为

$$C_3=l(q+k)=C_1+lk>C_1 \tag{2.1.3}$$

经营期内每年的土地租赁成本变为

$$C_4=lp+(1+\alpha)lkr=C_2+(1-\alpha)lkr>C_2 \tag{2.1.4}$$

需要说明的是,以上的计算中忽略了使用资金的机会成本,倘若将这一部分加上,那么农地流转风险保障金所带来的额外成本将进一步增加 $\alpha lkr'$,其中 r' 为折现率。

因此,一方面,农地流转风险保障金制度的实行使得企业的投资成本大幅度上升,提高了行业的进入门槛,资金实力相对薄弱的企业将会被阻挡在行业之外;另一方面,由缴纳农地流转风险保障金所带来的额外成本会使得农业投资的利润更加微薄,减少了农业项目对于企业的吸引力。

(二)规模调整

如果企业因农地流转风险保障金而占用了大量资金,最终影响到正常的生产活动,那么可能导致按照无风险保险金制度情况下所安排的生产要素投入无法使收益最大化,从而迫使企业进行生产规模调整,以达到更优状态。

本书假设农业企业为"理性经济人",即追求利润最大化,且其生产函数符合 C–D 生产函数,即

$$Y=AK^{\alpha}L^{\beta} \tag{2.2.1}$$

由于企业的理性特征,在实行农地流转风险保障金制度前,生产要素的边际生产率为

$$MPK_1=\alpha AK^{\alpha-1}L^{\beta} \tag{2.2.2}$$

$$MPL_1=\beta AK^{\alpha}L^{\beta-1} \tag{2.2.3}$$

且边际生产率递减,即

$$\partial MPK_1/\partial K=\alpha(\alpha-1)AK^{\alpha-2}L^{\beta}<0 \tag{2.2.4}$$

$$\partial MPL_{\sqrt{}}/\partial L=\beta(\beta-1)AK^{\alpha}L^{\beta-2}<0 \tag{2.2.5}$$

而在实行农地流转风险保障金制度后,假设企业由于缴纳农地流转风险保障金而需要负担的额外成本为 C,则

$$MPK_2=\alpha A(K-C)^{\alpha-1}L^{\beta} \tag{2.2.6}$$

$$MPL_2=\beta A(K-C)^{\alpha}L^{\beta-1} \tag{2.2.7}$$

$$\partial MPK_2/\partial K=\alpha(\alpha-1)A(K-C)^{\alpha-2}L^{\beta}<0 \tag{2.2.8}$$

$$\partial MPK_2/\partial L=\beta(\beta-1)A(K-C)^{\alpha}L^{\beta-2}<0 \tag{2.2.9}$$

以图 9.5 描述实行农地流转风险保障金对于企业生产要素的边际生产率的影响,MPK 曲线右移,而 MPL 曲线左移,这表明在原先的均衡状态 (K^*,L^*) 下,资本的边际生产率将高于 P_K/P_Y,而劳动力的边际生产率将低于

P_l/P_Y，新的均衡状态为(K^*+C, L^*)。若企业有足够的资源投入生产，则在新的均衡状态下，产量与原先相同，但是由于成本上升将会导致利润降低；若企业自身资金实力有限，而且又难以得到外部资金支持，则其无法达到新的均衡状态，对此企业的理性反应将会是削减劳动力，缩小经营规模。

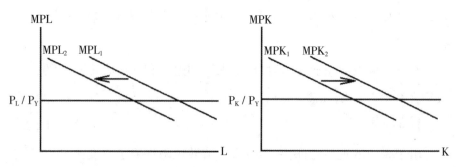

图9.5　农地流转风险保障金对于企业生产率的影响

(三)经营风险增大

风险保障金数额较高，对于企业而言是不小的负担，而农业企业一般规模较小，资金实力相对缺乏，因此会导致企业经营风险增大，原因有以下三个方面：风险保障金会占用大量的流动资金，如果企业原本举债较多，可能会导致偿债风险；二是由缴纳风险保障金产生的资金压力可能会对经营者的决策造成消极影响，减弱企业盈利能力；三是风险保障金带来的额外成本会挤压企业的利润空间，增大亏损概率，甚至导致破产。

(四)投资积极性下降

根据当前各地方农地流转风险保障金的规定，企业在租赁期间一旦发生违约，该部分保障金将作为对农户的补偿，而这实质是将农户的风险完全转移到企业身上，同时削减了企业的利润，这会对农业企业的活力产生一定的打击。

假设行业内有 n 家相同企业,每家企业有 p_1 的概率获得收益 R,p_2 的概率损失 L_1,p_3 的概率破产并损失 L_2,则行业内企业收益的平均值和方差为

$$\bar{\mu}=p_1R+p_2L_1+p_3L_2 \tag{2.4.1}$$

$$\sigma^2=p_1R_2+p_2L_1^2+p_3L_2^2-\bar{\mu}^2 \tag{2.4.2}$$

再假设现在每家企业需要缴纳金额为 K 的风险保险金,则

$$\bar{\mu}'=p_1R+p_2L_1+p_3(L_2-C) \tag{2.4.3}$$

$$\sigma'^2=p_1R_2+p_2L_1^2+p_3(L_2-C)^2-\bar{\mu}'^2 \tag{2.4.4}$$

由式(2.4.1)(2.4.2)和式(2.4.3)(2.4.4)的对比可以看出,农地流转风险保障金制度降低了农业生产的收益,增大了投资风险。面对一个利润下滑而风险增大的行业,有意涉足的企业不得不更加慎重考虑,而原本从事此行业的企业可能会减少投资,甚至退出行业。因此,农地流转风险保障金可能会对现代农业发展产生一定程度负面效应。

三　传统"押租制"带来的启示

通过以上分析可以看到,农地流转风险保障金制度在保护农地流出方农户利益的同时,还可以筛选出真正能形成农业适度规模经营的优质企业,并且能制约企业在经营期间的退出行为,促进企业进行后续投资。而在经营企业发生改变土地用途等违约行为后,农户也能得到相应补偿。

农地流转风险保障金的缴纳,会占用企业大量的生产性资金,加重企业负担,企业成本上升,经营风险提高,从而使企业投资积极性下降,缩小经营规模。农业企业作为现代化农业发展中的重要推进力量,这些不利后果会严重抑制其发挥作用。另外,当前农地流转风险保障金收取之后的管理仅仅停留在保管,相当于大量资金闲置在产业体系之外,造成较高的机

会成本。

根据以上情况,结合"押租制"的经济功能,我们对完善农地流转风险保障金制度提出以下思考:

(一)保障金还是保证金

在各地出台的办法、制度等政策性文件中,有的命名为"风险保障金"(如浙江的海盐、海宁等地),有的称之为"风险保证金"(如湖北武汉等地)。风险保障金和风险保证金有区别吗? 从字面看,称为保障金还是保证金,并没有太大意思上的区分。农地流转风险保障金的功能和定位,旨在通过设立一个基金,来防范农地流转过程中可能出现的经济和社会风险。这个风险可能来自经营主体主观方面(如土地利用),也有可能来自客观方面原因(如自然灾害、市场变动等),导致没有完全履约或者难以继续履约,从而无法实现土地流出方的租金收益,由此可能产生负面的经济社会影响。直观看,这笔资金主要用于保障农民(土地流出方)的租金收益。在这个意义上,称为农地流转风险保障金或保证金都可以。

农地流转风险保障金的来源,可以专门由土地经营方承担,也可以通过多渠道筹集。从各地试点看,多数地方是由县、镇(街道)、村(社区)、土地流入的经营主体共同筹集承担。若是由多渠道筹集,我们比较赞同浙江《平湖市农村土地流转风险保障金管理办法(试行)》中的提法:风险保障金由市镇(街道)两级财政土地流转风险补助资金、村土地流转风险准备金和业主土地流转保证金组成——政府财政资金是"补助"的性质,村集体经济组织的资金是当作"准备"来提取的,经营业主交纳的资金则具有"保证"的含义。若资金全部来自经营主体(土地流入方),虽然资金承担的是"保障"的功能,但内在蕴含的却是"保证"的性质,因而称为农地流转风险保证金更合适。综上可以认为,从基金设立的功能看,称为保障金或保证金都可以;

从资金的来源看,多渠道筹资宜称保障金,经营主体为唯一资金来源的宜称保证金。笔者采用保障金的提法。

(二)保地租也应保佃权

各地农地流转风险保障金制度规范的出台,一般都开宗明义表明:为了促进农村土地流转工作和现代农业持续健康发展,切实保障农村土地流转主体利益。但制度规范的内容却主要着墨于,当经营主体(流入方)出现各种状况时,保障金如何使用。也就是说,农地流转风险保障金制度规范侧重于保障农村土地流转主体中流出方的利益。这也好理解,因为在农村土地流转主体中流出方是相对弱势群体,是分散的更需要保护的对象。流入方相对而言,市场势力和应对能力更为强大些。事实上,从各地出台的办法看,农地流转风险保障金制度适用于农户委托(入股)形式进行承包土地经营权流转的风险保障,也就是说,经营主体(流入方)不限于工商企业,还包括家庭农场、种植大户、农民合作社等。

这与中国传统社会形成一个有趣的对比:过去,地主地权集中、势力强大,佃农松散弱小,因而押租成为佃农防止地主"增租夺佃"的一项工具,而押租往往又沦为地主加重押租和地租榨取的一个手段,增加了佃农的负担,加强了剥削的深度。经过佃农的长期抗争以及地主适度进退之后,押租制成为兼具保证地主征租权和佃农耕作权双重功能的制度安排。①

制度规范体现出的权利和义务应该是对等的。政府作为第三方,应该站在市场主体之外,也就是应该凌驾于土地流出方和流入方之上,出台的政策规范应当协调双方的利益和诉求。体现在农地流转风险保障金的制度安排上,出发点和功能定位既要保地租也要保佃权,也就是既要维护土地

---

① 参见刘克祥:《中国永佃制度研究》,社会科学文献出版社,2017年,第305~326页。

流出方的地租收益,也应明确土地流入方的经营权。当然,这是在我国农村土地承包经营制度大的框架下进行的。

农地流转风险保障金制度,作为一项交易设施,其实质是要降低交易成本,让原本较难发生的交易运转起来,从而满足交易双方的需求,实现交易带来的社会剩余。农地流转风险保障金便是可以明确并稳定流出方的预期,降低交易风险,从而促进农地流转,这是从流出方的角度着想。从流入方角度考虑,一笔数额不小的保证金无疑加重了经营的负担。农业相对而言利润较低、风险较大,经营主体多数较为薄弱,需要政府扶持,保证金不能仅仅成为一种负担,它也应该成为承担者获取相应权利的一个途径。这种权利就是稳定的土地经营权。有了稳定的土地经营权,才能更好地保障土地经营者的利益,才能稳定投资预期,更好地激励流入方加大投入,从而促进整个农业生产的发展。

(三)保安全亦需保增值

农地流转风险保障金设立的初衷是为了更好地保护农民的利益,保障农户的土地收益,这是从安全稳定的角度着想,是乡村治理的底线思维。一笔可观有保障的资金,对于稳定农户的预期,放心流转农地,具有重要意义。对于流出方的农民来说,农地流转风险保障金就似一粒定心丸,可以起到安民心的作用。

我国传统社会的押租制,押租金不仅具有保障租金、保护佃权的功能,还扮演了金融的角色,承担着资金融通满足资金需求的功能。[①]在现代社会,普通的租房押金也一般会运用起来,很少闲置不动。农地流转风险保障金与传统押租制以及普通的租房押金不同之处在于,前者是以集体的名义

---

① 参见龙登高:《地权市场与资源配置》,福建人民出版社,2012 年。

筹集,是一个公共的人格、抽象的主体,后者是具体的、单个的主体。前者规模大,数量集中;后者数额小,相对零星分散。从金融的角度,前者更便于运作,为了保值增值,更需要管理。因而,农地流转风险保障金除了保租金安全之外,保收益——让资金保值增值,也是内容之一。①

同所有金融工具一样,风险与收益相伴而生,如何平衡安全与收益的关系,考量管理机构的能力。在此,我们不建议基金组织者自己运作,而需要专业化的管理运营。交与专业机构运营的前提是,需要明确资金的性质、运营的原则,以及相关主体的权利义务关系。因而,需要对现有的农地流转风险保障金制度和章程,作更为细致的研究和规范。

第四节　传统社会地权交易模式:
对探索农地流转风险缓冲机制的启示

在促进农地流转的同时有效化解风险,是当前农地制度改革需要破解的难题。农民既有离开土地转业发展的强烈需求,也有依赖土地寻求保障与安全的需要。因此,必须建立一种风险缓冲机制、保障与过渡机制,免去农民后顾之忧,从而使发展与安全的矛盾在推进农地流转的良性循环中得

_____

①　将押金当作一笔固定的资金加以投资,仿佛是现代社会惯用的"伎俩",如各地收取的公交卡押金、共享自行车押金等都容易作为一个固定的资金池被运营方用于金融投资。典型如租房中介,要求租客签订一个贷款协议,一次性从金融机构获取一年甚至数年的租金贷款,再分月交租给房东,如此,从每个租客手中获取一笔滞留的资金,在保有大量租客的情况下,资金额度巨大,数量稳定,成为中介机构市场扩张进行投资的重要来源。在传统社会,这种现象其实已经屡见不鲜。如据载,湖南长沙一周姓地主,在咸丰十一年至光绪十七年这三十年间,累计通过田租收取押租银4726两、钱1328千文。光绪二十五年,因"日后换佃,总以新佃进规抵退旧佃",遂将押租同田产一起作为固定财产加以分割。(据中国社会科学院经济研究所藏该地主"分关"。转引自刘克祥:《中国永佃制度研究》,社会科学文献出版社,2017年,第306页。)

到解决。历史时期丰厚的制度遗产与经验提供了有益的借鉴。

一 传统地权交易回赎机制的风险缓冲与保障功能

土地交易,实质上是土地权利的切分与交换。明清以来,中国农民以其创造性留下了独有的地权交易制度遗产,特别是其降低风险促进安全等方面的制度保障,近年通过学术研究成果逐渐得到揭示,但在社会上几乎不为人知。

(一)交易多样化降低风险

近世社会既具有多层次的地权形态(包括清业田、田底权、田面权、公田即族田与学田等),也形成了多样化的交易形式(包括租佃、押租、典当、抵押、活卖、绝卖等),从而不仅有效地促进了土地流转与资源配置,而且农民的多元需求与选择得到实现与满足,土地财产的安全性在多样化交易中得到有效保障和促进。如果选择的空间越小,实施途径越单一,农民的需求将越难以得到满足,其权益越难以得到保障。例如,民国政府曾一度下令禁止押租、转佃等交易,殊不知押租是佃农保障其土地租赁权而田主保障未来地租的制度,转佃则是佃农摆脱土地束缚的一种交易形式,因此成为一纸空文。

(二)独特的回赎制度及其风险缓冲功能与保障机制

土地典当以回赎为特征。所谓典,是地权拥有者出让约定期限内的物权获得贷款,以土地经营权与全部收益支付资本利息;但出典人保留最终地权,期满之后,偿还贷款赎回地权。在交易期间,承典人拥有几乎全部的土地权益,不仅能够出租,还可以之抵押贷款,或转典变现。时称暂业权。

活卖也可以回赎。活卖与绝卖一样,地权交易发生产权交割过户,但双方约定卖主可保留回赎优先权。

押租也可以回赎。押租是佃农预先支付数量不等的押金,获得高于普通租佃的土地控制权;而田主获得稳定的地租。交易结束后田主偿还押金,赎回地权。如有欠租,则以押金相扣。有的押金,双方约定田主需向佃农支付利息。

如果说出让地权使农民能够将未来土地收益变现而满足融通需求,那么回赎制度则使农民在度过时艰后,重新获得自己的土地,重振旗鼓,东山再起。因此,回赎制是一种有效的过渡机制,具有风险缓冲功能和某种程度上的保障功能。

(三)回赎制度的功能

回赎机制设立了产权最终转移的制度屏障,抑制和压缩了绝卖或高利贷性质的抵押所可能造成的土地兼并的空间,有效维护了农户保障和恢复地权的意愿。

回赎制度丰富了多样化的地权交易形式,使土地与资本之间的交易更为灵活,满足了农户不同时期资金融通和土地交易的需求。地价变动所引发的相关问题,则有"找价"等相应的办法来应对。找价有两种,一种是在较长时间的交易期间,承受方对土地的投资,双方会约定其投资的未来收益变现与补偿;另一种是双方延长交易时限的收益补偿。

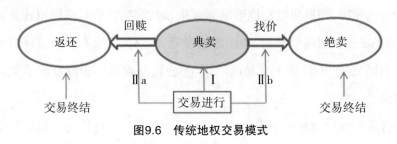

图9.6　传统地权交易模式

（四）传统地权交易制度的作用

多层次的地权形态，多样化的交易形式，独特的回赎制度，不仅促进土地流转而提高经济效率，而且保障了农民的土地权益，并长期保持社会稳定。

二　创新当前农地流转的风险缓冲与保障机制

当前，土地流转不畅与相关问题的原因与顾虑，一是产权不明确、不完善，二是交易手段有限，三是具有社会保障作用的农地在现实中缺乏相应的机制以保护农民在土地流转过程中的权益。当前的约束条件有所不同，但中国制度遗产仍可带来有益的借鉴。

（一）拓展农地流转的多样化渠道与回赎机制在当前仍具有可行性

随着土地确权的落实，承包经营权及宅基地将具备物权形态，其交易形式也必将增加。现有各种合法形式的农地流转基本上都局限于租佃，即使用权的交易。改革落实之后，将允许抵押贷款，历史上的典当、活卖、押租也会相应出现并得到许可。地权交易多样化愈强，风险愈能减弱。未来收益变现与当期收益之间的调剂渠道越多，农民的选择空间越大，需求越能得到满足。活跃的多样化的交易才是农民财产安全及增值收益的根本性制度保障。

与此相应，回赎机制也能够确立起来，通过典当、活卖或押租转让的农地，农民根据需要能够赎回，重回农地经营。这样，农民在土地流转过程中没有后顾之忧，不致怯于交易或不屑于交易，从而进一步降低城镇化进程中农民的风险。

将传统地权交易机制借鉴应用于当下时，可结合现代交易制度及金融体系加以系统化设计，根据实际情况和政策目标灵活设置交易与回赎程序,譬如农村合作社,政府授权的民营金融机构,或一些国家的土地银行,都可以在农地的出让和回赎中充当中介角色。"找价"、利息收益、投资收益等补偿机制则应对和处理土地价格变动引发的问题。

(二)具体表现与作用

地权交易的市场化存在风险,但也会出现对冲因素,形成负反馈机制降低风险。如果在这方面强化制度设计与创新,将促进农地改革与农民福利的平稳发展。

首先,农民可以自由、顺畅、便利地处置自己的土地财产,使土地交易期间的未来收益能够变现, 农民利用这些资金更好地进城务工或经商;而农地也可以通过各种流转得到更好地利用与开发。

其次,如果非农"失败"返乡或者由于其他原因想重回土地,可以经由回赎等程序顺利实现愿望。回赎的对象是一种"地权",可以保障回归务农的权利。

最后,交易形式的多样化使各种资本投入农地与农业更为顺畅,目前不许城市居民购买农地和宅基地,但可以各种租赁(包括押租)、典当与活买土地等形式投资土地。

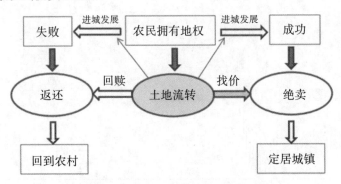

图9.7　促进农地流转的风险缓冲机制

多样化交易形式包括回赎的出现,不仅将拓展土地的退出机制,而且形成过渡机制,最大限度地利用土地的社会保障功能,构筑农地流转过程中的风险缓冲机制;使农民能够根据市场价格与风险偏好灵活选择,满足其不同需求;使土地承包经营权与宅基地能够顺畅和便利地进入或退出市场,减少土地对农民的束缚或农地抛荒,提高农地利用水平;也将适应农业规模经营,推进城镇化过程中农民的多样化选择。

在充分考虑相关配套机制的情况下,以上借鉴思路将切实可行,从而为促进农地流转找到新的抓手,也为缓冲并防范农地流转风险寻得新的路径。

参考文献

资料集

1.安徽省博物馆:《明清徽州社会经济资料丛编(第一集)》,中国社会科学出版社,1988年。

2.蔡志祥编:《许舒博士所藏商业及土地契约文书乾泰隆文书(一)潮汕地区土地契约文书》,东京大学东洋文化研究所,1995年。

3.曹树基等编:《石仓契约》,浙江大学出版社,2011年。

4.陈娟英、张仲淳编:《厦门典藏契约文书》,福建美术出版社,2006年。

5.陈秋坤、蔡承维编:《大岗山地区古契约文书汇编》,高雄县政府、"中央"研究院台湾史研究所出版,2006年。

6.东洋文库明代史研究室:《中国土地契约文书集(金—清)》,东洋文库,1975年。

7.法政学社编:《中国民商事习惯大全》,广益书局,1924年。

8.冯和法:《中国农村经济资料续编》,黎明书局,1935年。

9.福建师范大学历史系:《福建明清经济契约文书选辑》,人民出版社,1997年。

10.高聪、谭洪沛主编:《贵州清水江流域明清土司契约文书(九南篇)》,民族出版社,2013年。

11.高聪、谭洪沛主编:《贵州清水江流域明清土司契约文书(亮寨篇)》,民族出版社,2014年。

12.洪焕椿:《明清苏州农村经济资料》,江苏古籍出版社,1988年。

13.黄志繁:《清至民国婺源县村落契约文书辑录》,商务印书馆,2014年。

14.李经纬:《回鹘文社会经济文书辑解 上下》,甘肃民族出版社,2012年。

15.李文治:《中国近代农业史资料》,生活·读书·新知三联书店,1957年。

16.梁方仲:《中国历代户口、田地、田赋统计》,上海人民出版社,1980年。

17.刘海岩:《清代以来天津土地契证档案选编》,天津古籍出版社,2006年。

18.楼哉定编:《红色土地契证集粹》,上海人民出版社,2017年。

19.罗志欢、李龙潜主编:《清代广东土地契约文书汇编》,齐鲁书社,2014年。

20.前南京国民政府司法行政部编,胡旭晟等点校:《中国民事习惯调查报告录》,中国政法大学出版社,2000年。

21.清华图书馆藏土地契约

22.《清代台湾大租调查书》,《台湾文献史料丛刊(第七辑)》,大通书局,1987年。

23.沙知录校:《敦煌契约文书辑校》,江苏古籍出版社,1998年。

24.上海博物馆图书资料室编:《上海碑刻资料选辑》,上海人民出版社,1980年。

25.上海市档案馆编:《清代上海房地契档案汇编》,上海古籍出版社,1999年。

26.首都博物馆:《首都博物馆藏清代契约文书(全8册)》,国家图书馆出版社,2015 年。

27.四川省档案馆:《清代乾嘉道巴县档案选编》,四川大学出版社,1989 年。

28.孙兆霞等编:《吉昌契约文书汇编》,社会科学文献出版社,2010 年。

29.谭棣华、冼剑民编:《广东土地契约文书(含海南)广州》,暨南大学出版社,2000 年。

30.唐立:《贵州苗族林业契约文书汇编 一七三六——一九五零(史料篇)》,东京外国语大学国立亚非语言文化研究所,2001 年。

31.田涛等主编:《田藏契约文书粹编 1408—1969》,中华书局,2001 年。

32.铁木尔主编:《内蒙古土默特金氏蒙古家族契约文书汇集》,中央民族大学出版社,2011 年。

33.汪文学编校:《道真契约文书汇编》,中央编译出版社,2015 年。

34.王万盈辑校:《清代宁波契约文书辑校》,天津古籍出版社,2008 年。

35.王钰欣,周绍泉:《徽州千年契约文书》,花山文艺出版社,1993 年。

36.吴晓亮:《云南省博物馆馆藏契约文书整理与汇编》,人民出版社,2013 年。

37.晓克:《清代至民国时期归化城土默特土地契约》,内蒙古大学出版社,2011 年。

38.熊敬笃编纂:《清代地契档案史料(嘉庆至宣统)》,四川省新都县档案局、四川省新都县档案馆 1986 年内部编印。

39.严中平等:《中国近代经济史统计资料选辑》,科学出版社,1955 年。

40.张传玺等:《中国历代契约汇编考释》,北京大学出版社,1995 年。

41.张介人编:《清代浙东契约文书辑选》,浙江大学出版社,2011 年。

42.张世才编:《维吾尔族契约文书译注:维、汉》,新疆大学出版社,2015 年。

43.郑炳林、黄维忠主编;《敦煌吐蕃文献选辑(社会经济卷)》,民族出版社,2013 年。

44.郑焕明:《古今土地证集藏》,辽宁画报出版社,2002 年。

45.中国第一历史档案馆、中国社会科学院历史研究所:《清代的土地占有关系与佃农抗租斗争》,中华书局,1988 年。

46.中国第一历史档案馆、中国社会科学院历史研究所:《清代地租剥削形态》,中华书局 1982 年。

47.中国农村惯行调查会:《中国农村惯行调查全六卷》,岩波书店,1981 年。

48.中国社会科学院历史研究所:《明清徽州社会经济资料丛编(第二辑)》,中国社会科学出版社,1990 年。

中文论著

49.[德]埃克哈特·施里特:《习俗与经济》,秦海译,长春出版社,2005 年。

50.[美]埃里克·弗鲁博顿、[德]鲁道夫·芮切特:《新制度经济学:一个交易费用分析范式》,姜建强、罗长远译,上海人民出版社,2006 年。

51.[英]安格斯·麦迪森:《中国经济的长期表现》,伍晓鹰、马德斌译,上海人民出版社,2011 年。

52.[日]岸本美绪:《清代中国的物价与经济波动》,刘迪瑞译,社会科学文献出版社,2010 年。

53.[美]巴泽尔:《产权的经济分析》,费方域、段毅才译,上海三联书店,1997 年。

54.[美]白凯:《长江下游地区的地租、赋税与农民的反抗斗争(1840—1950)》,林枫译,上海书店出版社,2005 年。

55.[美]步德茂:《过失杀人、市场与道德经济——18 世纪中国财产权的暴力纠纷》,张世明、刘亚丛、陈兆肆译,社会科学文献出版社,2008 年。

56.[美]道格拉斯·C.诺思:《经济史中的结构与变迁》,陈郁等译,上海三联书店,1994 年。

57.[美]道格拉斯·C.诺思:《制度、制度变迁与经济绩效》,杭行译,上海三联书店、上海人民出版社,1994年。

58.[美]韩书瑞、罗友枝:《十八世纪中国社会》,陈仲丹译,江苏人民出版社,2008年。

59.[美]何炳棣:《1368—1953中国人口研究》,葛剑雄译,上海古籍出版社,1989年。

60.[德]康德:《法的形而上学原理》,沈叔平译,商务印书馆,1991年。

61.[美]康芒斯:《制度经济学》,于树生译,商务印书馆,1997年。

62.[美]科斯:《企业、市场与法律》,盛洪等译,上海三联书店,1990年。

63.[美] 科斯等:《财产权利与制度变迁:产权学派与新制度学派译文集》,上海三联书店,1994年。

64.[美]科斯等:《契约经济学》,李凤圣主译,经济科学出版社,1999年。

65.[美]科斯等:《制度、契约与组织:从新制度经济学角度的透视》,刘刚等译,经济科学出版社,2003年。

66.[英]劳森、拉登:《财产法》,施天涛等译,中国大百科全书出版社,1998年。

67.[法]卢梭:《社会契约论》,何兆武译,商务印书馆,1980年。

68.[美]罗伯特·考特、托马斯·尤伦:《法和经济学》,史晋川、董雪兵译,上海三联书店、上海人民出版社,1994年。

69.[英]洛克:《政府论》(下卷),蔡云译,商务印书馆,1983年。

70.[英]穆勒:《政治经济学原理》,胡企林、朱泱译,商务印书馆,1991年。

71.[美]彭慕兰:《大分流:欧洲、中国及现代世界经济的发展》,史建云译,江苏人民出版社,2003年。

72.[德]史漫飞、柯武刚:《制度经济学》,韩朝华译,商务印书馆,2000年。

73.[南]斯韦托扎尔·平乔维奇:《产权经济学——一种关于比较体制的

理论》,蒋琳琦译,经济科学出版社,1999年。

74.［日］天海谦三郎:《中国土地文书研究》,劲草书房,1966年。

75.［美］王国斌:《转变的中国:历史变迁与欧洲经验的局限》,李伯重、连玲玲译,江苏人民出版社,2005年。

76.［英］希克斯:《经济史理论》,厉以平译,商务印书馆,1987年。

77.［日］野口悠纪雄:《土地经济学》,汪斌译,商务印书馆,1997年。

78.［日］长野郎:《中国土地制度的研究》,神州国光社,1932年。

79.卞利:《国家与社会的冲突和整合》,中国政法大学出版社,2008年。

80.蔡昉等:《中国农村变革与变迁》,格致出版社,2008年。

81.曹建、曹国兴:《中国土地制度史纲》,东方社会科学出版社,2009年。

82.曹树基:《传统中国地权结构及其演变》,上海交通大学出版社,2014年。

83.曹树基:《中国人口史》(第五卷),复旦大学出版社,2001年。

84.曹幸穗:《旧中国苏南农家经济研究》,中央编译出版社,1996年。

85.陈伯瀛:《中国田制丛考》,大东图书公司,1980年。

86.陈春声:《市场机制与社会变迁 18 世纪广东米价分析》,中山大学出版社,1992年。

87.陈登元:《中国土地制度》,大东图书公司,1980年。

88.陈盛韵:《问俗录》,书目文献出版社,1983年。

89.陈锡文:《中国农村制度变迁 60 年》,人民出版社,2009年。

90.戴建兵等:《河北近代土地契约研究》,中国农业出版社,2010年。

91.樊明等:《土地流转与适度规模经营》,社会科学文献出版社,2017年。

92.方行、经君健、魏金玉:《中国经济通史》(清代经济卷),中国社会科学出版社,2007年。

93.费孝通:《江村经济:中国农民的生活》,江苏人民出版社,1986年。

94.费孝通:《乡土中国》,北京大学出版社,2012年。

95.傅衣凌:《明清封建土地所有制论纲》,上海人民出版社,1992 年。

96.傅衣凌:《明清社会经济变迁论》,人民出版社,1989 年。

97.傅筑夫:《中国封建社会经济史》,人民出版社,1982 年。

98.高敏:《秦汉魏晋南北朝土地制度研究》,中州古籍出版社,1986 年。

99.高王凌:《租佃制度新论——地主、农民和地租》,上海书店出版社,2005 年。

100.葛剑雄:《中国人口发展史》,福建人民出版社,1991 年。

101.葛金芳:《中华文化通志第 4 典,制度文化土地赋役志》,上海人民出版社,1998 年。

102.郭德宏:《中国近现代农民土地问题研究》,青岛出版社,1993 年。

103.国土资源部土地利用管理司、中国土地勘测规划院编:《城市地价动态监测理论与实践总论》,地质出版社,2006 年。

104.国土资源部土地整治中心编:《德国土地整理研究》,中国地质大学出版社,2016 年。

105.国务院发展研究中心、农村经济研究部:《集体所有制下的产权重构》,中国发展出版社,2015 年。

106.韩俊等:《中国农村金融调查》,上海远东出版社,2009 年。

107.何炳棣:《中国历代土地数字考实》,中华书局,2017 年。

108.何炼成:《价值学说史修订版》,商务印书馆,2006 年。

109.贺昌群:《汉唐间封建土地所有制形式研究》,上海人民出版社,1964 年。

110.侯家驹:《中国经济史》,新星出版社,2008 年。

111.胡伊默:《土地改革论》,中华大学经济学会,1949 年。

112.黄少安:《产权经济学导论》,经济科学出版社,2004 年。

113.黄宗智:《法典、习俗与司法实践:清代与民国的比较》,上海书店出版社,2003 年。

114.黄宗智:《华北的小农经济与社会变迁》,中华书局,1986年。

115.黄宗智:《长江三角洲小农家庭与乡村发展》,中华书局,1992年。

116.霍俊江:《中唐土地制度演变研究》,暨南大学出版社,2000年。

117.江太新:《清代地权分配研究》,中国社会科学出版社,2016年。

118.姜密:《宋代"系官田产"研究》,中国社会科学出版社,2006年。

119.李伯重:《江南的早期工业化》,社会科学文献出版社,2000年。

120.李德英:《成都平原的佃农经济.中国土地制度改革》,经济科学出版社,2009年。

121.李金铮:《传统与变迁 近代华北乡村的经济与社会》,人民出版社,2014年。

122.李金铮:《近代中国乡村社会经济探微》,人民出版社,2004年。

123.李金铮:《民国乡村借贷关系研究》,人民出版社,2003年。

124.李进之等:《美国财产法》,法律出版社,1998年。

125.李埏、武建国:《中国古代土地国有制度史》,云南人民出版社,1997年。

126.李文治:《明清时代封建土地关系的松懈》,中国社会科学出版社,2007年。

127.李锡厚:《均田制兴废与所有制变迁》,社会科学文献出版社,2016年。

128.郦家驹:《宋代土地制度史》,中国社会科学出版社,2015年。

129.梁柏力:《被误解的中国——看明清时代和今天》,中信出版社,2010年。

130.梁治平:《清代习惯法:社会与国家》,中国政法大学出版社,1996年。

131.林甘泉、童超:《中国封建土地制度史》,中国社会科学出版社,1990年。

132.林毅夫:《制度、技术与中国农业发展》,汉语大词典出版社,2008年。

133.刘大钧:《我国佃农经济状况》,上海太平洋书店,1929年。

134.刘和惠、汪庆元:《徽州土地关系》,安徽人民出版社,2005年。

135.刘俊:《中国土地法律理论研究》,法律出版社,2006年。

136.刘克祥:《中国永佃制度研究》(上下),社会科学文献出版社,2017年。

137.刘素峰:《中华民国民法中的习惯研究(1927—1949)》,中共中央党校,2010年。

138.龙登高:《地权交易与资源配置》,福建人民出版社,2012年。

139.龙登高:《中国传统地权制度及其变迁》,中国社会科学出版社,2018年。

140.卢新海、黄善林:《土地估价》,复旦大学出版社,2010年。

141.罗必良:《产权强度、土地流转与农民权益保护》,经济科学出版社,2013年。

142.罗必良:《农地流转的契约性质》,中国农业出版社,2019年。

143.罗永泰,赵艳华主编:《城市土地资产运营与管理》,高等教育出版社,2010年。

144.马若孟:《中国农民经济——河北和山东的农业发展1890—1949》,江苏人民出版社,1999年。

145.马学强:《从传统到近代江南城镇土地产权制度研究》,上海社会科学院出版社,2002年。

146.马云泽:《规制经济学》,经济管理出版社,2008年。

147.眭鸿明:《清末明初民商事习惯调查之研究》,法律出版社,2005年。

148.任荣荣:《中国城市土地价格的微观决定机理研究》,东南大学出版社,2012年。

149.沈汉:《英国土地制度史》,学林出版社,2005年。

150.盛洪:《现代制度经济学》,北京大学出版社,2003年。

151.宋志红:《中国农村土地制度改革研究:思路、难点与制度建设》,中国人民大学出版社,2017年。

152.田炯权:《中国近代社会经济史研究:义田地主和生产关系》,中国社会科学出版社,1997年。

153.汪敬虞:《中国近代经济史 1895—1927》,人民出版社,2011 年。

154.王昉:《中国古代农村土地所有权与使用权关系》,复旦大学出版社,2005 年。

155.王旭:《契纸千年》,北京大学出版社,2013 年。

156.韦森:《社会制序的经济分析导论》,上海三联书店,2001 年。

157.韦森:《文化与制序》,人民出版社,2003 年。

158.温铁军:《中国农村基本经济制度研究"三农"问题的世纪反思》,中国经济出版社,2000 年。

159.乌廷玉:《中国历代土地制度史纲》,吉林大学出版社,1987 年。

160.乌廷玉:《中国租佃关系通史》,吉林文史出版社,1992 年。

161.吴向红:《典之风俗与典之法律》,法律出版社,2009 年。

162.武建国:《均田制研究》,云南人民出版社,1992 年。

163.武建国:《五代十国土地国有制度研究》,中国社会科学出版社,2002 年。

164.邢丙彦:《近代松江土地租佃制度研究》,上海人民出版社,2015 年。

165.许涤新、吴承明:《中国资本主义发展史》,人民出版社,1985 年。

166.许倬云:《汉代农业 中国农业经济的起源及特性》,广西师范大学出版社,2005 年。

167.晏智杰:《经济价值论再研究 晏智杰文集》,北京大学出版社,2005 年。

168.杨帆:《清代"一田两主"地权关系研究》,南京师范大学,2011 年。

169.杨国桢:《明清土地契约文书研究》,中国人民大学出版社,2009 年。

170.杨际平:《北朝隋唐"均田制"新探》,岳麓书社,2003 年。

171.杨宽:《试论中国古代的井田制度和村社组织古史新探》,中华书局,1965 年。

172.姚洋:《土地、制度和农业发展》,北京大学出版社,2004 年。

173.于干千:《唐代国家土地政策变迁与土地制度演进》,经济科学出版社,2007 年。

174.袁绪亚:《土地市场运行理论研究》,复旦大学出版社,1999 年。

175.岳琛等:《中国土地制度史》,中国国际广播出版社,1990 年。

176.张传玺:《契约史买地券研究》,中华书局,2008 年。

177.张德义、郝毅生主编:《中国历代土地契证》,河北大学出版社,2009 年。

178.张晋藩:《清朝法制史》,法律出版社,1994 年。

179.张晋藩:《清代民法综论》,中国政法大学出版社,1998 年。

180.张佩国:《地权·家户·村落》,学林出版社,2007 年。

181.张佩国:《近代江南乡村地权的历史人类学研究》,上海人民出版社,
2002 年。

182.张少筠:《民国福建永佃制研究》,南京师范大学,2011 年。

183.张五常:《佃农理论》,商务印书馆,2000 年。

184.张五常:《中国的经济制度》,中信出版社,2009 年。

185.张永泉、赵泉钧:《中国土地改革》,武汉大学出版社,1985 年。

186.章有义:《明清徽州土地关系研究》,中国社会科学出版社,1984 年。

187.赵冈、陈钟毅:《中国土地制度史》,新星出版社,2006 年。

188.赵冈:《历史上的土地制度与地权分配》,中国农业出版社,2003 年。

189.赵冈:《永佃制研究》,中国农业出版社,2005 年。

190.赵冈:《中国传统农村的地权分配》,新星出版社,2006 年。

191.赵俪生:《中国土地制度史》,齐鲁书社,1984 年。

192.赵令志:《清前期八旗土地制度研究》,民族出版社,2001 年。

193.赵文洪:《英国公地制度研究》,社会科学文献出版社,2017 年。

194.赵阳:《国有与共用:中国农地产权制度的经济学分析》,生活·读
书·新知三联书店,2007 年。

195.赵云旗:《唐代土地买卖研究》,中国财政经济出版社,2002 年。

196.中共中央文献研究室:《毛泽东农村调查文集》,人民出版社,1982年。

197.中国社会科学院历史研究所宋辽金元史研究室校:《名公书判清明集》,中华书局,1987年。

198.钟祥财:《中国土地思想史稿》,上海人民出版社,2014年。

199.周远廉、谢肇华:《清代租佃制研究》,辽宁人民出版社,1986年。

200.朱绍侯:《秦汉土地制度与阶级关系》,中州古籍出版社,1985年。

报刊文章

201.北京大学国家发展研究院综合课题组、周其仁:《还权赋能——成都土地制度改革探索的调查研究》,《国际经济评论》,2010年第2期。

202.北京大学经济系清代经济史研究组:《清代历朝人口、土地、钱粮统计》,《经济科学》,1981年第1、2、4期。

203.藏俊梅、王万茂:《农地发展权的设定及其在中国农地保护中的运用——基于现行土地产权体系的制度创新》,《中国土地科学》,2007年第3期。

204.曹树基:《传统中国乡村地权变动的一般理论》,《学术月刊》,2012年第12期。

205.曹树基:《苏南地区"田面田"的性质》,《清华大学学报》(哲学社会科学版),2007年第6期。

206.陈铿:《中国不动产交易的找价问题》,《建论坛》(文史哲版),1987年第5期。

207.春杨:《明清时期田土买卖中的找价回赎纠纷及其解决》,《法学研究》,2011年第3期。

208.慈鸿飞:《民国江南永佃制新探》,《中国经济史研究》,2006年第3期。

209.戴逸:《十八世纪中国的成就、局限与时代特征》,《清史研究》,1993

年第 1 期。

210.董蔡时:《永佃制研究》,《苏州大学学报》,1995 年第 2 期。

211.杜恂诚:《道契制度:完全意义上的土地私有产权制度》,《中国经济史研究》,2011 年第 1 期。

212.樊树志:《明清江南市镇的"早期工业化"》,《复旦学报》(社会科学版),2005 年第 4 期。

213.樊树志:《明清租佃契约关系的发展——关于土地所有权分割的考察》,《复旦学报》(社会科学版),1983 年第 1 期。

214.樊树志:《农佃押租惯例的历史考察》,《学术月刊》,1984 年第 4 期。

215.方行:《对"借贷性土地交易形式"的反思》,《中国经济史研究》,2011 年第 3 期。

216.方行:《对清代前期经济发展的一些看法》,《中国经济史研究》,2008 年第 2 期。

217.方行:《略论中国地主制经济》,《中国史研究》,1998 年第 3 期。

218.方行:《清代前期的封建地租率》,《中国经济史研究》,1992 年第 2 期。

219.方行:《清代前期的土地产权交易》,《中国经济史研究》,2009 年第 2 期。

220.方行:《清代前期农村高利贷资本问题》,《经济研究》,1984 年第 7 期。

221.方行:《清代前期农村市场的发展》,《历史研究》,1987 年第 6 期。

222.方行:《清代租佃制度述略》,《中国经济史研究》,2006 年第 4 期。

223.方行:《中国封建社会的土地市场》,《中国经济史研究》,2001 年第 2 期。

224.封越健:《论清代商人资本的来源》,《中国经济史研究》,1997 年第 2 期。

225.高王凌:《地租率研究及有关方法问题》,《清史研究》,2003 年第 2 期。

226.高王凌:《明清时期的耕地面积》,《清史研究》,1992 年第 3 期。

227.高王凌:《明清时期的经济增长》,《清史研究》,1999 年第 4 期。

228.高王凌:《明清时期的中国人口》,《清史研究》,1994 年第 3 期。

229.国家发展改革委宏观院和农经司课题组:《推进我国农村一二三产业融合发展问题研究》,《经济研究参考》,2016 年第 4 期。

230.国土资源部征地制度改革研究课题组:《探索建立适合我国国情的新型征地制度》,《红旗文稿》,2004 年第 3 期。

231.国土资源部征地制度改革研究课题组:《征地制度改革研究报告》,《国土资源通讯》,2003 年第 11 期。

232.贺昌群:《论西汉的土地占有形态》,《历史研究》,1955 年第 2 期。

233.侯外庐:《中国封建社会土地所有制形式的问题》,《历史研究》,1954 年创刊号。

234.胡亮:《"找价"的社会学分析》,《社会》,2012 年第 1 期。

235.胡如雷:《试论中国封建社会的土地所有制形式》,《光明日报》(史学版),1956 年 9 月 13 日。

236.黄华兵:《明清时期土地活卖与找价现象初探》,《哈尔滨学院学报》,2008 年第 8 期。

237.黄祖辉、汪晖:《非公共利益性质的征地行为与土地发展权补偿》,《经济研究》,2002 年第 5 期。

238.江太新:《略论清代前期土地买卖中宗法关系的松弛及其社会意义》,《中国经济史研究》,1990 年第 3 期。

239.李伯重:《英国模式、江南道路与资本主义萌芽》,《历史研究》,2001 年第 1 期。

240.李伯重:《中国全国市场的形成 1500—1840 年》,《清华大学学报》(哲学社会科学版),1999 年第 4 期。

241.李力:《清代民法语境中"业"的表达及其意义》,《历史研究》,2005年第 4 期。

242.李培锋:《英美信托财产权难以融入大陆法物权体系的根源》,《环球法律评论》,2009 年第 5 期。

243.李埏:《论我国的"封建的土地国有制"》,《历史研究》,1956 年第 8 期。

244.李胜兰、于凤瑞:《农民财产权收入的土地财产权结构新探——权利束的法经济学观点》,《广东商学院学报》,2011 年第 4 期。

245.李文治:《论明清时代农民经济商品率》,《中国经济史研究》,1993 年第 1 期。

246.李文治:《论清代鸦片战前地价和购买年》,《中国社会经济史研究》,1989 年第 2 期。

247.廖小军:《发达国家土地征用补偿实践及启示》,《地市县领导论坛》,2007 年第 10 期。

248.刘和惠、张爱琴:《明代徽州田契研究》,《历史研究》,1983 年第 5 期。

249.刘和惠:《明代徽州农村社会契约初探》,《安徽史学》,1989 年第 2 期。

250.刘和惠:《清代徽州田面权考察——兼论田面权的性质》,《安徽史学》,1984 年第 5 期。

251.刘瑞中:《十八世纪中国人均国民收入估计及其与英国的比较》,《中国经济史研究》,1987 年第 3 期。

252.刘昕杰:《民国民法中的佃:传统制度的现代法律实践——以新繁县民国司法档案为佐证》,《南京大学法律评论》,2010 年第 1 期。

253.龙登高、何国卿:《土改前夕地权分配的检验与解释》,《东南学术》,2018 年第 4 期。

254.龙登高、彭波:《近世佃农的经营性质与收益比较》,《经济研究》,2010 年第 1 期。

255.龙登高、任志强、赵亮:《近世中国农地产权的多重权能》,《中国经济史研究》,2010 年第 4 期。

256.龙登高:《从平均地权到鼓励流转》,《河北学刊》,2018 年第 3 期。

257.龙登高:《地权交易与生产要素组合:1650—1950》,《经济研究》,2009 年第 2 期。

258.龙登高:《历史上中国民间经济的自由主义朴素传统》,《思想战线》,2012 年第 3 期。

259.龙登高:《清代地权交易形式的多样化发展》,《清史研究》,2008 年第 3 期。

260.龙登高:《中国传统地权制度论纲》,《中国农史》,2020 年第 2 期。

261.龙登高等:《传统地权交易形式辨析——以典为中心》,《浙江学刊》,2018 年第 4 期。

262.龙登高等:《典田的性质与权益——基于清代与宋代的比较研究》,《历史研究》,2016 年第 5 期。

263.龙登高等:《典与清代地权交易体系》,《中国社会科学》,2013 年第 5 期。

264.龙登高等:《论中国传统典权交易的回赎机制》,《经济科学》,2014 年第 5 期。

265.罗海山:《试论传统典契中的找价习俗》,《文化学刊》,2010 年第 4 期。

266.莫宏伟:《近代中国农村的永佃权述析——以苏南为例》,《学术论坛》,2005 年第 7 期。

267.彭超:《论徽州永佃权和"一田二主"》,《安徽史学》,1985 年第 4 期。

268.彭超:《明清时期徽州地区的土地价格与地租》,《中国社会经济史研究》,1988 年第 2 期。

269.彭凯翔、陈志武、袁为鹏:《近代中国农村借贷市场的机制——基于民间文书的研究》,《经济研究》,2008 年第 5 期。

270.邱继勤、邱道持、王平:《农村土地抵押贷款面临的挑战与政策检讨》,《农村经济》,2012 年第 2 期。

271.沈守愚:《从物权理论析土地产权权利束的研究报告》,《中国土地科学》,1996 年第 1 期。

272.孙学敏、赵昕:《经济不发达地区农户借贷行为的调查研究》,《农村经济》,2007 年第 8 期。

273.汤吉军:《交易成本视角下的沉没成本效应研究》,《管理世界》,2009 年第 9 期。

274.唐健:《征地制度改革的回顾与思考》,《中国土地科学》,2011 年第 11 期。

275.唐文基:《关于明清时期福建土地典卖中的找价问题》,《史学月刊》,1992 年第 3 期。

276.陶然、汪晖:《中国尚未完成之转型中的土地制度改革:挑战与出路》,《国际经济评论》,2010 年第 2 期。

277.童光政:《"一田两主"的地权结构分析及其改造利用》,《北方法学》,2007 年第 2 期。

278.王金洲、颜秀金:《发达国家土地征用补偿实践经验及其借鉴》,《广东土地科学》,2010 年第 5 期。

279.王立宏:《演化经济学主要研究领域的理论分析》,《辽宁大学学报》(哲学社会科学版),2008 年第 3 期。

280.王茂福:《新经济社会学的价格理论论析》,《社会学研究》,2011 年第 5 期。

281.韦森:《习俗的本质与生发机制探源》,《中国社会科学》,2005 年第 5 期。

282.魏安国：《清代华南地区"一田两主"的土地占有制》，《广州研究》，1982 年第 3 期。

283.吴承明：《经济学理论与经济史研究》，《经济研究》，1995 年第 4 期。

284.吴滔：《清代江南的一田两主制和主佃关系的新格局——以苏州地区为中心》，《近代史研究》，2004 年第 5 期。

285.吴郁玲等：《论我国农地发展权定位与农地增值收益的合理分配》，《农村经济》，2006 年第 7 期。

286.谢肇华：《清前期永佃权的性质及其影响》，《社会科学辑刊》，1985 年第 4 期。

287.杨国桢：《论中国永佃权的基本特征》，《中国社会经济史研究》，1988 年第 2 期。

288.叶敬忠等：《社会学视角的农户金融需求与农村金融供给》，《中国农村经济》，2004 年第 8 期。

289.张明、慈鸿飞：《民国时期皖南永佃制的比重、分布及性质》，《中国经济史研究》，2010 年第 1 期。

290.张明：《清至民国徽州族田地权的双层分化》，《中国农史》，2010 年第 2 期。

291.张小军：《象征地权与文化经济——福建阳村的历史地权个案研究》，《中国社会科学》，2004 年第 3 期。

292.张雄：《习俗与市场——从康芒斯等人对市场习俗的分析谈起》，《中国社会科学》，1996 年第 5 期。

293.张岩：《对清代前中期人口发展的再认识》，《江汉论坛》，1999 年第 1 期。

294.张一平：《苏南"土改"中一田两主地权结构的变动》，《中国农史》，2011 年第 3 期。

295.张韵声、王锴:《比较法视野中的征用补偿——兼论我国征用补偿制度的完善》,《法学家》,2005 年第 6 期。

296.赵冈:《从另一个角度看明清时期的土地租佃》,《中国农史》,2000 年第 2 期。

297.赵冈:《从制度学派的角度看租佃制》,《中国农史》,1997 年第 2 期。

298.赵冈:《论"一田两主"》,《中国社会经济史研究》,2007 年第 1 期。

299.赵冈:《永佃制下的田皮价格》,《中国农史》,2005 年第 3 期。

300.赵亮、龙登高:《地权交易、资源配置与社会流动——以 19 世纪台湾范家土地交易与家族兴衰为中心》,《中国经济史研究》,2012 年第 3 期。

301.赵亮、龙登高:《土地租佃与经济效率》,《中国经济问题》,2012 年第 2 期。

302.周诚:《"涨价归农"还是"涨价归公"》,《中国改革》,2006 年第 1 期。

303.周其仁:《农地产权与征地制度——中国城市化面临的重大选择》,《经济学季刊》,2004 年第 1 期。

304.周玉英:《从文契看明清福建土地典卖》,《中国史研究》,1999 年第 2 期。

305.周源和:《清代人口研究》,《中国社会科学》,1982 年第 2 期。

306.朱守银等:《中国农村金融市场供给和需求——以传统农区为例》,《管理世界》,2003 年第 3 期。

英文论著

307.Alchian, A.A. and H.Demsetz, Production, Information Costs, and Economic Organizition, *American Economic Review*, Vol.72, 1972.

308.Allen D W, Lueck D, *The Nature of the Farm: Contracts, Risk, and Or-*

ganization in Agriculture, MIT Press, 2002.

309. Arkes, H.R.& Blumer, C., The Psychology of Sunk Cost, *Organizational Behavior and Human Decision Processes*, 1985.

310. Arrigo L G., Landownership Concentration in China: The Buck Survey Revisited, *Modern China*, Vol.12, No.3, 1986.

311. Brockner J. The Escalation of Commitment to a Failing Course of Action: Towards Theoretical Progress, *Academy of Management Review*, 1992.

312. Chao K., Tenure Systems in Traditional China, *Economic Development and Cultural Change*, Vol.31, No.2, 1983.

313. Chen C-K., Sale of Land in Chinese Law, *Oxford International Encyclopedia of Legal History*, Oxford University Press, 2009.

314. Cheung, S.N.S, *The Theory of Share Tenancy*, University of Chicago Press, 1969.

315. Coase R H., *The Problem of Social Cost*, Wiley Online Library, 1960.

316. Demsetz H., Toward a Theory of Property Rights, *The American Economic Review*, Vol.57, No.2, 1967.

317. Esherick J W., Number Games: A Note on Land Distribution in Prerevolutionary China, *Modern China*, Vol.7, No.4, 1981.

318. Granovetter, M., Economic Action and Social Structure: The Problem of Embeddedness, *American Journal of Sociology*, Vol.91, No.8, 1985.

319. Hallagan W., Self-selection by Contractual Choice and the Theory of Sharecropping, *The Bell Journal of Economics*, Vol.9, No.2, 1978.

320. Otsuka K, Suyanto S, Sonobe T, Tomich T P., Evolution of Land Tenure Institutions and Development of Agroforestry: Evidence from Customary Land Areas of Sumatra, *Agricultural Economics*, Vol.25, No.1, 2000.

321.Pomeranz K., Land Markets in Late Imperial and Republican China, *Continuity and Change*, Vol.23, No.1, 2008.

322.Roumasset J., The Nature of the Agricultural Firm, *Journal of Economic Behavior & Organization*, Vol.26, No.2, 1995.

323.Shepherd J R., Rethinking Tenancy: Explaining Spatial and Temporal Variation in Late Imperial and Republican China, *Comparative Studies in Society and History*, Vol.30, No.3, 1988.

324.Stiglitz J E., Incentives and Risk Sharing in Sharecropping, *The Review of Economic Studies*, Vol.41, No.2, 1974.

325.Thaler, R. Toward a Positive Theory of Consumer Choice, *Journal of Economic Behavior and Organization*, Vol.1, 1980.

326.Whyte, G., Escalation Commitment in Individual and Group Decision Making: A Prospect Theory Approach, *Organizational Behavior and Human Decision Processes*, Vol.54, 1993.

327.Zhao G, *Man and Land in Chinese History: An Economic Analysis*, Stanford University Press, 1986.

后 记

论著出版,是对学习研究成果的一个总结和整理,也是对一段美好生活的记忆和回望。美好生活就像学术成果一样,既呈现于当下,也会照亮未来。在整理出版过程中,往事场景历历在目,常感恩老师们的惠泽教导,感念在清华的温馨岁月。

本书问题意识和观点发端于在清华攻读博士学位期间,当时跟随导师龙登高教授做研究做课题,并以传统社会土地交易作为博士论文选题方向。由于成稿时博士论文涉及内容较为庞杂,题目取为"中国传统土地交易再研究"。除了大方向,导师对写作没有太多约束,环境宽松,自由发挥,常常是内容跟着思绪走,觉得哪里有新意便顺藤摸瓜爬向哪里。也正因为内容发散,没有限制,其中一些章节拎出来都可以深耕细作,单独成篇。博士毕业次年,便从论文中抽取一章,申请并成功获得了国家社会科学基金资助。项目已顺利结题并获得良好等级。本书既可以说是国家社科基金资助的成果,也可以说是博士学习的一个结果。

清华园是个神奇的地方,对于其间学习生活的经历,大多数人会一辈子铭记。而我值得珍藏的收获尤其丰厚——既有知识、素养与学位,也有爱

情、婚姻和家庭。入学报到后的第一天，在体检时就认识了我的太太，那时她在清华校医院工作，住四号楼，我住一号楼，经常相约在老馆、西操和大礼堂附近的草坪散步。很快，趁着清华百年校庆的东风结了婚。我们的照片随着"百年清华，百年好合"集体婚礼的报道上了腾讯头条，很多平时见面但不相识的人看了新闻后向我们表示祝贺，有宿管的阿姨、澡堂守门的小哥，也有食堂大师傅——"噢，原来校医院那谁谁是你爱人啊，她人可好了"，然后使劲用力舀了一勺，那份量明显比以前多好多。太太是个热情友善的人，有时周末值班，我去给她送饭，吃着吃着，电话铃响起，她立马跑去接，有人咨询用药，她耐心细致，毫不厌烦。从她身上，我真正理解了，即使在基层从事服务工作，也可以创造价值，得到他人认可。后来，我进了高校工作，渐渐领会，教学其实也是一良心活，需要同样的理念和精神。

结婚后，夫人出去深造，我每天起床就去吃中饭，之后，骑自行车沿着万泉河，穿过北大，从新建宫门进入颐和园，在昆明湖畔一边散步一边思考……太阳下山的时候，回到清华将所思所想写下来。如此，大概两个月时间。妻子怀孕了，我又去把她接回来，印象很深，回到北京时，正好下了场大雪，党的十八大召开前夕，京城提前供暖。颐和园照去，改从西门进入，我陪娘儿俩一同晒太阳、漫步西堤……随着儿子在妻子肚子里慢慢长大，论稿也渐渐成形，出生的时候，正好是毕业论文答辩的时候。现在回想起来，一切顺利，但那时面对毕业和就业的各种不确定性，还是有些压力。如今工作和生活都稳定了，反而没有像那时纵情写作了，忆及这些，既有鞭策，亦有信心。

拙著得益于站在导师的肩膀上看问题、做研究。细心的读者会发现，书中一些观点与导师著述并不完全一致。导师和我的一位同事半开玩笑说，获"孙冶方经济科学奖"那篇论文，一开始是邀请湖东一起写的。的确，那是事实。由于观点不同，合作论文后来被我推掉了。博士学习期间，直到现在，我与导师没有联合署名公开发表过论文，以致很多人并不知道我的导师是

谁。这在当下的求学环境还能毕业,也算"奇迹"了。

2012 年暑假,本人有幸受资助参加了教育部人文社科重点研究基地云南大学西南边疆少数民族研究中心举办的"民族学 / 人类学田野调查暑期学校"并赴大理调研,还参加了台湾"中研院"历史语言研究所和复旦大学文史研究院主办的"两岸历史文化研习营"并赴徽州考察,有理论和技能方面的收获,也有实地考察的经验与体会,为研究工作做了铺垫。从黄山返回上海时,途经杭州,在秀丽的西湖边上午餐,大巴穿过花团锦簇、绿树成荫的道路时,婆娑的树影摇曳在眼前,钱塘江畔林立的高楼又是另一番现代景象,那时想,如果能在此安家读书,多么美好啊。没想到,一年后,这个一时兴起的梦想竟然如愿实现了。

在杭州一晃,又是七八个年头,美好生活继续,而时光如飞,需要有新的作品对抗衰老。如果说后记是著作的点缀,而著作亦不过是生活的一个标注。生活之树常青,岁月留痕。从这个角度,笔者认真对待书写,就像对待生活一样。尽管如此,拙著带了学术生涯第一部习作的青涩,仍有诸多不足和可以商榷之处,在此恳请读者朋友指正和谅解。

衷心感谢求学路上各位亲友的鼓励和支持,尤其是清华大学经济学研究所、经管学院、历史系诸多老师和同学的热情帮助与指点。感谢相关评阅专家的宝贵意见。浙江财经大学的学生包晋嘉、倪嘉祎、单笑寒、陈德宇、苏义寒、李梁钧,为书稿中图表及参考文献的格式提供了帮助,特致谢意!

湖　东

2021 年春于钱塘江畔观潮居